六边形
Hexagon

用文字连接过去和未来

说不尽的

赫英忆 著

ENDLESS STORIES
OF FORBIDDEN CITY

紫禁城

山东城市出版传媒集团·济南出版社

图书在版编目（CIP）数据

说不尽的紫禁城／赫英忆著. —济南：济南出版社，2023.3

ISBN 978-7-5488-5496-8

Ⅰ.①说… Ⅱ.①赫… Ⅲ.①故宫–介绍–北京 Ⅳ.①K928.74

中国国家版本馆CIP数据核字(2023)第053398号

出 版 人	田俊林
责任编辑	范玉峰　董傲囡　尹海洋
责任校对	陈　怡
装帧设计	胡大伟

说不尽的紫禁城　　赫英忆 著

出版发行	济南出版社
地　　址	济南市市中区二环南路1号（250002）
发行电话	（0531）67817923　68810229
	86131701　86131704
印　　刷	济南新先锋彩印有限公司
版　　次	2023年3月第1版
印　　次	2023年5月第1次印刷
成品尺寸	155 mm×230 mm　　16开
印　　张	17.5
字　　数	240千
定　　价	79.00元

序

叶赫那拉·根正

（著名文化学者，清代皇家"馆阁体"满汉双文书法传承人）

　　暮春时节，接到赫英忆先生的邀请，为他的新书《说不尽的紫禁城》作序。对我而言，这是一件非常开心也非常感动的事。

　　我和英忆是相差三十岁的忘年交。2011年秋天，机缘巧合，他写的一篇关于慈禧太后的文章让我们相识。虽然从年龄上我是他的长辈，但从他身上获益良多。英忆是年轻的学者，是优秀的教师，是满蒙民族文化的卓越继承者。许多年来，他心怀赤子之情，肩负神圣使命，通过讲课、游学、著书、录制节目等方式，孜孜不倦地向他的学生和各界人士传播知识、普及文化，传承着中华民族博大精深、历久弥新的思想文化遗产。

　　英忆具备扎实的学术功底和丰厚的知识积淀，还擅长用深入浅出、风趣幽默、贴近生活的表达方式传播知识文化。无论是他的课堂还是他的文章，都极富吸引力和感染力，听者、读者总会在不知不觉中被他引领，穿越时空走进历史，沉浸在他的娓娓道来之中。引人入胜，动人心弦，发人深思，让人在轻松愉悦中收获知识和思想。英忆以此赢得了无数学生、听众、读者的认可和推崇，为普及历史文化知识、传承民族文化遗产做出了自己的贡献。所以我才说，能为这样一位年轻学者的著作作序，深感开心，倍觉感动。

　　这本《说不尽的紫禁城》是英忆多年来故宫研学、历史探究的重要成果。读完近二十万字的书稿，感觉余韵悠远、遐思连绵。在书中，我看到的不是一座砖石堆砌的冰冷宫阙，而是一座魅力无穷的神圣殿堂。历史人物一个个鲜活起来，历史事件如活剧般重现眼前，这座宫殿承载的无数文化内涵，在他笔下的字里行间自然飘散出来，沁人心脾，润物无声。从雄视万邦的气象格局，到犄角旮旯的点点滴滴；从整体的建造历史、精神面貌，到每一座宫殿的人物故事、文物精华；再到故宫蕴藏的多民族特色、中华文化魅力、传统制度礼仪、社会民俗风情，都有丰富翔实、生动形象的描述。全书以故宫为载体，展现博大精深、包罗万象的历史文化、民俗风情，涵盖了数百个知识点，在同类书籍中首屈一指、堪称力作。

作者以建筑格局为序讲述故宫，如同带领读者在红墙黄瓦、宫阙万间中穿行。

在开篇《有"数"的故宫》中，作者用一组数字将故宫的整体面貌和伟大之处简明清晰地呈现出来。在《故宫成长史》系列中，我看到了六百年来故宫经历的沧桑巨变、盛衰沉浮。在《穿越历史，邂逅故宫的主人们》中，众多明清帝王从历史中走来，与作者共情，和读者对话。在《太和殿》系列中，我看到了中华礼仪之隆盛、民俗信仰之精神。在《乾清门：门前的侍卫，匾上的满文，上朝的地方》中，我看到了故宫的多民族文化融合和历史上真实的上朝情景。在《坤宁宫：皇帝的女人们》中，我看到了后宫的悲欢离合、爱恨情仇。在《储秀宫：不应该忘记的"另一个"慈禧太后》中，我看到了一个血肉饱满、真实立体的"老佛爷"。在《景仁宫："三好学生"玄烨的人生答卷》中，我看到了一代圣君的成长历程、苦难辉煌。在《畅音阁：演不尽的悲欢离合》中，我听到了历史舞台上那动人心魄的声声吟唱，看到了"人生如戏"的鲜活演绎……

这里的寥寥数笔，很难传达出英忆笔下的气象万千。这是一本有声有色、有理有情、有智慧有灵魂的好书，我从中读到的是知识，是思想，是信仰，是情怀。作为一位80后年轻人，英忆能写出这样一本大书，令人喜悦，令人感佩。希望每一位读者，都能从这本书开始，重新认识这座"说不尽的"紫禁城。

祝贺英忆，期待这本好书早日与读者见面，期待你更多更好的作品！

叶赫那拉·根正

2022 年初夏于北京西苑家中

目　录

第三部分　悲欢离合：故宫的后寝宫殿

第一部分

俯瞰故宫

故宫的成长历程

听作者亲口讲述故宫
见此图标 🐭 微信扫码

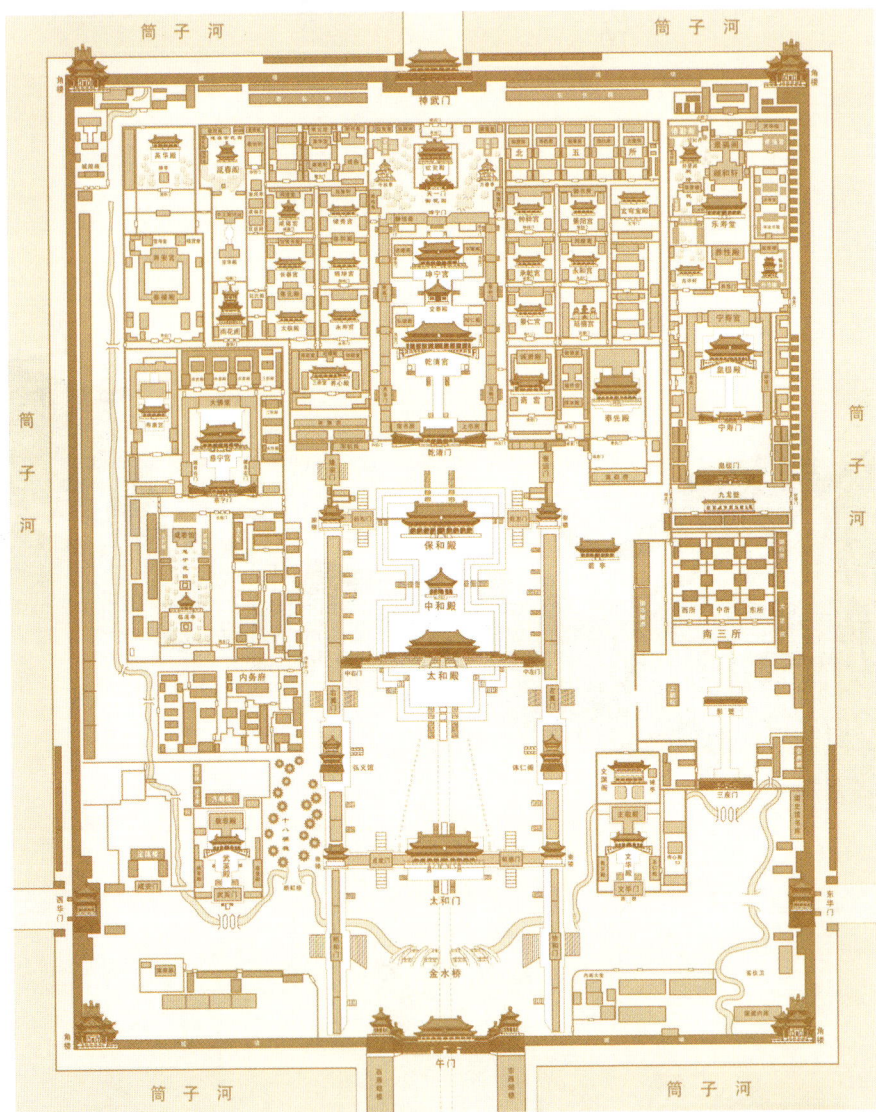

北京故宫博物院平面图

有"数"的故宫

一

北京故宫，一个所有中国人耳熟能详的名字，一座许多外国人津津乐道的宫殿。

每一天，从清晨到日暮，无数人走进故宫，在红墙黄瓦间穿行，在甬道深巷中漫步，在巍峨殿堂前翘首，在宫阙万间里流连。人们看到的是东方建筑之美，听到的是中华文明之韵，嗅到的是皇家至尊之气，品到的是久远岁月之味。

每个人心中的故宫都是不一样的。画家描绘它的色彩，诗人抒写它的浪漫，学者感悟它的厚重，战士敬畏它的威严；歌手吟唱它的黄钟大吕之声，园丁惊叹它的巧夺天工之美，男人怀想它的帝王将相之尊，女士倾慕它的倾国倾城之容；孩子迷醉于它的无数传奇故事，老人震撼于它的沧桑岁月流转……

在你的心中，故宫到底是什么呢？

无数人游览过故宫，讲述过故宫，研究过故宫，可没有一个人，能够给出一个让所有人都认可的答案。因为故宫是如此的宏大、丰厚且深邃，用任何词汇概括形容它，都会显得单薄、苍白。

从基本身份看，它是明清两朝的皇宫，是世界文化遗产，是全国重点文物保护单位，是国家一级博物馆，是世界"五大宫殿"之一——其他四个分别是英国白金汉宫、法国凡尔赛宫、俄罗斯克里姆林宫和美国白宫。它还是5A级景区、爱国主义教育示范基地、最重要的历史文化研究机构，这几年又成了最有名的文创中心、直播场所、"网红"打卡地……

它的"头衔"多得令人目眩，但这样似乎还是无法清晰勾勒出它的面容。

俯瞰故宫全景

　　其实，任何古代建筑的面容，不外乎三大要素——时间、空间和人物。时间体现其历史价值，空间体现其外观价值，人物体现其内涵价值。

　　从时间看，故宫是古老的，跨越了漫长的岁月。

　　从空间看，故宫是宏大的，占据了广阔的空间。

　　从人物看，故宫是丰厚的，演绎过无数故事，珍藏着不尽传奇。帝王后妃的爱恨悲欢，王侯将相的是非功过，牵动着历史的盛衰沉浮，一起在这里上演。

　　故宫是什么？我们可以用数字，对故宫做一个相对清晰的概述。故宫首先是这一组数字：

　　　　一座紫禁城；

　　　　两代王朝；

　　　　二十四位帝王；

　　　　六百年岁月；

　　　　九千九百九十九间半房屋；

　　　　七十二万平方米占地面积；

　　　　一百八十多万件文物。

　　这组数字，涵盖了时间、空间和人物三个维度，提炼出的是北京故宫最核心的元素、最重要的价值。

二

从时间维度看。

公元前 221 年秦始皇兼并六国统一天下、建立起第一个君主专制中央集权的封建王朝，到公元 1912 年宣统帝爱新觉罗·溥仪退位，中国的封建王朝史延续了两千一百多年，而每个朝代，都会有许多宏大精美的帝王宫阙拔地而起。北京故宫建成于明永乐十八年（1420 年），到末代皇帝溥仪于 1924 年被冯玉祥驱逐出故宫，它作为帝王宫殿被使用了五百多年，占据了中国封建王朝史的四分之一，是中国古代使用时间最长的皇宫。

将故宫的宫殿史，与其他"四大宫殿"做比较。英国白金汉宫始建于 1703 年，1837 年维多利亚女王登基后才正式成为英王寝宫并使用至今，其总历史不到三百二十年，作为王宫的历史不到二百年。

法国凡尔赛宫所在地区原本是森林沼泽，1624 年法王路易十三在当地修建二层红砖楼，用作狩猎行宫。1682 年，路易十四将王宫从巴黎迁往凡尔赛，凡尔赛宫才正式成为法兰西皇宫。1789 年 10 月，在法国大革命的狂潮之中，国王路易十六被劫持回巴黎，凡尔赛宫作为王宫的历史终结，并沦为废墟。因此，凡尔赛宫作为法兰西王宫的历史只有从 1682 年至 1789 年的一百余年。

英国白金汉宫

俄罗斯的克里姆林宫历史比较复杂，有人认为其始建于 1156 年。实际上当时的莫斯科大公（俄罗斯最高统治者，后改称"沙皇"）尤里只是下令用木头建了一座小城堡，和现在宏大壮观、富丽堂皇的克里姆林宫完全不是一回事。克里姆林宫真正的标志性建筑，大多建成于十五世纪晚期至十六世纪初期。如乌斯宾斯基大教堂竣工于 1479 年，历代大公寝宫多棱宫竣工于 1491 年，伊凡大帝钟楼建成于 1508 年。到 1917 年"二月革命"推翻罗曼诺夫王朝，沙俄帝国的历史终结，克里姆林宫作为俄国君主宫殿使用了四百多年。

美国白宫始建于 1792 年，美国国会选用建筑师詹姆斯·霍班的设计稿，期间几经修整，作为总统大厦及行政官邸使用至今，约二百三十年。

因此，作为皇宫使用了五百多年的北京故宫，在世界"五大宫殿"中是使用年限上的佼佼者。

三

从空间维度看。

北京故宫占地面积约 72 万平方米，有大小宫殿 70 多座，房屋9000 余间。所谓"九千九百九十九间半"实际上是一个约定俗成的说法，不是绝对准确的数字。

据说中国历史上的秦代阿房宫、汉代未央宫、唐代大明宫面积都比故宫大，但这些宫殿都没有保留下来，都在战乱的蹂躏和岁月的剥蚀中不复存在，因此也就无法将它们与依然巍峨矗立的故宫相比较。

如果仅从占地面积的角度比较，法国凡尔赛宫超过一百万平方米，比北京故宫大。但凡尔赛宫殿中包含着大量的自然景观——草地、森林、湖泊、河流，作为王室的休闲游览之地。而明清两代的皇家游览狩猎之地都设于皇宫之外，如清代的圆明园、颐和园、畅春园、静怡园、静明园以及位于承德的避暑山庄、木兰围场等，从广义上讲，这些地方也都可以算在皇宫范围内。单论宫殿区域的占地面积，白金汉宫 18 万平方米，凡尔赛宫 11 万平方米，克里姆林宫近 30 万平方米，美国白宫为 7.3 万平方米，这四大宫殿的面积总和约 66 万平方米，比北京故宫还小了 6 万平方米。

因此可以说，在世界上的现存宫殿建筑之中，北京故宫是面积最广阔、规模最宏大的宫殿建筑群。

四

从人物维度看。

六百年的漫长岁月，这里居住过明清两朝的二十四位帝王。他们中有雄才大略的明成祖朱棣、清圣祖玄烨，有勤政爱民的明宣宗朱瞻基、清世宗胤禛，有宽厚仁爱的明孝宗朱祐樘、清世祖福临，有功过参半的明仁宗朱高炽、清高宗弘历。还有治国无能的明英宗朱祁镇、清宣宗旻宁，荒唐怠政的明世宗朱厚熜、明神宗朱翊钧，顽劣不堪的明武宗厚照、明熹宗朱由校，沉湎酒色的明光宗朱常洛、清文宗奕詝，以及虽有雄心壮志却生不逢时的明思宗朱由检、清德宗载湉。每位帝王都有自己独特的个性、思维及后世评判，都对中国历史走向产生过影响，把这些帝王连接起来，就是中国最后两个大一统封建王朝的兴衰史。

围绕在这些皇帝身边的，是后妃宗室、文武众臣，他们或贤德或奸佞，或正义或卑劣，或才能卓著或平庸凡俗，或建功立业或祸国殃民，留下无数品读不尽的历史故事和感悟不完的人生哲理。

帝王将相，宗室后妃，他们是一幕幕历史的主角，而故宫，则是这些活剧上演的舞台。在这里，我们看尽了爱恨情仇、悲欢离合，我们读懂了是非美丑、忠奸善恶，我们感悟了盛衰沉浮、兴亡变故，我们明白了家国天下、人生真谛。

所以，故宫是一部最为博大精深的人生教科书。值得每一个中国人，用心去阅读。

故宫缘起
——叔侄大战

一

故宫这本厚重的大书，我们该从何读起呢？就从六百多年前那场惨烈的"叔侄大战"读起。

1368 年，安徽凤阳人朱元璋终结了元朝的百年统治，以应天府（南京）为首都，建立起崭新的大明王朝。这位曾经当过放牛娃、乞丐、盗贼、和尚、士兵的苦孩子经过许多年的奋斗，终于在不惑之年登上了皇帝宝座，成为历史上大名鼎鼎的明太祖。从乞丐到皇帝，差距实在太大，因此他特别珍惜来之不易的江山社稷，在培养接班人方面格外认真谨慎，生怕选错人葬送了江山。

中国古代帝王选择接班人讲究"立嫡立长"（"嫡长子"就是正妻生的长子）。按此原则，朱元璋将正妻马氏所生的长子朱标立为皇太子，对其寄予厚望，精心培养。他选择了当时最负盛名的大学者宋濂给朱标当老师，悉心教导他圣贤之学、治国之道。朱标确实也是一个品学兼优的好孩子，从小熟读儒家经典，性格仁慈宽厚，得到了宗室和大臣们的一致好评，取得了崇高的威望。遗憾的是，这样一位贤德太子在洪武二十五年（1392 年）不幸英年早逝，年仅三十八岁。朱元璋在悲伤难过之余，还得重新确立一位皇位继承人。按照传统的皇位传承规则，嫡长子去世，皇帝可以立嫡长孙，也就是嫡长子的嫡长子，也可以立自己的其他儿子。此时朱标的嫡长子已经去世，朱元璋权衡之后，立朱标的次子也就是二儿子朱允炆为"皇太孙"，将来继承自己的皇位。

朱元璋之所以选择朱允炆，一个重要原因还是他对太子朱标的爱和思念。在朱允炆身上，处处闪现着朱标的影子。朱标去世后，十五岁的朱允炆为父守灵数日，因过度哀伤而消瘦，朱元璋见状心疼，抚摸着孙子的后背安慰道："尔诚纯孝，顾不念我乎！"一个晚年丧子的老人，和一个少年丧父的孩子，同悲共哀，肺腑相连。朱元璋更加爱怜这个孙子。

太祖晚年为政苛严，动不动就大开杀戒，满朝弥漫着紧张恐怖的氛围，大家都盼望这位仁慈的皇太孙早承大统。

1398 年 6 月，在位三十年的明太祖朱元璋驾崩，享年七十一岁。几天后，年仅二十一岁的朱允炆继位，成为明朝第二位皇帝，年号"建文"，史称"建文帝"。

关于中国皇帝的称号，中国古代皇帝从秦始皇开始到清末帝爱新觉罗·溥仪，载入史册的皇帝有三百多人，人们对这些皇帝的称呼主要有三类：谥号、庙号和年号。

"谥号"是一个人死后，人们根据其生前的功过是非，为他追加的带有褒贬意味的称号。比如"文""武""明""睿""庄"都属于褒义谥号，"惠"是平庸谥号，"厉""灵""炀""哀"则都是贬义谥号。唐朝以前的皇帝，我们多以谥号相称，比如汉文帝、汉明帝、魏武帝、北魏孝文帝、隋炀帝等。不仅皇帝有谥号，社会地位较高的诸侯、大臣、后妃也可以有谥号。"庙号"和"年号"则是皇帝特有的称号。"庙号"是皇帝去世后被供奉于太庙之中时的称号，一般叫什么什么祖、什么什么宗。中国历史上，唐朝至元朝的皇帝大多称庙号，如唐太宗、宋太祖、宋高宗、元世祖等等。"年号"则是皇帝登基后用来纪年的名号，中国皇帝中第一个使用年号的是汉武帝。明清时期的皇帝大多只有一个年号，因此人们习惯用年号称呼这两个朝代的皇帝。比如明成祖朱棣年号永乐，人们称他为永乐帝，明思宗朱由检年号崇祯，人们称他为崇祯帝；清朝的康熙帝、乾隆帝、嘉庆帝、光绪帝也都是这种情况。

庙号和年号，不像谥号那样有褒贬意味。一个作恶多端的皇帝，可以给自己起一个非常吉祥美好的年号，死后也可以被追加一个高大上的庙号。因此，唐代以前的皇帝，我们从他的称号上就可以看出此人生前的是非善恶，而唐代以后的皇帝，就无法据此判别了。

二

建文帝在位的几年间，进行了不少改革，对于太祖晚年的严酷政策做出较大改变，史称"建文新政"。在这一过程中，这位年轻皇帝对他的叔叔们，也就是朱元璋的儿子们，非常不放心。他知道自己作为晚辈继承皇位，让这些叔叔们不太满意；他也知道这些叔叔们都比自己更有谋略手腕，都对皇位垂涎三尺。他担心他们权势过大会威胁自己的皇权，于是采纳了兵部尚书齐泰、翰林学士黄子澄的建议，效仿历史上的汉景帝，开始"削藩"。"藩"指的是当时分封在各地的藩王，也就是建文帝的叔叔们。"削藩"就是夺藩王们的权、削弱藩王们的势力。他先后夺了岷王朱楩、齐王朱榑等人的权，将他们贬为庶民百姓，囚禁了代王朱桂，把湘王朱柏吓得全家自焚。由此可见，朱允炆也并不像很多历史书上记载的那样单纯软弱，他还是有一定政治手腕的。

然而，建文帝太年轻，政治手腕还是太稚嫩，他忽略了一个真正强悍的政治对手。这个人就是他的四叔，明太祖的四儿子，后来夺取建文帝皇位的燕王朱棣。

朱棣是明太祖朱元璋的四儿子。他天资聪颖，小小年纪便表现出不凡的见识和才干。十一岁时，朱棣被封为"燕王"，"燕"自古以来就是北京及周边地区的代称。春秋战国时期，"七雄"之一的燕国，其统治中心就在今天的北京房山一带，北京现在还在使用的地铁站名"金台夕照"，这"金台"之名其实就是那时的燕国留下来的，所以"燕王"就可以理解为"北京之王"。

北京是中国著名古都之一，历史悠久文化丰厚，三千年前燕国在这里建都，这是北京作为都市历史的开端。到一千多年前的公元十世纪，中国北方草原崛起了契丹族，首领耶律阿保机于916年建立了大契丹国，后来改名为"辽"。辽国和中原王朝打了很多年仗，夺取了华北地区的"燕云十六州"，北京就是十六州之一，并且被辽国设置为"五京"之一。过了近二百年，东北地区又崛起了一个强悍的马背上的民族——女真，女真族首领完颜阿骨打于1115年统一女真各部，建立大金国。之后短短十二年时间，大金先灭辽后灭宋，统治了整个中国北方，和南宋对峙。金朝第四代皇帝完颜亮将都城从松花江畔迁到了北京，北京又成了金朝首都，称"金中都"。又过了六七十年，漠北草原的蒙古族崛起，"一代天骄"成吉思汗横空出世，率领他的子孙东征西讨，建立了空前辽阔的蒙古汗国。1271 年，成吉思汗的孙子忽必烈正式定国号为"元"，定都北京，称为"元大都"，北京首次成为大一统王朝的首都。

几百年来，在古都北京，各个民族"你方唱罢我登场"，各个王朝在这里建都经营。北京成为一座融汇多民族文化的繁华之都、战略要地。明朝建立后虽然定都南京，但对北京依然非常重视。朱棣被封为燕王，北京（当时叫北平）成了朱棣的根据地，由此也可以看出朱棣在朱元璋心目中的特殊地位。1380 年，二十一岁的朱棣率领护卫官兵五千七百多人离开南京，到北京正式就任藩王，燕王府的位置就在今天的中南海一带。明太祖还选派了谋略出众的高僧姚广孝等人辅佐燕王。这里顺便说一句，燕王朱棣的媳妇也是个了不得的女人，是明太祖最为器重的开国元勋徐达大将军的女儿。太祖让朱棣和徐达之女结婚，也可看出其对这个儿子的器重。

三

建文帝对各位叔王下手"削藩"，削弱他们的势力。对于这位强悍的四叔，建文帝自然也不会放心。他从南京派出"间谍"，监视朱棣的一举一动，准备寻找机会夺燕王的权。朱棣对于建文帝的想法和做法一清二楚，为了稳住朝廷，给自己争取时间积蓄力量，他想出了一个迷惑建文帝的好办法——装疯！

历史上靠装傻装疯装乖骗过对手、为自己赢得成功的例子不少。最有名的是战国时期的孙膑，用这一招骗过了要置他于死地的庞涓，最终战胜并杀死了庞涓。朱棣可能读过这类故事，也学会了这招。从南京来监视他的官员一进燕王府就吓了一跳——他看到的不是以前那位文武双全的燕王，而是一个披头散发、满身污秽、胡言乱语、鄙陋不堪的疯子。监视官员向南京朝廷报告，朝中有大臣不信，认为朱棣诡计多端，肯定是装的。于是建文帝又派出官员前往调查，

明成祖朱棣铜像

这次朱棣"疯"得更奇葩了——跑到大街上连蹦带跳，捡街角的残羹剩饭吃，还躺在泥地里啃泥。这一幕让来监视他的官员彻底信了，如实向建文帝汇报，建文帝也相信了，对朱棣放松了警惕。没有夺他的兵、削他的权，让他继续在北京当燕王。

终于，时机成熟，四十岁的朱棣开始了自己的夺位之战。他与姚广孝等人进行了周密策划，于1399年从北京起兵，一路南下，沿途攻城略地，这就是历史上著名的"靖难之役"。建文帝恍然大悟，看来自己被骗了！但后悔无济于事，他也积极组织了沿途抵抗，双方的激战持续四年之久，血流成河惨烈异常。最终，朱棣率军攻入南京城，从侄子手中夺取了皇位，实现了"九五至尊"的梦想。

接下来，朱棣对建文帝的属下臣僚和后宫妻女进行了惨无人道的杀戮。根据《明史纪事本末》的记载，被杀害者达两千余人，而且其中很多是被酷刑处死的。这些人中有不少是德高望重的老臣、名扬天下的贤达，他们的死，是大明王朝的重大损失。而建文帝的后妃、姐妹、孩子们本身也是朱棣的亲人，中国有句古话叫"无情最是帝王家"，在这里得到了佐证。尤其是建文帝最重要的老师和谋臣——方孝孺，因为坚定地忠诚于建文帝，坚决不为朱棣起草即位诏书，被朱棣"凌迟处死"，遭受千刀万剐，而且被灭了"十族"。朱棣的残酷冷血，在帝王史上也可谓"首屈一指"。

那么，建文帝最后结局如何呢？这又是一个中国历史上的千古之谜。《明史》《明实录》等正统史书记载他在城破之后自焚而死，但也有学者认为他并没有死，而是在混乱之中成功逃走。有人说他逃到了中国南方，有人说他逃到了海外，还有人说他出家为僧了。总之，建文帝下落不明，留给后人无数的猜想、无数的演绎。

朱棣用无数人的鲜血和尸骨，铺就了自己的帝王之路。他成为明朝第三位皇帝，庙号"明成祖"，又称"明太宗"，年号"永乐"。一个新的时代即将开启，一座新的宫殿也即将矗立。

故宫成长史（上）：
成祖迁都北京，蒯祥营建紫禁

一

"靖难之役"，南京尸骨累累。坐在南京的皇宫里，朱棣总觉得气氛阴郁、心情压抑。虽然已经如愿登上帝位，可某种无法言喻的恐惧感始终围绕在自己身边，挥之不去。

一将功成万骨枯。踩着鲜血坐上皇帝的宝座，很难坐得安稳、踏实。每天入睡之后，朱棣噩梦连连，梦到那些忠于建文帝的臣子们挥舞着刀剑来刺杀自己，梦到下落不明的建文帝突然出现在自己的龙床前……朱棣实在无法忍受，他觉得南京对自己而言是不祥之地，于是决定迁都。迁到哪儿？最合适的地方莫过于自己的老巢——北京。当了这么多年的燕王，北京城里都是效忠自己的臣民，况且夺取皇位之战也是从北京启程取得胜利的，所以他认为北京才是自己的福地。

决定迁都北京还有一个重要原因，北京在当时是明朝的"咽喉要地"。从北京再往北，就是蒙古、女真这些少数民族生息聚居的地方，他们都是强悍的马背骑射民族，自古以来就是中原王朝的边患威胁。因此，迁都北京，可以更好地加强边防军队建设，防范蒙古、女真的威胁。所谓"天子守国门"，就是这个意思。还有，自辽金以来，北京就是帝王之都，尤其是元朝作为大一统王朝在北京定都百年，也给这个城市注入了厚重的"帝王之气"。

明成祖决心已下，但迁都不是说走就走的。北京经历了元末明初的战火，已经不复往日的繁华，需要新的建设。尤其是要建设一座崭新的豪华宫殿，以供自己和子孙们居住。在六百多年前，没有现代工程技术，建设皇宫是一项旷日持久的浩大工程，需要征用十几万甚至几十万人力，花费十几年甚至几十年的时间。

因此，从决定迁都，到真正搬进北京的宫殿，朱棣等待了十八年。

永乐元年（1403 年），朱棣下诏改"北平"为"北京"，将之作为明朝的新都城。永乐四年（1406 年），朱棣下诏开始营建北京的皇宫。永乐十八年（1420 年），北京的宫殿落成，朱棣下诏：明年元旦（正月初一日），举行庆贺大典，正式迁都北京。

于是，北京再一次成为中华帝国的首都，并且一直延续到明朝之后的清朝。历史上，北京相继作为辽、金、元、明、清五朝古都，它的名字先后是辽南京、金中都、元大都、明清北京城。

这座城市，记载了契丹人的金戈铁马、女真人的鼓角战旗、蒙古人的赫赫武功、汉族人的诗书礼仪、满洲人的文韬武略。它和西安、洛阳、南京、杭州等古都一样，成为中华民族悠久历史、灿烂文化的见证者，成为所有中华儿女的骄傲。

与其他古都不同的是，在北京建都的王朝，统治者来自不同的民族。每个民族建都于北京后，都会把本民族的文化和民俗融入这座城市。在岁月的长河中，这座城市形成了海纳百川、丰富多元的鲜明特色。北京精神中的"包容"，就是在这样的历史发展轨迹中形成的。

二

明成祖下诏营建的那座皇宫，就是北京故宫，历史上的名字叫"紫禁城"。从 1406 年明成祖下诏营建，到 1420 年正式建成，这座宫殿的营建时间长达十五年。这是漫长、艰辛的十五年，也是堪称伟大的十五年。

谁都知道北京故宫，可是问到北京故宫的总设计师是谁，恐怕绝大多数人都会一脸茫然。这个人的名字我们不应该忘记，他就是明代建筑巨匠——蒯祥。

蒯祥（1399—1481），江苏吴县鱼帆村（今苏州）人，出生于建筑世家。他的父亲蒯富有非常高超的技艺，被明朝政府作为专业技术人才选入北京，担任了皇宫建筑总负责人——"木工首"。蒯祥自幼随父学艺，父亲告老还乡时，他继任"木工首"，后来升任工部侍郎，相当于国家住建部副部长。

蒯祥手下有一支业务水准极高的建筑师队伍，汇聚了全国最优秀的泥瓦匠、漆匠、石匠、雕塑匠、彩绘匠。蒯祥受命担任紫禁城总设计师时，还不到二十岁。虽然年轻，但他的技艺已达到炉火纯青、巧夺天工的地步。故宫的整体设计是由蒯祥完成的。故宫前三大殿（太和殿、中和殿、保和殿）以及皇帝居住的乾清宫，这几个故宫里最为重要的宫殿都是蒯祥亲自负责营建的。可以说，虽然故宫的建成是千千万万人共同努力的结果，但这些人中功劳最大、业绩最著者，非蒯祥莫属。

明成祖去世后，蒯祥继续担任皇家专用建筑师，他前后为明朝皇室辛勤工作了近六十年，经历了明成祖、明仁宗、明宣宗、明英宗、明代宗、明宪宗六朝，是建筑界的"六朝元老"。六十六岁那年，蒯祥担任了十三陵之一——裕陵地下宫殿的总设计师，当时的皇帝明宪宗尊称他为"蒯鲁班"。到七八十岁时，蒯祥还参与了天安门的建造。这样的建筑师，在中国历史上屈指可数，值得后人敬仰。

明宪宗成化十七年（1481年）三月，蒯祥在北京病逝，享年八十四岁。一位终生投身于建筑事业的伟大建筑师，用自己半生的心血和汗水，留给了后世一座伟大的紫禁城。

三

中国古建筑历来以砖木结构为主，最重要的建筑材料始终是木料和石料，紫禁城也不例外。既然是皇宫，紫禁城所使用的木料、石料自然是顶级的。木料选择了中国自古以来的"木中极品"——金丝楠，石料则按照中国传统宫殿建筑的习惯，选择了来自北京房山"大石窝"的上等汉白玉。

金丝楠是中国特有的珍贵木材，主要产于中国四川、云南、贵州地区。它生长周期长，木材有着淡雅迷人的香气，纹理直而结构细密，不易变形开裂，在阳光下金光闪闪、金丝浮现，给人一种尊贵华丽的感觉。自古以来，金丝楠木多专用于皇家宫殿以及少数寺庙的建筑和家具。

据史料记载，朱棣为了砍伐和运送金丝楠木，发动了数十万兵丁和百姓。一支支浩浩荡荡的队伍，前赴后继翻山涉水，历尽艰辛到达西南地区长满金丝楠的山林，然后开始了夜以继日的砍伐。随着金丝楠木倒下的，还有一个又一个鲜活的生命。当时的砍伐人员"进山一千，出山五百"，在伐木过程中，有人因过度劳累而死，有人因失足坠崖而死，有人因野兽袭击而死，有人因林中瘴气而死，有人因饥寒交迫而死……

无数巨大的金丝楠木被砍伐后，需要运送到北京，这又是一个极为浩大的工程。通过陆地运送肯定不行，带着数量这么巨大的木料跋涉五六千里，运送难度太大，沿途的安全无法保障，各种物资供给又成本过高。不过，人们想出了一个好办法——水运。万里长江正好从大西南流过，四川、云南、贵州都在长江流域，金丝楠木防水性能又好。于是，人们把一棵棵金丝楠放入长江，和护送它们的船队一起，随江水东下，跨越五六千里，抵达江浙一带。这里的接应人员再把他们打捞上来，放入京杭大运河，沿大运河北上，再跨越三千多里，抵达北京通州后再运往紫禁城。

因此，北京故宫是无数人用汗水、鲜血和生命建造出来的，那精美绝伦的建筑、宏大巍峨的宫殿里凝结的不仅是智慧，更是无数人的灵魂。我们去故宫，心中应该满怀敬意，致敬那些因建造故宫而逝去的生命，致敬中华大地上一代又一代历尽苦难却又生生不息的人民！

汉白玉是一种名贵的建筑材料，它洁白无瑕，质地坚实而又细腻，易于雕刻。中国很多地方都产汉白玉，离北京故宫最近的汉白玉产地，就是七十公里外的房山大石窝。为了给紫禁城准备石料，明朝政府从河南、河北、山西、陕西等地先后调来上万石匠艺人，在大石窝定居、开采、制作和运送各类皇家汉白玉饰品。七十公里，在当时也是一个不近的距离，汉白玉又特别厚重，是怎么运送到紫禁城的呢？

金丝楠是水运，汉白玉则是"冰运"——冬天寒冷之时，派人在大石窝到紫禁城的道路上沿途泼水，水结冰后形成一条"冰道"，再将一块又一块巨大沉重的汉白玉石经冰道运送至紫禁城，这比在平常道路上生拉硬拽轻松多了。

北京故宫里有一处"镇宫之宝"，那就是保和殿后面的"大石雕"。它沿台阶斜铺至地面，长近十七米，宽三米多，厚一点七米，重二百多吨，为宫中石雕之最。如果把它立起来，有六层楼高。这座大石雕是明初建造故宫三大殿时雕刻的，清乾隆二十六年（1761年），凿去旧有花纹重雕。大石雕上布满了各种吉祥图纹——四周雕刻着古代建筑、家具上常见的吉祥图案"缠枝莲花纹"，下部雕刻着象征江山一统的"海水江崖纹"，中间雕刻着片片祥云；云水之间雕刻着象征天子"九五至尊"的九条蟠龙，每条龙姿态各异，皆栩栩如生，在海水祥云之间飞举腾跃、若隐若现。这座大石雕使用来自房山大石窝的汉白玉巨石雕刻而成，是故宫的重要标志之一，也是代表着故宫最高艺术水准的雕刻精品，所以称它为"镇宫之宝"。

跋涉万里的金丝楠，精美绝伦的汉白玉，它们是故宫的基础、框架、骨骼。这些木料和石料的准备过程就持续了十一年之久，再经过千百位能工巧匠几年的精心打造，紫禁城终于拔地而起，屹立在"天下之中"的北京中轴线上。

太和殿

汉白玉游龙御路

四

　　在六百年前那个没有经纬仪定线的年代，蒯祥和他的团队，怎么能精确打造出"中轴对称"的完美结构？怎么能让故宫的每一处宫殿、每一个院落都恰到好处地各安其位、和谐共存？我们今天从空中俯瞰故宫，每一条道路、每一堵墙都平直方正，古人的智慧让我们惊叹，更让我们敬仰。关于蒯祥的传奇故事还有很多。比如他还是一位天才的"双手画家"，能双手握笔同时在一根柱子上绘出双龙图案，画到最后两条龙能自然组合到一起。这种技艺真可谓出神入化、世间罕见。

　　蒯祥在北京去世，后来他的灵柩归葬故乡，安息在美丽的太湖畔。墓园不大，园中绿树成荫、小溪潺潺。从这里走过的人们，有谁能把这座小小的墓园，和北京那座庞大恢宏、宫阙万间的紫禁城联系在一起呢？知道蒯祥的人很少，这有些令人遗憾，但其实真正伟大的人物都是如此，在完成了自己的使命之后，回归淡泊宁静。他们的名字和他们留下的珍贵遗产，任岁月流逝，永远被镌刻在历史深处。

多尔衮画像

故宫成长史（下）：
多灾多难的紫禁城

一

历尽千辛万苦、千难万险，紫禁城终于建成了。此时此刻，心情最激动的，恐怕要数明成祖朱棣了。

经过十五年的漫长等待，明成祖终于拥有了属于自己的宫殿。这座宫殿不是父辈遗留的，而是自己一手策划打造的，其间的一砖一瓦、一石一木都承载着自己的宏图远略，都注入了自己的英雄梦想。雄伟壮观、金碧辉煌的紫禁城，巍然屹立在自己生活、经营了四十年的北京城。此时的明成祖，已是花甲之年，在位已近二十年。就在营建故宫的过程中，他完成了许多重大的政治军事活动，对后世产生了深远的影响。

在他的指挥下，明朝将士北击蒙古，扫除残元势力；南攻安南，将交趾纳入版图。他还在新疆设置哈密卫，管理西北边陲；在辽东派驻总官兵，防备倭寇骚扰。从大漠草原到南海之滨，明成祖的军队所向披靡；从西陲戈壁到东北边境，明王朝的国防日渐牢固。

在他的领导下，明朝政府兴修水利、疏浚运河、奖励屯田、蠲免赋税，社会经济日渐繁荣，民众生活日益富足。

在他的策划下，三宝太监郑和率领浩浩荡荡的"万人船队"，远涉万里波涛，到达非洲东海岸和红海沿岸。沿途所到之国，皆成明朝藩属。这跨越东南亚、南亚、西亚、北非的航行，成了人类航海史上的壮举，也成了中外友好往来的华彩篇章。

在他的主持下，侍读学士解缙等人，广采天下典籍，分类整理编辑，完成了一部包罗万象、规模空前的百科全书，明成祖亲自赐名《永乐大典》。全书两万两千九百多卷，一万一千多册，总计约三亿七千万字。书中囊括了从先秦至明初近三千年间的各类文献资料，成为当时全世界规模最大、内容最多的百科全书，是中华民族珍贵的文化遗产。

故宫的营建过程，就是明成祖帝王伟业的成就过程，二者交相辉映，将明成祖托举到历史高处，使之成为中国历史上最负盛名的杰出帝王之一。"永乐"这个年号，也成为大明王朝黄金时代的标志。

此时此刻，明成祖眼中的故宫，不再仅仅是一座宫殿，而似乎成为自己一生丰功伟绩的象征，成为让自己的名字永垂后世的丰碑。所以，面对故宫的落成，明成祖理所当然要欢庆一番。精心筹备的庆典，在紫禁城隆重举行，四方到贺、万国来朝，中华帝国威名远播。

然而，明成祖恐怕做梦都没有想到，庆典的热乎劲儿还没过去，历尽艰辛、耗资巨万修建的紫禁城，居然会化为一片灰烬……

二

中国古建筑普遍有一个特点——不怕地震，但怕火灾。因为古建筑大多为木质结构，各部件之间通过"榫卯结构"咬合在一起，一般不使用水泥、钉子之类的构件。榫卯结构稳定性特别好，使建筑物在地震中也能够保持稳固，不会像水泥瓷砖等材料那样容易被震塌。但木结构的弱点是防火性差，尤其在没有避雷针的时代，刷了油漆的木结构建筑更容易一打雷就着火。故宫虽然是皇家宫殿，也无法避免这个缺陷，天上打雷的时候，雷电可不会管是皇上住的还是老百姓住的，一概照劈不误。尤其故宫建筑特别高大，更容易在电闪雷鸣的天气里遭遇火患。

故宫的建成庆典结束不到一年，明成祖还没在自己新建的"豪宅"里住热乎，一把大火就让故宫一大半的建筑变成了焦土。永乐十八年（1420年），故宫因雷电发生大火，前三大殿被完全焚毁，后宫部分建筑也遭到破坏。难以想象，明成祖面对此景，会是何等心痛、何等遗憾。然而，此时的他已步入人生暮年，四年后，六十四岁的朱棣病逝在第五次远征蒙古后返回北京的途中。这位一生南征北战、功绩卓著的皇帝，最终在马背上结束了自己不凡的一生。

明成祖之后的两代皇帝明仁宗、明宣宗都没有重建故宫，一直到正统五年（1440年），明成祖的曾孙明英宗朱祁镇才下令重建前三殿及乾清宫。重建又耗费了近二十年时间，直到1459年才完工。

这次完工后，故宫安宁了近一百年。到明世宗嘉靖三十六年（1557年），紫禁城再度遭遇大火，午门、奉天门（后改名"太和门"）、前三大殿、文武楼等全部被焚毁。于是再次重建，历时四年，到嘉靖四十年（1561年）才全部完工。

故宫刚刚建成时，前三大殿的名称是奉天殿、华盖殿、谨身殿。因为两度遭遇焚毁，笃信道教的嘉靖皇帝认为原名不祥，于是将前三殿名称改为皇极殿、中极殿、建极殿。到后来清朝入关以后改为太和殿、中和殿、保和殿，沿用至今。

可惜，改名并没有改变故宫被火灾"垂青"的命运。短短三十多年后，明神宗万历二十五年（1597年），紫禁城再次遭遇雷火，而且比前两次损失更惨重——前三殿、后三宫全部被烧毁，中轴线上的所有宫殿化为废墟。之后的复建工程持续了三十年之久，直至明熹宗天启七年（1627年）才完工。

此时，距离明王朝灭亡，只有短短十七年了。公元1644年，是中国历史上山崩地裂、惊心动魄的一年，是多方势力角逐博弈极为激烈的一年，是改朝换代、江山易主的一年。

三

1644年1月，明末农民起义军领袖李自成在西安称帝，建国号"大顺"。4月25日，大顺军打到北京城下。几天之后，大顺军将士架起云梯，翻越高墙，攻占北京外城。就在这一天，年号"崇祯"的明朝末代皇帝朱由检见大势已去，自己已经无法挽救江山社稷，悲愤绝望之下，他拿着一条三尺白绫，来到故宫后面的煤山上，在一棵歪脖树上悬梁自尽，以身殉国，立国二百七十六年的明王朝宣告灭亡。李自成进入北京，坐上了紫禁城的皇帝宝座。

可是，李自成在皇帝宝座上仅仅待了一个多月，就被明朝边关

李自成画像

将领吴三桂和来自关外东北地区、刚建立不久的清王朝军队联合赶走了。

此前，李自成曾经派属下前往山海关，招降山海关守将吴三桂。吴三桂再三斟酌，最终没有投降李自成，并且对李自成的起义军进行了袭击。此时，山海关外的东北地区，一个新的民族正在崛起，一个新的政权建立了。这个民族就是满族，这个政权就是大清。1616年，东北地区女真族的杰出首领爱新觉罗·努尔哈赤基本统一了女真各部落，在赫图阿拉城（位于今天的辽宁省抚顺市新宾满族自治县）建立起"后金汗国"。两年后，后金汗国对明朝宣战，开始了争夺天下的历程。努尔哈赤是天才的军事统帅，率领区区六万军队，在辽东山区一个叫"萨尔浒"的地方击败明朝十七万大军，让明朝军队主力几乎全军覆没。从此以后，后金一天比一天强大，明朝则日益走向衰落。1626年，努尔哈赤病逝，他的八儿子爱新觉罗·皇太极继位。皇太极也是能力卓著、谋略过人的文武全才，在他的领导下，后金汗国成为可以和明王朝分庭抗礼、一决高下的强大地方政权。1635年，皇太极将族名由"女真"改为"满洲"，将国号由"后金"改为"大清"。

又过了八年，1643年，皇太极在清王朝当时的都城沈阳突然病故，他年仅六岁的儿子爱新觉罗·福临继位，由皇太极的弟弟睿亲王爱新觉罗·多尔衮摄政。多尔衮也是一位具有敏锐政治眼光和超群军事才能的统帅，当他听说崇祯自缢、明朝灭亡的消息，马上感觉到机会来了。他成功招降了山海关守将吴三桂，承诺大清军队将和吴三桂的军队一起打败李自成，为崇祯皇帝和大明王朝报仇雪恨。

就这样，李自成称帝后短短一个多月，他所率领的农民起义军就被吴三桂和多尔衮的联合军队击败，眼看多尔衮就要兵临北京城下，李自成迫不得已，逃离北京。临走前，他不愿意把本该属于自己的紫禁城留给多尔衮和清王朝，于是点了一把火，把紫禁城绝大部分建筑烧毁。

多尔衮和他的军队，只能先驻扎在城外。四个多月后，多尔衮在北京迎接从沈阳迁来的小皇帝福临、后妃宗室、文武百官、八旗将士。他抱着六岁的福临，在硝烟还未散尽的奉天门遗址上，宣告大清朝取代大明朝，成为古老中国的新主人。

此后，清王朝又开始了对故宫的重建。当时清朝忙于平定各地的战乱，刚刚改朝换代，国力又比较衰弱，重建进行得很缓慢，前后耗费了近四十年。直到清朝入关后的第二位皇帝康熙帝在位中期，才基本建成。后来清朝在故宫的主要建筑上都安装了避雷针，才保障了故宫的安全。直至清朝灭亡，二百多年间故宫再没有发生过大规模的火灾。所以，咱们今天看到的北京故宫，绝大多数建筑都是清代建成的。

四

回顾这段历史，怎能不令人心潮澎湃、思绪万千。改朝换代的是非功过我们不过多评论，单说故宫，真可谓"多灾多难"。整个明朝，故宫的经历就是：建成，烧毁；再建，再烧；还建，还烧；最后被李自成一把大火彻底烧掉。那些远涉万里的金丝楠，那些名贵珍稀的汉白玉、琉璃瓦，那数不尽的奇珍异宝、名木古树，不知有多少毁于天灾和战火。

由此，又想到中国历史上的每一次改朝换代都是如此。新王朝取代旧王朝，大都会烧前朝宫殿、毁前朝宗庙、掘前朝陵寝，以此显示"除旧布新"的气象。然而，这些被毁者，无一不是千千万万劳动人民智慧、汗水、心血乃至生命的结晶。新王朝的新宫殿、新园林、新陵墓，又需要发动千千万万劳动人民去修造，又会有无数人为之付出巨大的代价，甚至牺牲自己的生命。所以古人才说：兴，百姓苦；亡，百姓苦。

我们对北京故宫的敬畏，应该再增加几分。因为它的多灾多难，因为它承载着两个王朝的衰亡与勃兴，因为它见证过那么多波澜壮阔的历史画卷。

故宫的格局气象：
中华精神，中华审美

　　讲完了故宫的成长历程，接着来好好地欣赏一下这座宫殿。中国人看事物喜欢从整体到局部，从宏观到细节，所以，欣赏故宫，也可先从其整体格局开始，再慢慢深入到它的各个组成部分、各座殿堂房屋，乃至每一座殿堂房屋里的各样陈设、各种器具、各色宝贝。总之，既从整体上感受它的形象气质，又在细节中体验它的无限精彩。清朝没有把故宫彻底废弃，而是在原有宫殿的基础上复建，基本保持了明代故宫的原貌。中国那么多的王朝，无数宫殿都已消失在历史的烟尘中，只有故宫保留了下来，成了世界遗产。这是一个重要历史贡献。

　　故宫究竟是一座什么样的宫殿？九千九百九十九间半房间，整体布局有何特色？当我们在高空俯瞰紫禁城，看到的是一幅怎样的画面？

　　其实，气象万千的故宫，其整体格局也很简单，可以概括为十六个字：四门环绕，中轴对称，前后呼应，规则严整。自古以来，中华文化、中国建筑最讲究规则、对称、和谐、严谨。相比之下，一些西方建筑更追求灵动变化。所以，故宫是中国传统建筑的代表，考察故宫的整体格局，可以更好地理解整个中国传统文化的精神追求、审美特点。

四门环绕

　　故宫有四门，东南西北各一门。南为午门，北为神武门，东为东华门，西为西华门。南北对应，东西呼应，四个门代表着"天下四方"。中国传统文化对"四"这个数字情有独钟，四面八方，五湖四海，四夷来朝，四征不庭，四时供奉，一年有四季，天下有四方，汉语有四声，《易经》有四象，甚至古典名著《西游记》也将世界分为"四大部洲"。四是个吉祥数，代表着完整、规范、包容、大气，所以，故宫也有四个主门。至于现在有些人说四不吉利，谐音"死"，显然与中国传统文化是相违背的。按这个说法，思念的"思"、丝弦的"丝"、专门指代小姐姐的"姒"，这些美好的字眼岂不都成了不祥之字了？

　　这四个门中，地位身份最高的是午门，它既是故宫的南门，也是故宫的正门，后面我还会专门给大家讲述午门的故事。其次是神武门、西华门，最后是东华门。这四个门的地位排序，主要取决于和皇帝的关系。皇帝进出最多的是午门，所以它地位最高。神武门作为故宫的后门，也是皇帝经常走的门，皇后、太后也常走神武门。西华门则是清朝皇帝、后妃每次去西山、圆明园、颐和园、静怡园等园林避暑游玩时走的门。东华门最为特殊，它是皇帝、皇室成员死后棺木出入的通道，相当于死人"走"的门，俗称"鬼门"；同时也供太监等人员出入，所以排在最后。东华门还有一个特殊之处是门钉数量，其他三门上的门钉都是九九八十一颗，象征皇家至高无上的地位，而东华门的门钉却是"纵九横八"，一共七十二颗，比其他三门少了一排。至于少一排的原因，目前学术界尚无定论。

中轴对称

　　故宫有一条清晰笔直的中轴线，这条中轴线也是北京城的中轴线，南起永定门，向北经过正阳门、天安门、端门，由午门入故宫；经太和门、太和殿、中和殿、保和殿、乾清门、乾清宫、交泰殿、坤宁宫、后花园，由神武门出故宫，一直延伸到钟鼓楼，全长7.8公里。位于中轴线上的故宫建筑，是故宫里最重要、最核心的殿堂。千百年来，晨钟暮鼓之间，无数历史活剧在这条中轴线上演，无数历史人物从这条中轴线走过，好一条岁月凝结的中轴线、穿越生死的中轴线、悲欢离合的中轴线、盛衰沉浮的中轴线！它早已成为古

远眺故宫全景

都北京的生命之线、六百年故宫的灵魂之线。中轴线两边是对称结构，东有东华门，西有西华门；东有文华殿，西有武英殿；东有东六宫，西有西六宫。因此，故宫是可以沿中轴线对折的宫殿，其格局处处体现着中国传统文化追求对称、均衡、和谐的精神意识和审美理念。

　　不仅故宫是中轴对称结构，北京城也是中轴对称结构。就连一个普通人家的四合院，也是中轴对称结构。两扇大门分左右，门楣上的户对、门脚处的门当、门脸上的门钉、门缝两边的门环，其数量、布局都是严格对称的。走进大门以后，中轴线上是影壁、水缸、正堂、二堂、后堂这些重要的物件和房屋，两侧则对称分布着东西厢房、东西侧房、东西耳房、东西跨院。

　　还有中国人过年最重要的习俗之一——贴春联、贴门神，也都鲜明地体现着中国文化追求对称均衡的精神和审美。"天对地，雨对风，大陆对长空，山花对海树，赤日对苍穹，雷隐隐对雾蒙蒙，日下对天中……"古代学堂里的孩子们，从小就将这《笠翁对韵》背得滚瓜烂熟，幼小的心灵里，早已埋下了崇尚对称均衡的文化种子。

　　小到普通人家的楹联，大到皇家宫殿紫禁城，对称均衡无处不在，中华文化处处彰显。

前后呼应

故宫不仅左右对称，前后两半部分也是对称呼应的结构。整个故宫可以以保和殿和乾清门之间那条道路为界，分为前后两个部分，称为"前朝后寝"。"前朝"即故宫的前半部分，也就是故宫的南半部分，主体建筑是"三大殿"——太和殿、中和殿、保和殿，它们是皇家举行各类典礼、仪式、活动、宴会的地方，称之为"前朝"，又叫"外廷"——外人可以进入的宫廷建筑，但这里的外人不是指普通老百姓，而是指皇族以外的大臣、官员们。从乾清门开始，进入故宫的后半部分，也就是北半部分。这部分区域外人就不能进入了，谁擅自进入，就是杀头之罪。因为这个区域是皇帝、后妃们饮食起居的生活区，是皇家的私人居住空间。包括皇帝居住的乾清宫、养心殿，皇后居住的坤宁宫，太后居住的慈宁宫，级别高的妃子们居住的东西六宫，还有皇后生日时宴客的交泰殿。它们合称为"后寝"，意思就是位置居后的皇帝后妃寝宫，又叫"后宫""内寝"。皇上家的卧室，外人自然是不能随便进的。

这些宫殿里最重要的，是位于中轴线后半部分的三宫——乾清宫、交泰殿、坤宁宫，它们和位于中轴线前半部分的三殿——太和殿、

余晖下的紫禁城一隅

中和殿、保和殿，又形成了前后对称呼应的结构格局。前三殿与后三宫，不仅数量一样，都是三座，而且宫殿建筑模式也一样。前三殿中，太和殿和保和殿都是长方体，体积都比较大；中和殿是正方体，体积小。后三宫中，乾清宫和坤宁宫也都是长方体，体积大；交泰殿是正方体，体积小。所以前后都是"长—方—长""大—小—大"的宫殿模式，完全对称均衡。

这里顺便说一句，在后寝部分，乾清宫和坤宁宫也是对称结构。乾象征天，代表男性，坤象征地，代表女性。所以乾与坤相对应，"清"与"宁"都象征着清净、安宁、祥和，也是相对应的。乾清对坤宁，皇上对皇后，中间的交泰殿象征着阴阳交合、天下安泰。这里面又蕴涵着丰厚的中国传统文化内涵。

规则严整

看完了前三点，故宫的"规则严整"就不言而喻了。整体格局的对称和谐、均衡稳定，各部分建筑的功能、作用都非常清晰严格，绝对不能混淆。所以，从整体格局到各部分区域，都有着非常严格的规则，每一个进入故宫的人，哪怕是皇上皇后、皇亲国戚、功臣名将，都必须严格按照这种规则在故宫里起居、活动。所以，故宫的严整规则，突出地体现着中国古代社会、中国封建王朝的严格制度：谁都得守规矩，谁都得心存敬畏、谨言慎行，不然的话，就容易犯下大错、受到严惩。

穿越历史，邂逅故宫的主人们

一

　　人们在故宫中漫步，脑海里想得最多的，可能还是六百年来在这里生活过的一代又一代人，尤其是故宫的主人们——帝王、后妃、皇子、公主。

　　任何古代建筑，任何人文景观，之所以让人们向往、着迷，最重要的原因，往往是这些建筑、景观里蕴含着的那些人、那些故事。他们赋予了这些建筑、景观深厚的情感色彩，让它们拥有了生命，也拥有了灵魂。于是，它们给予参观者的，就远远不只是外在的视觉美感，更会触动每个人的心灵和思绪，让人穿越时空、对话先祖、体验永恒，这种吸引力、冲击力和感染力，是任何自然山水都无法企及的。

　　当我面对殷商的后母戊鼎，所看到的不只是一件冰冷的青铜器，而是三千多年前那个文明初启、神秘绚丽的王朝。我看到了成汤灭夏、

秦始皇兵马俑

盘庚迁殷、武王伐纣，看到了妇好手持大钺指挥千军万马，看到了妲己衣饰奢华舞姿妖娆蹁跹，看到了无数奴隶的苦难与抗争……

当我面对秦代的兵马俑坑，我看到的不只是泥土浇铸的随葬品，而是两千多年前那横扫六合、所向披靡的秦国大军。我看到了秦始皇嬴政挥剑决浮云、天下归一统，看到了猛将蒙恬北击匈奴南定百越，看到了七十万刑徒修造骊山陵墓，也看到了咸阳宫外焚书的烈火、坑儒的惨祸……

当我面对巍然屹立的大雁塔，我看到的不只是一座唐代佛塔，而是佛塔主人玄奘法师万里西行的足印、天涯孤征的背影，是他那羸弱身躯在大漠中的跋涉、在群山间的攀登，是他那合十忘生死的普度众生之心，是他那虽九死其犹未悔的悲天悯人之志……

当我面对鄂尔多斯高原上的成吉思汗陵，我看到的不只是一座沙漠深处的帝王陵墓，而是世界征服者一生的戎马征战、纵横驰骋，我听到的是蒙古将士如潮水般席卷草原时的猎猎风声。苏鲁锭长矛直插天宇，飞箭射落翱翔的鹰，陵墓背后，人类历史上疆域最辽阔的大帝国徐徐展开版图，让世界震惊……

同样，当我行走在故宫的殿宇高墙之间，迎面而来的，也是一张张熟悉的面容。我会和他们对话，向其提出许多心中埋藏已久的疑问。

二

首先看到的，自然是明成祖朱棣。他是紫禁城的第一位主人，目光中比别人多一些骄傲，多一些自信。我问他："您的二十二载帝业，让明王朝走向强盛，让'永乐'年号熠熠生辉，此生可谓足矣；可您百年之后，与您的侄子朱允炆在另一个世界里相遇，该是怎样的心情？您淋漓尽致地演绎了'无情最是帝王家'，也因此为后世所诟病，这是否是您心中永远挥之不去的阴影？"

接下来，我看到了明孝宗朱祐樘。我问他："您是宽厚仁慈、勤政爱民的'中兴之主'，与汉文帝、宋仁宗并称'三代以下之贤主'，可为何后期又会迷信佛道之术，让宦官李广这样的奸佞之辈混入朝廷？您是历代帝王中的'模范丈夫'，一生只爱张皇后，可您为什么没有成为合格的父亲，培养出一位像您一样励精图治的接班人？您的继任者朱厚照，居然成为中国历史上的第一'顽主'皇帝，荒淫无耻胡作非为，您在天有灵，是否也会为此而深深地无奈、深深地遗憾？"

明孝宗身后，一对祖孙迎面走来，他们就是明世宗朱厚熜和明神宗朱翊钧。看到他们，我笑了——你俩真是亲爷孙俩啊，很多方面都太像太像了。两位都是少年继位，在位时间都长达近半世纪，可两位却都有二十多年不上朝不露面，神秘莫测地躲在后宫里，最后都是在快满六十岁的时候离开人世。二位年轻时代都曾有整顿朝纲、励精图治之举，可为什么很快就变成了懒惰至极也荒唐透顶的奇葩君王？或炼丹，或敛财，或糟蹋宫女，或沉溺酒色……明王朝在你俩的手中走向堕落、走向衰亡。你俩究竟有什么样的心路历程，为何会如此行事？难道不知史笔如铁，难道不畏天怒人怨，难道不怕千古骂名？

这爷孙俩走过之后，一个忧郁沮丧的身影向我走来。他披着头发，光着脚丫，手里拖拽着三尺白布，眼中闪烁着悲凉的泪花。哦，是明朝末代皇帝，自缢在煤山的崇祯帝朱由检。看着他，我似乎又看到了那个山崩地裂、乾坤挪移的1644年。"朕非亡国之君，尔皆亡国之臣"，"任贼分裂朕尸，毋伤百姓一人"，临死之时陪伴您的，只有太监王承恩。您死得那样惨烈，那样悲凉，却又那样不甘心。明朝覆灭，确实非您一人之责，您也确实想力挽狂澜、重整河山。可您小聪明太多却无大智慧，猜忌心过重缺乏大格局，不务实际急于求成，滥杀忠良自毁长城，最终的所谓"君王死社稷"实在是走投无路之举。不知您在另一个世界里，是否有过反思、有过醒悟？

三

明亡清兴，江山易主。紫禁城的主人，换成了身着满装、精骑善射的八旗子弟。第一个走来的，是立下"定鼎中原第一功"的摄政王爱新觉罗·多尔衮，他怀中抱着的，是年仅六岁的顺治帝爱新觉罗·福临。我走上前去，对他们行了礼，然后问道："摄政王，您为大清入主中原立下了汗马功劳，为大清一统天下征战了一生。可您却在三十八岁就猝然离世，死后不久即被强加谋逆罪名，掘墓鞭尸削除宗籍，功勋皆被抹杀，连坟茔都荡然无存。上天待大清何其厚也，将您赐给了大清；可大清待您却何其薄也！您在天有灵，是否会委屈、会不平、会悲伤？还有您和孝庄太后那说不清道不明的爱恨情仇，究竟是怎样的真相？"

一个矫健的身影，迈着稳健自信的步伐向我走来。他是南书房里那个读书读到咳血的好学生，他是十六岁就拿下三朝元老权臣鳌拜的睿智少年，他是二十八岁平定三藩、三十岁收复台湾的卓越青年，他是三十五岁击退沙俄、四十四岁剿灭噶尔丹的中年雄杰。他以博学鸿词、尊孔崇儒收揽天下读书人之心，以木兰秋狝、多伦会盟绥服草原蒙古各部，以重农治河、减免赋税赢得百姓爱戴，以宽容仁爱、责任担当收获臣民敬仰。他晚年还派遣军队驱除分裂势力、安抚西藏僧俗。满人称他为"圣主"，蒙古人称他为"可汗"，汉族人称他为"圣天子"，藏族人称他为"大菩萨"。他就是人们最熟悉的中国皇帝之一——清圣祖爱新觉罗·玄烨，即康熙帝。我问他："您将立国不久、危机四伏的大清王朝打造为疆域辽阔、威名远播的强盛帝国，赢得生前身后的圣君美名。可您善于治国却不善治家，您倾注了无数心血培养的太子胤礽，被两立两废，终究未成大器；儿子们为争夺太子之位钩心斗角、互相残害，让您的晚年痛苦不堪、心力交瘁。那时候，您是否更渴望成为一个普通百姓家的父亲？"

我对雍正帝说："您一生励精图治、勤政进取，在位短短十三年，解决了康熙晚年的种种危机，为您的儿子乾隆帝留下了一片锦绣河山，成为'康乾盛世'中至关重要的承上启下者。可由于您的改革得罪了太多的权贵，也得罪了天下的士绅，所以您生前就遭到很多无端的污蔑攻击，死后更是骂名滚滚。每当有人不理解您、批评您时，您一般不作过多辩解，一句'朕就是这样汉子，朕就是这样秉性，朕就是这样皇帝'，让人看到了中国帝王中罕见的真性情、真担当！这些年您活跃在影视屏幕上，越来越多的人开始了解您、认可您、敬仰您，能否给您的在天之灵一些慰藉？"

我对乾隆帝说："您是中国历史上最有福气的帝王。父祖奠定基业，一生文治武功，将疆土扩至极致，将盛世推向巅峰，享前所未有之福寿，得代代传颂之英名。您创造了好多'帝王之最'——年寿最高、执政最久、武功最盛、国库最盈、题字最多、写诗最频，同时您也发动了最多的文字狱，留下了最多的争议。您的文治武功使大清走向鼎盛，您的闭关锁国也让中华走向沉沦，您的是非功过究竟该如何评价？还有您的神秘身世和生母之谜，您和富察皇后的真挚爱情，您六下江南的风流韵事，您与傅恒、刘墉、阿桂、纪昀、和珅等人的君臣佳话……您是老百姓聊不完品不尽的皇帝，是中国历史上最具'明星效应'的帝王，这是否就是您所期盼的'千秋万代''英名永存'？"

四

我对光绪帝说，我对慈禧太后说，我对末帝溥仪说……

穿越历史，邂逅故宫的主人们，你们早已走进历史长河，但你们的故事，你们的传奇，你们的是非功过，你们的美丑善恶，永远被后人品读着、思考着，感悟着、借鉴着。

所以培根才说"读史使人明智"，所以我们才说"历史是一面镜子"。

扫码领取
· 作 者 说
· 解读紫禁城
· 紫禁城趣闻

第二部分

灵魂之线

故宫的中轴宫殿

听作者亲口讲述故宫
见此图标 微信扫码

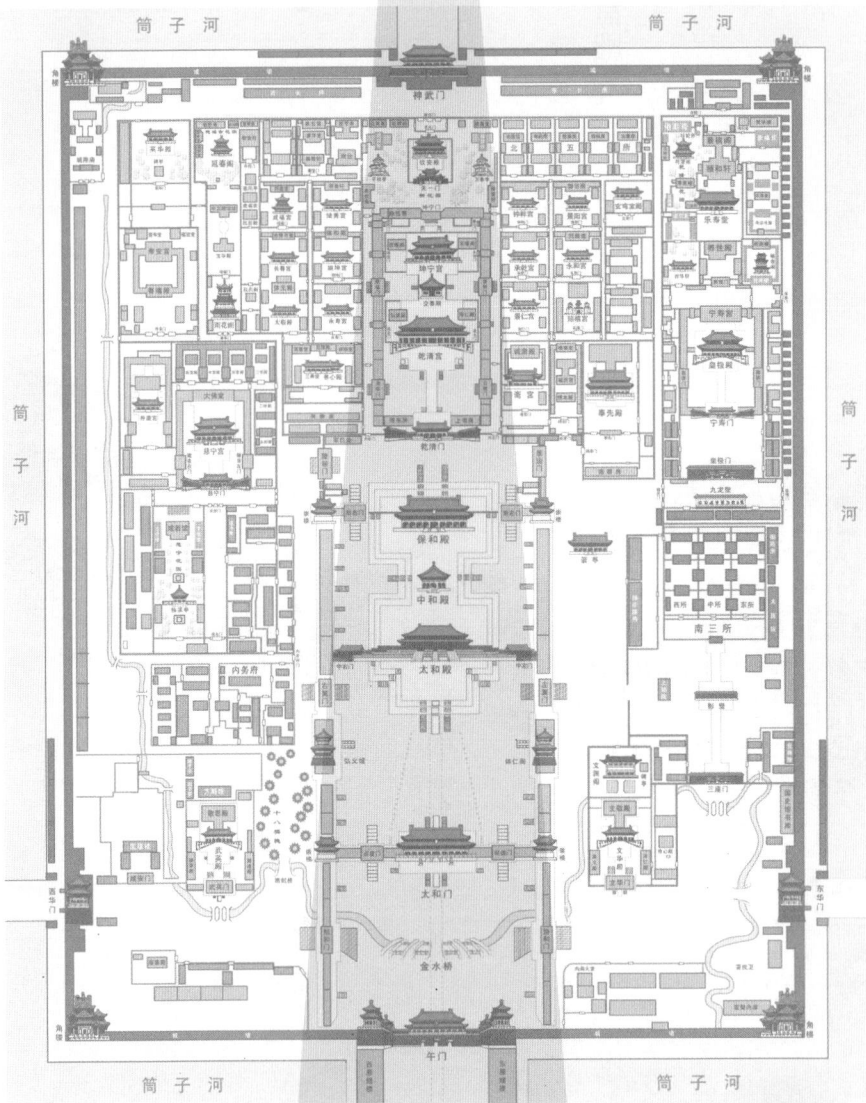

北京故宫博物院平面图

中轴线上的几道"紫禁之门"

一

了解完故宫的修造背景、成长历程、格局气象、地位影响，邂逅完故宫的几位重要主人，我们对故宫已经有了一个比较宏观完整的认知。现在，可以真正走进故宫，细细品味感悟它的每一个部分、每一座宫殿、每一个角落了。

我们的行程从哪里开始呢？既然是领略一座宫殿，自然要从它的大门开始。

前文介绍过故宫的四门，这四门是紫禁城最"显眼"的城门，是直接安放在紫禁城城墙上的门。中国古代的城市，出于各方面需要，都有不止一重城墙，城门自然也有多重。因此，从狭义而言，故宫的城门就是紫禁城城墙上这四门；从广义而言，则远远不止这四门，包裹在紫禁城之外的那些城门，都可以算是故宫的大门。

清代以来的北京城，形成了四重城墙的结构，从外向内依次是：外城—内城—皇城—宫城（紫禁城），一层包着一层，层层缩进，层层防御，紫禁城即故宫被包容在最核心、最安全的腹心地带，外面的每一重城墙都对故宫起着防护、保卫的作用，每一座城门也都是故宫的外围之门、延伸之门。

二

外城就是现在咱们通常说的北京南城。这是一道比较特殊的城，特殊就特殊在它的城墙不完整，没有像其他几重城墙那样形成一个环绕封闭的"口"字形结构，从下面的平面图可以清晰看到，外城城墙只有南段，东、西、北段皆为空白。为什么会出现这种情况？原因很简单——没钱。

中国古代的城墙包括"城"和"郭"两个部分。"城"一般指的是内城城墙，用于保护生活在皇宫里的帝王后妃和皇城里的宗室臣僚；"郭"则指外城城墙，用于保护生活在皇城之外、城市之内的平民百姓。明朝嘉靖三十二年（1553年），为了防御塞外骑射民族的袭扰，明政府按"城必有郭，城以卫君，郭以卫民"的传统规则，开始修筑北京城的外城。原来计划建好后的外城周长一百二十里，也是完整的"口"字形结构，但在修完了南面的二十八里后，明朝政府就出现了财政危机，无法按计划修完，于是就把外城南段和北边的内城连在了一起，匆匆完工。此后明王朝一直内忧外患，没有再开启完整修筑外城的计划。清朝入主中原后，延续了明朝的北京城结构，也没有再增修外城。而且清廷定都北京后，统治者采取了将北京城不同民族、身份的人安排在不同区域居住的政策。原来在北京城生活的汉人百姓大都被迁移到南边的外城居住，新进入北京的满洲贵族、八旗子弟则成了内城的主人。

外城共设置了七个城门。南边有三门：正中为永定门，这是北京城的南大门，也是北京城中轴线的南端起点，永定门东西两边分别是左安门和右安门。外城东西侧各有两门：东侧南为广渠门，北为东便门；西侧南为广安门（原名广宁门，后来为了避讳道光皇帝名讳"旻宁"而改为"广安门"），北为西便门。

外城以北就是内城。大家如果在北京坐过地铁二号线就会发现，内城就是二号线包围的区域，二号线的轨迹其实就是内城城墙的位置。内城原名叫"京城"，又称"大城"。明朝嘉靖修筑外城后改称"内城"。内城是一个环绕封闭的"口"字形结构，城墙周长约四十五里，高十二米。内城设置九门。南面三门：中间是正阳门，也就是我们习惯称呼的"前门"，东为崇文门，西为宣武门；东面两门：南为朝阳门，北为东直门；西面两门：南为阜成门，北为西直门；北面两门：东为安定门，西为德胜门。大家对内城九门可能会更熟悉一些，很多清宫戏里的"九门提督"，指的就是驻守这九个门的军事长官。

北京内城九门，外城七门，老话"内九外七北京城"就是这么来的。除此之外，称呼北京城还有一个老词儿，说北京是"四九城"，这个"四"指的又是什么呢？指的是内城以里的皇城、宫城，它们都是四个城门。

德胜门　　　　　　安定门

镇　黄　旗

西直门　　正黄旗　　内　城　　　　　　东直门

正
红
旗　　　　　　（北安门）　　　正
　　　　　　　　地安门　　　　白
　　　　　　　　　　　　　　　旗

（阜成门　平则门）　西安门　　皇　城　　（朝阳门　齐化门）

先蚕坛　　景山
白塔

西安门　　神武门

德红旗　　　　（玄武门）　　镶
　　　　　　　　　宫　城　　白
　　西华门　太和殿　东华门　旗

镶
蓝
旗　　　　　　西华门　　　东
　　　　　　　午门　内阁　安
　　　　　　天安门（承天门）门

西便门　　　　銮仪卫　宗人府　兵部　　东便门
　　詹事府　　太常寺　吏部　工部
内　　　都察院　　户部　鸿胪寺　城
　　　刑部　　礼部　钦天监
镶蓝旗　大理寺　大清门　太医院　正蓝旗
　　　　　　（大明门）

宣武门　　　正阳门　　　崇文门

（顺承门）　　（丽正门）　　（文明门）

广安门　　　外　　城　　　广渠门

先
农　　　天
坛　　　坛

右安门　　永定门　　左安门

南　　　　苑

清代北京城格局图

三

内城再往里，环绕着皇城，它也是封闭的"口"字形结构。皇城内分布的是朝廷的各个行政机构，比如处理各项政务的六部、负责监察官员的都察院、负责审理大案的大理寺、负责礼仪的鸿胪寺和銮仪卫、负责观测天象物候的钦天监、专为皇家治病的太医院等等，所以皇城和被包含在它内部的宫城是密切联系、融为一体的，皇城里的机构都是为宫城里的皇家、朝廷服务的。正因为此，皇城、宫城都不允许普通的平民百姓进入，包括普通的八旗子弟也不能进入，只有皇家的权贵、朝廷的高官可以进入，普通人进入皇城、宫城要受严惩，甚至可能被认为有谋反或刺杀嫌疑，遭到处死。紫禁城的这个"禁"字，就是禁地的意思，禁止百姓入内。

皇城周长约十八里，四面各设一门：南面的城门明朝叫"大明门"，清朝改为"大清门"；东面为东安门，西面为西安门，北面为北安门（清朝时改称"地安门"）。在南面的大明（清）门与紫禁城的南门——午门之间的中轴线上，屹立着我们熟悉的天安门，可以算是皇城的"中门"。除此之外，皇城其实还有长安左门、长安右门等门。但皇城的主城门，就是大明（清）门、东安门、西安门、北（地）安门四个。

皇城再往里，就是北京城最核心、最重要的心脏地带——宫城，也就是故宫紫禁城。宫城南北长九百六十一米，东西宽七百五十三米，周长三千四百二十八米，近七里。这里是皇帝、后妃、皇子、公主们居住的地方，是这个国家至高无上、至重无比的核心区域，是"天下之中"。前文中介绍过故宫的四门：南为午门，东为东华门，西为西华门，北为玄武门（后为了避康熙帝名讳"玄烨"而改为神武门）。其中午门地位最高，是紫禁城的正门。

宫城和皇城都有四门，内城有九门，所以北京又被称为"四九城"。再加上外城的七门，北京城的主要城门有二十四个。重重叠叠的城门，象征着北京城作为帝王家族、达官显贵居住之地而得到层层叠叠的保护，体现着北京城作为天下"首善之地"那至高无上的地位。每一道城门都是内外有别、等级鲜明、规矩森严，迈入了不该迈入的大门，等待着的就是严酷惩罚，因此这些城门也都代表着封建社会那不可动摇的权力体系和社会规则。

　　这些城门都发挥着守卫皇城、护卫宫禁的职能，因此都可以看成是故宫的大门，只不过有些是紫禁城直接的城门，有些则是外围区域、延伸地带的城门。这些城门中分布在北京中轴线上的，从外向内依次是外城永定门、内城正阳门、皇城的大明（清）门及北（地）安门、皇城和宫城之间的天安门、宫城午门及神武门，一共七门。前文说到，皇城和宫城密切联系、融为一体，二者都不允许普通的平民百姓进入，只有皇家的权贵、朝廷的高官可以进入。因此我们可以把皇城、宫城的城门，看成是故宫最直接的大门，看成是"紫禁之门"。位于中轴线上的"紫禁之门"，从南向北依次是大明（清）门、天安门、午门、神武门、北（地）安门这五门。

　　这五个"中轴紫禁之门"中，大明（清）门在1949年新中国成立后的天安门广场改造中被拆除，目前仍然保留着的是其他四个门。按照古代建筑"坐北朝南"、自南向北延伸的规则，天安门成了"中轴紫禁之门"中的第一道门，也可以视为进入故宫的第一道门。我们的故宫之旅，就从天安门出发；我们的紫禁故事，就从天安门开始。

扫码领取
· 作　者　说
· 解读紫禁城
· 紫禁城趣闻

天安门：
李自成的"歪箭"和侵略者的炮火

一

童年时，《我爱北京天安门》是每个孩子都会唱的曲调。上学后，历史老师讲到"五四运动""开国大典"，天安门成为最具爱国情怀和进步精神的符号。长大后，我们总希望能去天安门广场看一次升旗，仿佛是人生中不可或缺的一个重要仪式。我们在电视里一次次观看天安门大阅兵，每次看完总是心潮澎湃、情感激荡。无论你家在何方，你长在何处，只要看到天安门，亲切感和自豪感就会油然而生。这里是中国人共同的精神故乡和心灵归属。

花团锦簇的天安门，流光溢彩的天安门，今天已经成为国家荣誉的象征，成为中华民族的标识。在历史的长河中，天安门也发生过许许多多的故事。但这些故事并不都那么辉煌精彩，其中有些故事还充满了悲情和苦涩。无论辉煌还是苦涩，天安门都是值得我们永远用心去守护的历史遗产、民族瑰宝。

二

前文介绍过，天安门是明清两代北京皇城的中门，位于皇城正门大明（清）门和宫城（紫禁城）正门午门的中间点上。皇城和宫城是北京城的核心区域、重中之重，是天子后妃、宗室王公、文武重臣的聚集之地，是堪称"天下之中"的首善之区。连接这两处要地的天安门，自然也就成为北京城最重要的城门之一。

天安门始建于明朝永乐十五年（1417年），最初名叫"承天门"。在明清时期北京城的二十四个主要城门里，只有这一个门的名字里包含"天"字。中国人自古以来"敬天法祖",对于天有着特殊的敬畏和崇拜。从"女娲补天"的古老传说开始,中国人世世代代祭拜苍天,祈求上天赐给人们幸福生活。之所以崇敬天,是因为它高远辽阔、笼罩大地,是因为它浩瀚无边、威严壮观,是因为它孕育日月星辰、普降风霜雨雪,带给人间冷暖阴晴、春夏秋冬,似乎拥有无穷无尽的神奇力量。所以,人们把自身的安康福祉,都寄托于天的恩赐与护佑。有人说中国人没有信仰,其实不是这样,中国人最大的信仰就是天,所以中国老百姓称呼天为"老天爷",激动震惊时总爱大喊一声"我的天呐",这都体现着对天的敬畏信仰。

不仅老百姓敬畏天,皇帝也崇拜天,所以才自称"天子"——天的儿子。明清时期,每到冬至,皇帝会率领王公贵族、文武百官到天坛举行隆重庄严的祭天大典。祈求苍天护佑国泰民安。明清皇帝圣旨中的第一句话就是"奉天承运皇帝诏曰",意味着皇帝的一切圣旨上谕、国家的一切大政方针都是在秉承和执行天的意志。故宫里的皇帝寝宫叫"乾清宫","乾"也是"天"的意思。还有"天津"这个地名的来历,据说是因为明成祖朱棣在这里送郑和船队远行,所以这里是"天子津渡",故曰"天津"。

中国传统文化中,天也无处不在。《周易》六十四卦中的首卦即为"乾"卦。中国人激励别人笑对苦难时最爱引用的名言是"天将降大任于斯人也,必先苦其心志……",中国人教育孩子最爱说的格言是"天行健,君子以自强不息"。古人动不动就夜观天象,以此来判断吉凶祸福。一个人成功的关键就是要顺天应人,而失败的原因往往是逆天而行。我们教训别人时特别爱说"你要翻天啊",安慰自己则特别爱说"没事,天塌不下来"……

总之,"天"是中国人心目中神圣的字眼,是中国人永恒的信仰。因此,"承天门"这个名字,就标志着这座城门的重要地位和特殊分量,体现了它在皇帝心目中的至高位置。"承天"的含义就是"承天启运、受命于天",这座门是皇帝作为天子的身份象征,也是故宫的重要象征。

承天门的设计者,是前面介绍过的杰出建筑大师蒯祥。清朝顺治八年(1651年),入主中原不久的清王朝将"承天门"改名为"天安门"——不仅强调自己能受命于天,还渴望新生的大清王朝能够

天安门屋脊

安定天下、一统四海，这就比"承天门"多了一份治国平天下、安邦抚万民的政治责任感。

　　天安门由城台和城楼两部分组成，底部有汉白玉的须弥座。天安门总高近三十五米，比太和殿略矮，也是故宫中最高大的建筑之一。天安门城楼长六十六米、宽三十七米，占地面积达四千八百平方米。城楼下有五个拱门，中间的拱门最大，位于北京城中轴线上，古代只有皇帝才可以由此出入。天安门城楼用六十根朱红色的巨柱支撑，东西面阔九间，南北进深五间，象征着皇帝"九五至尊"的无上权威。天安门的梁柱屋檐上都装饰着精美明丽的彩画，红墙黄瓦也搭配出富丽堂皇的色调。巍峨的城楼，高大的梁柱，宽阔的殿堂，华丽的色彩，无不彰显着它那受命于天、至高至上的尊贵身份。让人在驻足仰望之时，敬畏感油然而生。

　　天安门的功能很多。明清时期皇帝颁布诏书，往往在这里举行颁诏典礼。礼部官员在这里高声宣读诏书，文武百官在天安门外的外金水桥以南站立聆听，行三跪九叩大礼。六百年来，这里无数次响起"奉天承运皇帝诏曰"的雄壮声音。国家和个人的命运，就在这声声回响中被决定着，盛衰沉浮与兴亡变故，就在这声声回响中演绎着。

三

前面说过，天安门发生过许许多多的故事。但这些故事并不都那么辉煌精彩，其中有些故事还充满了悲情和苦涩，比如下面这两个故事。

第一个故事的主角是明末农民起义军领袖李自成。明朝末年，灾荒连年，政治腐败，老百姓纷纷揭竿而起。李自成率领的农民起义军，一路披荆斩棘，从陕北打到了北京城。明末清初史学家计六奇先生在著作《明季北略》中有一篇文章《李自成入北京内城》，生动地记载了李自成在进京时的一举一动。根据这篇文章的记载，李自成率领军队走到内城的西长安门时，掏出弓箭准备射向长安牌坊，牌坊上有"长安坊"三个字，李自成说："如果我能射中中间的'安'字，天下就能太平。"结果一箭过去，一个字也没射中，箭射在了牌坊上的瓦楞中，场面一度尴尬。后来李自成到了承天门，可能想找回点面子，就大声对手下士兵说："我要是能射中中间那个'天'字，就能成为天下之主。"也许李自成的射箭技术实在太差，或者是那天运气太背，这次又没射中，射在了"天"字下方。这下更尴尬了，李自成一脸郁闷。这时，他手下的大将牛金星站出来解围。牛金星对李自成说："您射在了中字下方，说明您要和明朝中分天下，天下至少有一半是您的了！"李自成听完了很高兴，感觉自己的面子算是挽回了。

很遗憾，李自成虽然灭了明朝，可是却没有得到天下。他没当几天皇帝，就被从东北杀来的大清军队和投降大清的吴三桂等赶出了紫禁城，后来转战南北，最终在湖北九宫山被当地地主武装杀害。

计六奇的记载有不少是民间传闻，虽然未必完全真实，但作为那些历史事件的亲历者，他的文章在一定程度上反映出了当时的舆情民意。民间对李自成两次射箭不中的传言，充分说明了人们并未将他视为受命于天的真龙天子，对他是否能得天下坐江山也持有怀疑。李自成远远没有成为广得人心的领袖，这也许为他后来遭到民间地主武装的仇杀埋下了伏笔。

第二个故事更让人悲伤愤懑，它发生在中国饱受外敌侵凌的清朝晚期。清咸丰十年（1860 年）九月，在第二次鸦片战争中，英法联军入侵北京。咸丰皇帝带领后妃宗室、文武百官逃往承德避暑山庄，留下大臣贾桢等人守城抗敌。贾桢是山东龙口人，曾经在科举殿试中获得一甲第二名，也就是中了榜眼。担任过侍讲学士、内阁学士、左都御史、礼部尚书、协办大学士等重要职务，是一个学问优异、人品卓越的官员。留守北京之时，贾桢担任体仁阁大学士、翰林院掌院学士，还兼管兵部，任京城团防大臣，可谓是临危受命，集文武要职于一身。据《清史稿》记载，他不负重托，英勇无畏，英法联军打到天安门前时，面对侵略者的枪炮刺刀，贾桢将个人生死置之度外，每天在天安门正襟危坐，组织抵抗，阻止侵略者通过天安门进入皇宫。后来他受命与侵略者谈判议和，也是慷慨不屈、大义凛然，尽最大努力为国家减少损失、挽回尊严。

然而，没有强大的国家作为支撑，贾桢的抗争很难取得效果。衰弱的大清王朝，虽然有贾桢这样的优秀臣子，却没法改变自身的命运。英法联军最终打进了紫禁城，抢掠无数珍宝，还在圆明园燃起熊熊烈火，将这座大清朝百年造就的"万园之园"化为废墟。

历史是一面镜子，映照着过去，也昭示着未来。李自成的"歪箭"，侵略者的炮火，都是一个曾经强大的王朝走向衰亡时，天安门所承载的记忆与伤痛。这些国破家亡的故事，时时提醒着后人，该如何去面对江山社稷，兴衰荣辱的根源在哪里。

端门：
天子仪仗与日晷、嘉量

一

　　走过天安门，眼前出现一个宽阔的广场，广场尽头又是一座门，这就是端门。它位于皇城之门天安门和紫禁城正门午门之间的中轴线上，是连接皇城和宫城的中间门。

　　经常有人问我，在进入午门之前要先进端门，二门的名字连起来正好是"端午"，是否与端午节有关。我可以很负责任地说，端门午门和端午节一点关系都没有。端门之所以用"端"字，寓意为"端正""端庄"。在古代是要提醒来到这里的大臣们马上就要进入皇宫了，注意一下自己的形象，衣冠必须端正，仪态必须端庄，千万不可有失仪失态的地方，这属于对皇上的"大不敬"，要受严惩。皇帝偶尔也会接见普通百姓，被接见者走到端门时，就会有官吏提醒他整理好自己的衣冠，收拾好自己的形象，不能穿破烂肮脏的衣裤进去，也不能戴草帽穿草鞋进去，头发胡子等没梳理干净也不能进去。总之，必须以最佳形象面对皇宫和皇帝，以体现自己的敬畏之心。

　　这种规矩不是繁文缛节或穷讲究，而是中国作为礼仪之邦对于人在仪容衣着上的要求，古往今来都是如此。史书上说远古的部落首领黄帝"垂衣裳而天下治"，意思就是制定了衣着礼仪之后，天下才能治理好。历朝历代，针对不同身份、级别的人都有特定的衣着要求，不按要求穿衣就属于"失仪"或"僭越"。到了当今社会，虽然没有那么多严格细致的规定了，但我们出入高端场所、参与重要活动也都会注意着装的整洁规范。所以端门这个"端"字，传达出的也是中国源远流长、代代传承的礼仪文化和行为规范。

二

历朝历代的皇宫基本都有这么一道"端门"，位置一般都在皇宫正门前。比如唐末五代时文人王定保编纂的《唐摭言》，记载了大量唐代文人的故事。其中就写到唐太宗李世民曾站在皇宫的端门上，看新考中的科举进士们从端门走过，得意地说道："天下英雄入吾彀中矣。"意思是说，通过科举考试，让天下的英才们都为自己所用。

故宫端门城楼始建于明永乐十八年（1420 年），也就是故宫建成这一年。端门的整体建筑结构和风格与天安门相同。有人说，端门是一个"尴尬"的门，它夹在天安门和午门之间，既没有天安门那万众瞩目的特殊地位，也没有午门作为故宫正门那雄伟独特的造型气势，是一个似乎有点多余、容易被人忽略的门。其实，与天安门、午门相比，端门才是保存最完好的明代故宫城门。天安门和午门都屡遭战乱炮火，天安门在 20 世纪 70 年代初还曾整体拆除重建过，端门却几乎一直安然无恙，向我们完整展示着明代宫廷城门建筑之态。

端门的功能很简单，主要就是皇帝家的"储物间"。每次皇帝举行大型朝会、典礼、活动或外出前，就会把各种仪仗用品存放在端门城楼里和城楼下的御道（也就是中轴线）两侧。皇帝的仪仗用品种类非常多，数量庞大，在古装电视剧里经常看到。车辇大轿、云罗伞盖、旗帜大纛、金瓜旌节、纨扇香薰、拂尘金炉、锣鼓号角……动不动就好几百样，样样都是皇家专用，体现着天子威仪和朝廷尊严。这些仪仗用品光靠一个端门常常搁置不下，有时候会从太和殿一直排列到天安门，长达两里地。

举行这些大型活动或皇帝出行时，浩浩荡荡的随从队伍，拿着千姿百态的仪仗，从午门走向端门，从端门走向天安门。每当此刻，端门城楼上钟鼓齐鸣，仿佛是在向天下人庄严宣告："皇上出行啦！真龙现身啦！"当皇帝结束活动或出行回宫之时，端门上的大钟会再次鸣响，仿佛在告诉所有人："皇上回宫啦！"

所以，端门并不是一个可有可无的"尴尬之门"，它存放着这个国家最重要的礼仪用品，代表着这个国家最严格、最宏大的礼仪制度，是故宫里名副其实的"礼仪之门"。

三

端门外两侧安放着两个特殊的物件，都是汉白玉打造的。一个是日晷，一个是嘉量。这两样东西不仅端门前有，午门前也有，太和殿、乾清宫前也有，很多重要宫门宫殿前都有。二者的位置不确定，有些地方是日晷在西，嘉量在东，有些地方则相反。为什么故宫如此"青睐"这两件小东西呢？因为它们都有特殊的含义。

日晷就是古代的时钟。在没有钟表的古代，人们是怎么看时间的？举子赶考、大臣上朝怎么才能保证不迟到？朋友们约聚餐怎么才能保证不失约？古人当然有古人的智慧，他们也有不少计时工具，比如滴漏、沙漏等，但最常用的就是日晷。

日晷的外观很像现在的时钟，下面有基座，基座上斜立着一个圆形的晷盘，晷盘中央插着一根指针，周围一圈刻着每天的十二个时辰和每个时辰下的时刻。中国古代计时，一天十二个时辰，每个时辰两个小时，正好对应现在的每天二十四小时。

从晚上十一点开始，晚上十一点到凌晨一点为子时。顺便说一句，咱们除夕夜吃饺子的习俗就是从这儿来的——"饺子饺子，就是交子，新年旧年，交于子时"。凌晨一点到三点是丑时，三点到五点是寅时，早晨五点到七点是卯时，"点卯"这个词就是从这儿来的，意思是卯时该去上班点名了。七点到九点是辰时，九点到十一点是巳时，上午十一点到下午一点是午时，所谓"中午"就是这个时间段。下午一点到三点是未时，三点到五点是申时，五点到七点是酉时，晚上七点到九点是戌时，九点到十一点是亥时。每个时辰的中间点是这个时辰"最正"的时候，称为"×正"，比如凌晨四点，是寅时最正的时候，称为"寅正"。每个时辰下面都有八个时刻，每个时刻十五分钟，就是咱们现在说的"一刻钟"。前四个时刻属于这个时辰的"初刻"，后四个时刻属于这个时辰的"正刻"。比如古装剧里经常演到死刑犯人在"午时三刻"被斩首，其实"午时三刻"包含两个时间，一个是"午正"十二点前的十一点四十五分，叫"午初三刻"；另一个是"午正"十二点后的十二点四十五分，叫"午正三刻"。

端门外的日晷

日晷的晷盘上，一圈按顺序刻满了十二个时辰和每个时辰下分的八刻。白天阳光投射到日晷上，晷盘中间那根指针的阴影就会像钟表的指针一样指向某个时刻，让人一看就知道是几时几刻。这种计时方式是利用太阳一天二十四小时的运行来观测时间，非常准确，是古人智慧的突出体现。不足之处在于阴天没有阳光的时候，就无法用它来看时间了。

嘉量是古代测量体积的工具，主要用来测量粮食的体积。比如一大袋米或面，倒入嘉量后就能测出是几斗几升，这样在交易的时候就有了比较方便准确测量方式，保证交易的公正。

四

宫殿城门前面为什么要摆放测量时间和体积的工具呢？因为它们都不仅仅是一种实用性工具，更有特殊的含义。日晷作为计时工具，象征着时光流逝、岁月匆匆，立在宫门前，是提醒皇帝、官员和天下人，一定要珍惜时间、努力工作。一寸光阴一寸金，寸金难买寸光阴；百川东到海，何时复西归？少壮不努力，老大徒伤悲！这代表封建王朝统治者对天下人的训诫，也是对自己的要求。只有人人惜时如金、不废光阴，抓紧分分秒秒学习工作，国家才能安定强盛。

嘉量则代表着国家的统一。当年秦始皇统一中国，采取的一个重要措施就是统一度、量、衡，其中的"量"就是体积单位。有了统一的测量标准，这个国家的经济贸易才能顺利进行。没有统一的标准，各地就会各行其是，国家容易出乱子。

这再次印证了前面讲华表时说到的中国文化特色——很多生活

用具都不仅仅具有实用性的功能，更包含着深厚的文化内涵，肩负着丰富的教化功能，体现着代代传承的精神信仰。日晷与嘉量，两个小小的测量工具，传递出惜时如金的人生道理和天下一统的伟大信念。这样的道理和信念，是中华民族生生不息的力量源泉，值得我们去思考、去感悟。

夕阳下的嘉量

午门：
至高之门，礼仪之所，廷仗之地

一

　　走过端门，又是一个宽阔的广场，广场尽头，高高耸立着一座造型独特的巍峨城门。它与故宫里其他所有门的形象都不一样，其他门都是一个平面，唯独这座门是一个三面环绕的立体结构。它的正面和其他城门宫门一样，由高大的城台和城台上方雕梁画栋的城楼组成，城台上有三个门洞，中间的门洞最高最大，供皇帝行走。它的独特之处在于两侧——正面的城门城楼向两侧延伸，形成了三面环绕的立体结构，从上空俯瞰像一个反写的"凹"字。两侧延伸出的城门，如同鸾凤鸿雁展开的双翅，给人一种怀抱天下、包容四方的雄姿和气魄。这座故宫里独一无二的三面立体城门，就是故宫的正门，也是故宫四门中最重要、最高贵者——午门。午门两侧的延伸部分，称为"东雁翅楼"和"西雁翅楼"，含义就是鸿雁展翅、包容天下。由于午门整体造型如同鸾凤鸿雁展翅翱翔，所以人们又称午门为"五凤楼"。

紫禁城的正门——午门

关于午门在故宫四门中的最高地位，前面介绍故宫整体格局时已经讲述过。午门是故宫真正的大宫门，进入午门，就真正进入了紫禁城。古代官员上朝，骑马坐轿到午门前，都要下马下轿，从这里步行进入故宫，一直走到上朝的地方。这种规定体现的就是午门的尊贵地位，看到午门，就如同看到了皇帝，必须下马下轿以示崇敬。

从高度上也可以看到午门的"高人一等"。午门通高近三十八米，比太和殿还要高两米多，是故宫中最高的宫门。无与伦比的高度，无与伦比的造型，无与伦比的地位，赋予了午门超群的魅力和出众的灵魂，让人面对它时，震慑感扑面而来，敬仰之心油然而生。

二

午门始建于明朝永乐十八年（1420年），也就是故宫建成之年。此后屡遭火焚，多次重建。清朝建立后，顺治、嘉庆年间都曾重修午门。午门作为故宫正门，是帝王家的门面，因此需要一修再修，使其日臻完美。

午门有哪些功能呢？大家可能马上会联想起古装剧里经常出现的台词——"推出午门斩首"。那么，午门是斩首的地方吗？显然不是，明清两朝北京城里都有专门砍死刑犯脑袋的地方，明朝在西四牌楼，清朝挪到了宣武门外菜市口。所谓"推出午门斩首"，史书中从无记载，应该是小说或戏剧里的杜撰。我们可以理解为把犯人从午门推出去，拉到菜市口斩首，而不是一出午门就杀。

午门不是杀头的地方，它和端门一样，也是当时国家的礼仪之门。但端门只是存放各类礼仪用品，而午门则用来举行各项礼仪活动。比如朝廷举行重大庆贺典礼时，官员们要跪在午门前，面向故宫朝拜。皇帝举行重大朝会、活动或节日庆典，重要的仪仗用品也会在午门陈设。中国古代特别重视天文历法，朝廷每年都会组织专家编写历书，清代规定每年十月朔日（即十月初一），皇帝向天下颁布明年的历书，称为"颁朔礼"，举行颁朔礼的地点也是午门。

还有，每当大军出征，皇帝会站在午门上送别，并赐酒给军队将领，祝愿这次出征能战无不胜、胜利还朝。当大军凯旋时，皇帝又会在午门迎接，赐酒给将士们，表彰他们为国立功。凯旋的军队还会将战争中俘虏的敌人押到午门前，献给皇帝，称为"献俘礼"。属国派使臣来中国进贡，贡品也在午门呈送给皇帝，皇帝赐给这些使臣礼品的地点也是午门。

总之，午门是国家至高至重的礼仪之门，最重要的国家庆典活动、文化活动、军事行动、外交活动，都会在午门举行相关的仪式。

三

午门还有一个比较特殊的功能——这里是明朝官员遭受"廷杖"的地方。

廷杖，说白了就是"打屁股"，而且是扒了裤子打。堂堂的紫禁城正门、国家礼仪之门，怎么成了打屁股的地方？正因为午门是万众瞩目的故宫正门，是文武百官上朝下朝的必经之处，所以在这里打屁股，特别能达到"示众"的效果，产生强大的威慑力。那么，打谁的屁股？为什么要打屁股？下面要详细说一下。

廷杖，是明朝皇帝惩罚大臣的一种特殊刑罚。"廷"就是朝廷，"杖"就是专门制作的大木头棒子，"廷杖"就是在朝廷上或朝廷附近某地用大木头棒子打人。说它特殊，是因为明朝法律里其实并没有关于廷杖的具体规定，但从朱元璋开始，就经常使用这种刑罚。廷杖的对象，主要是冒犯了皇帝、让皇帝生气的大臣。施行廷杖时的情景非常恐怖，受刑的人被捆住手脚，扒下裤子，头上套一个麻袋，面朝下趴在一条板凳上，有时候直接趴在地上。监刑官（多数时候是太监）一声令下："打！"手持大木头棒子的行刑人挥起大棒，对准受刑人的臀部用力打下去。这种大木头棒子非常坚硬沉重，打击力很大，几棒子下去就会皮开肉绽。而且每打五下，就会换一个行刑人，让前面那位行刑人休息一下，恢复体力，一会儿再接着打。这招儿太损了，它会导致受刑人一直承受力气最大的棒打。打到二三十下时受刑人就会休克昏厥，再打下去，受刑人就一命呜呼了。整个行刑过程中，惨叫声不绝于耳，现场血肉横飞，一会儿就会抬出一具尸体。那些运气好没被打死的，也身负伤残，很多回家后活不了多久也死了。

廷杖这种刑罚，不仅摧残肉体，而且摧残精神。要知道，在朝廷里任职的大臣，当初都是饱读诗书、满腹经纶的知识分子，经过层层科举考试选拔，作为社会精英入朝为官，所谓"学而优则仕"就是这个意思。进入朝廷以后，他们身居要职、位极人臣，是天下官员的楷模榜样，是民众敬仰的国之栋梁。对于这些学识渊博、德高望重、备受敬仰的官员而言，被当众扒下裤子暴打，是斯文扫地、颜面丢尽、辱没祖宗的羞耻之事，几乎比杀了他们还难受。中国古代的知识分子将人格尊严看得比生命更重，很多大臣在残酷的廷杖下捡了一条命，回家后却因为自尊心受到巨大刺激无法忍受而自尽。所以，廷杖的残酷很大程度上在于它的极端羞辱性，它是明太祖朱元璋"重典治国"、明王朝君主专制加强的产物，也是中国封建社会后期统治者禁锢思想、压抑人性的产物。

明朝迁都北京后，施行廷杖的地点大多就在午门前，准确地说是在午门前中轴线的东侧。根据相关史料记载，明代在这里遭受廷杖的大臣达到五百多人次，其中被当场杖毙者达百人。特别严重的是明武宗正德年间和明世宗嘉靖年间。明武宗朱厚照天性顽劣、荒淫无度，整天在外打猎游玩，不理朝政。在宫外建立"豹房"，饲养各种禽兽作为宠物；甚至大量抢夺民间女子，供自己淫乐。他祸国殃民的行为，激起了很多正直大臣的愤怒和劝谏。武宗大怒，多次对这些劝谏他的官员施行廷杖，受刑者达一百六十多人，当场杖毙十余人。明世宗朱厚熜因为自己亲生父亲的名分问题与大臣们发生冲突，下令廷杖官员一百三十四人，当场杖毙十七人。

这些被廷杖致死的大臣们犯了什么错？他们只不过是对皇帝的不良行为提出批评而已，这不仅没错，而且是他们忠于职守、尽职尽责的表现，是他们对江山社稷负责的表现，是他们正直无畏的表现。历史上有能听得进去批评的皇帝，比如唐太宗，对于魏征等大臣的直言进谏虽然有时也会不满，但大都能够虚心听取、认真采纳，所以他才能开创"贞观之治"，成为一代明君。遗憾的是，大多数帝王没有这样的胸襟气度，他们认为自己作为"真龙天子"神圣不可侵犯，对于逆耳忠言不愿意接纳，所以谁批评自己，谁就是大逆不道，就是犯上作乱罪该万死。廷杖的可怕之处就在于这种刑罚的实施完全取决于皇帝的个人主观情绪，只要皇帝不高兴了，就可以用这种刑罚任意杀死自己看着不顺眼的人。

这是一件可怕的事情，它造成的结果是正直勇敢、忠于职守的大臣往往下场凄惨，而那些唯唯诺诺、只知道迎合顺从皇帝的庸臣、奸臣、佞臣却能享受高官厚禄。长此以往，就会变成朝廷小人当道，官场腐败横行，江山社稷危机四伏。

所以，午门前的廷杖，毁掉的不仅仅是那些大臣，更是人间正道、天下正气。清朝入主中原后，统治者认为这一刑罚过于惨无人道，羞辱忠义之士，摧毁国家栋梁，有百害而无一益，于是下令废除廷杖。从此，午门前再也没有出现过明朝那些血肉横飞、惨绝人寰的情景。

今天，我们来到故宫，仰望午门，不仅惊叹它那雄伟壮观的造型、包容天下的气魄，感受它那隆重庄严的礼仪、至高无上的盛典，还应该怀着敬畏之心，追忆缅怀那些曾在这里失去生命的忠直之臣、正义之士。午门盛大的礼仪活动看起来声势浩大，但走过它时，还应该记得廷杖之下那些忠于职守、冒死直谏的高贵灵魂！

太和门：
青铜狮子与"一带一路"

一

　　进入午门后，我们就正式进入了故宫。首先进入眼帘的是内金水桥，和天安门外的外金水桥一样，也是五座桥并排架在金水河上。金水河和金水桥一样，也有内外之分，天安门外是外金水河，午门内是内金水河。走过内金水桥，穿过广场，太和门赫然屹立在眼前。这是故宫核心宫殿——太和殿的正门，走进这道门，就进入了故宫的"前朝"区域。

　　步入太和门之前，首先映入眼帘的，是那对威武雄壮的青铜狮子。狮子这种动物，一点都不令人陌生，自古以来，中国人的生活中到

太和门前的雄狮子

处都是狮子。大户人家门前有石狮子、汉白玉狮子，传统家具上雕刻着吉祥图纹聚宝狮子鼻，过年过节咱们要舞狮子、耍狮子，来个狮子滚绣球，很多人爱吃的一道中国传统名菜是红烧狮子头，等等。千百年来，狮子和麒麟、梅花鹿、仙鹤、蝙蝠等一样，都是中国人心中的吉兽，一直担负着镇宅避凶、保护平安的神圣使命。

其实，很多人都知道，狮子并不是中国的"土特产"，它们的栖息地主要在非洲、西亚、中东以及南亚的部分地区。那为什么自古以来中国人跟狮子这么熟悉亲近呢？狮子是怎么跨越万水千山、走过茫茫大漠来到中国的？这里面又有重要的历史文化知识，这些历史文化知识，还可以和现在的"一带一路"倡议联系起来。

二

沿岁月之河逆流而上，穿越两千多年时光，咱们回到了中国历史上一个强盛的王朝——西汉。尤其是汉武帝刘彻在位期间，开疆拓土，铁马金戈，北击匈奴，南定百越，打造了西汉王朝的巅峰时代。公元前139年，出于军事和外交的需要，汉武帝派遣侍从官张骞出使西域。"西域"是一个地理概念，包含今天中国西北的甘肃、宁夏、新疆等省区以及中亚、西亚乃至欧洲的很多国家。张骞和他的队伍历尽艰辛磨难，前后耗费十三年时间，完成了第一次西域之行。出发时的百人队伍，回到长安时只剩下张骞和随从堂邑父两个人了，其他人在途中死的死、逃的逃、失踪的失踪。可想而知，这是一次多么艰辛而伟大的旅行啊！

这次西域之行，张骞到达了康居、大宛、月氏、大夏等西域国家。他向汉武帝汇报了沿途的所见所闻，也给汉武帝讲述了一路的坎坷艰辛。汉武帝深受感动，册封张骞为"太中大夫"，封堂邑父为"奉使君"，以表彰他们的功绩。又过了七年，张骞第二次奉汉武帝之命出使西域，这次行程前后五年，张骞的队伍又走了很远很远，去了很多国家。

通过张骞两次出使西域，汉王朝的影响力大大增加，西域很多国家了解到汉王朝的强大，纷纷派遣使臣来觐见，大量西域商人与汉朝通商，很多西域人还迁移到汉朝居住。伟大的张骞，通过自己的双脚，走出来一条连接中国与西域各国的万里长路——丝绸之路。这是中国古代最重要的一条中外经济文化交流之路，是中华民族走向世界之路。

从张骞凿通西域、开辟丝绸之路以后，一直到宋代海运兴起，漫长的一千年间，中国的丝绸、瓷器、茶叶等特产，通过丝绸之路运到亚欧各地，成为各国贵族富商们竞相收购的高档商品，甚至古罗马的恺撒大帝都特别爱穿中国产的丝绸袍。而亚欧各国的很多特产，也通过丝绸之路运到了中国，成为中国人生活中常见的东西。比如很多食品——葡萄、核桃、苜蓿、胡椒、西瓜……很多乐器——二胡、琵琶、羌笛、唢呐……很多生活用品——珠宝、香料、玻璃、金银器……还有很多珍禽异兽。

狮子其实就是通过"丝绸之路"进入中国的"进口产品"。《汉书》《后汉书》等官方史书中记载：（东汉）章和元年、章和二年，月氏国和安息国遣使献来师（狮）子。月氏国和安息国都是西域国家，狮子成为他们献给汉王朝的贡品，由此可以看出，当时狮子在西域国家是非常"高大上"的动物，所以才会作为进贡之宝。当时的丝绸之路上，还有专门运送狮子的"车骑队"。对狮子的形象描述，最早见于《汉书·西域传》的曹魏孟康注中，说其"似虎，正黄，有髯彫"（指的是头颈部位的鬃毛），"尾端茸毛大如斗"，寥寥数语，客观地描绘出了雄性狮子的外貌特征。

到了繁荣开放的唐朝，来中国的狮子就更多了。新、旧《唐书》记载：唐太宗贞观九年，康居国进贡狮子，唐太宗非常喜爱这种动物，命令大学者虞世南作一篇《狮子赋》，命令大画家阎立本画一幅《狮子图》。唐高宗显庆二年，吐火罗国进贡狮子。唐玄宗开元七年、十年、十五年、十七年，康居国、波斯国、米国等纷纷进献狮子。当时还有不少西域国家的雕刻家、画家涌入长安，留下了大量以狮子为主题的艺术作品。由此可见，到了唐朝，狮子在中国上层社会已经成为家喻户晓、广受欢迎的吉祥动物了。

就这样，狮子逐渐走进了千家万户，老百姓对狮子也越来越熟悉。因为它体型庞大、形象威猛、生性剽悍，几乎没有天敌，堪称"兽

太和殿与铜狮子

中之王",因此被中国人视为能吓走妖魔鬼怪、保护家宅平安的吉祥神兽。于是,大户人家门口会安置石狮子,过年过节大家开始舞狮子,故宫太和门前也矗立着这对青铜狮子。皇家宫殿,也需要这样的神兽来保护平安、守护吉祥。

因此,通过对这对太和门前青铜狮子的了解,我们能看到中国古代的狮子文化、吉兽文化,看到伟大的张骞、伟大的丝绸之路,看到自古以来中国和亚欧各国的文化交流、友好往来。我们今天正在倡导的"一带一路"倡议,也正是对古代丝绸之路、中外友好往来的延续。

补充一个小知识,这对青铜狮子是分公母的。在自然界,我们靠形象就能分辨公母狮子,公狮子头颈有鬃毛,母狮子没有,公狮子似乎更漂亮一些。一般来说青铜狮子外观都一样,但能通过他们脚下踩的东西分辨公母。公狮子脚下踩着一个绣球,母狮子脚下踩着一个小狮子。或许是因为公狮子爱玩耍,所以给它个绣球,母狮子要负责养育后代,所以爪子下面有小狮子。不只是这对青铜狮子,中国所有立在家门口的狮子雕塑,都可以这么分辨公母。所以,这对青铜狮子不仅有着威武的外貌和深厚的文化内涵,还有它带着浓郁生活气息的一面。

三

太和门发生过不少历史故事。比如明朝正统十四年（1449年），北方蒙古瓦剌部首领也先率领军队南下，打到距离北京不远的土木堡（在今天河北省张家口市怀来县），意图夺取明朝江山。当时的明朝皇帝是明英宗朱祁镇，他年轻气盛，在大太监王振的怂恿下御驾亲征，想像祖先朱棣那样横扫蒙古、建功立业。无奈朱祁镇不懂军事，轻敌冒进，结果不仅没有横扫蒙古，反而遭遇惨败，自己也被也先俘虏，成为蒙古人的阶下囚。面对这一惨祸，朝中很多大臣认为大太监王振罪不可赦，虽然他本人已经在和蒙古的战争中被杀，但对他的家族和同党都应给予严惩。王振虽然已经死了，势力仍然很大，手下死党很多。于是，王振的死党们和主张严惩其家族同党的大臣们在太和门发生了激烈冲突，双方大打出手。关键时刻，一代忠良之臣于谦赶到，凭借自己的威望和智慧平息了双方的冲突，拥立朱祁镇的弟弟郕王朱祁钰为皇帝，稳定了局势，凝聚了人心。朱祁钰就在太和门继位，成为历史上的明代宗。

又如明崇祯十七年（1644年），李自成打进北京，崇祯皇帝上吊，明王朝灭亡。紧接着清朝军队在摄政王爱新觉罗·多尔衮的率领下，从东北打进北京，赶走了李自成。这年金秋十月，多尔衮迎来了从清朝原首都沈阳来到北京的顺治皇帝爱新觉罗·福临。多尔衮怀抱着当时年仅六岁的小皇帝福临，站在太和门向天下臣民宣告，从今往后，大清朝爱新觉罗氏取代大明朝老朱家，成为天下之主，一个新的时代诞生了。

一道太和门，一条丝绸路，一对青铜狮子，还有一段段诉说不尽的历史往事……

太和殿（上）：
历尽磨难的"宫殿之最"

一

走遍了南北西东
也到过了许多名城
静静地想一想
我还是最爱我的北京

不说那天坛的明月北海的风
卢沟桥的狮子
潭柘寺的松
唱不够那红墙碧瓦太和殿
道不尽那十里长街卧彩虹

一曲《故乡是北京》，唱出了对这座古城的深厚情感。歌中将太和殿与天坛、北海、卢沟桥、潭柘寺、长安街并列为北京的标志、符号。太和殿当之无愧，而且从历史文化的角度而言，它比其他几个标志符号更能代表古都北京。

一说到北京古老的历史和深厚的文化，我们就会想到故宫。一说到故宫最具标识意义的宫殿，百分之八十的人可能都会想到太和殿。无数反映故宫的艺术作品，也都把太和殿作为故宫的象征来展现。在故宫所有的宫殿中，太和殿以其高大宏伟的造型、端正庄严的品貌和雄视万邦的气魄，成为故宫形象、气质与内涵的最佳呈现者。每一位游客，无论来自何方，走过太和门后，当太和殿出现在眼前时，一种无法言喻的神圣感、庄严感和崇敬感就会扑面而来，让你注目、惊叹、震撼。

每一个古国，都有属于自己的标志性古建筑，埃及有金字塔，印度有泰姬陵，希腊有帕特农神庙。每一座城市，也都有自己的城市文化符号，比如西安有兵马俑，洛阳有龙门大佛，开封有北宋铁塔，安阳有后母戊鼎，南京有中山陵，哈尔滨有圣索菲亚大教堂等等。如果要选出一个古老中国的标志建筑，要选出一个北京的城市文化符号，在我看来，太和殿是最佳候选者。

二

中国历史虽然悠久，但几千年来战乱频繁，完整留存下来的古建筑很少，且基本都集中于明清时期。明清以前的古建筑能保留下来的，大多是宗教建筑，如寺院、佛塔、石窟等；或是陵墓建筑，如历朝历代的皇陵。这些建筑当然也很宏大精美，但都很难成为古老中国的代表性建筑。中国自古以来都不是政教合一的国家，宗教

庄严大气的太和殿

信仰始终没有成为主流意识形态，宗教建筑也自然难以成为古建筑代表；陵墓则因其功能的特殊性，更难以成为中国古代建筑的标志。

明清时期完整留存下来的古建筑主要包括宫殿、民居、园林、寺庙、坛观、衙署等，宫殿因是皇家住宅，必然会动用最多的人力、物力、财力打造，必然会集中最优秀的能工巧匠设计建造，必然能代表国家建筑艺术的最高水准，势必就能成为民族传统建筑文化、审美文化的集中体现。严格地说，像圆明园、颐和园这样的皇家园林，也是宫殿的一部分，属于传统的"宫苑"范畴。

我国历史上有过无数宫殿，但每个新朝代建立后，往往会毁坏前朝宫殿，仿佛这是保证新朝代能够立足且长治久安的必要措施。因此，中国保留至今的完整宫殿建筑群屈指可数，只有北京故宫、沈阳故宫两处。沈阳故宫规模相对较小，建筑也相对粗放简单。北京故宫以其世界最大规模和顶级建筑水准，自然也就成为中国古建筑群的代表。而太和殿作为北京故宫形象、气质与内涵的最佳呈现者，自然也就成为中国古建筑的经典代表，也成了古老北京城的历史文化标识。所以我说，如果要选出一个古老中国的标志建筑，要选出一个北京的城市文化符号，太和殿无疑是最佳候选者。

北京是中国的首善之区，故宫是北京的中心区域，太和殿是故宫的核心宫殿。因此，太和殿是天下之中、北京之心、紫禁之魂，其身份地位可说至高至重、无与伦比。

三

太和殿建成于明朝永乐十八年（1420 年），原名奉天殿。嘉靖皇帝时改名皇极殿，清朝入关后改名太和殿。太和殿作为故宫的核心宫殿，命途多舛，故宫每一次遭遇火灾，太和殿都未能幸免。

永乐十九年（1421 年）四月初八午正三刻，也就是十二点四十五分，太和殿因雷击着火，化为废墟。重建耗时二十年，到正统六年（1441 年）才建成。嘉靖年间，太和殿第二次被雷火焚毁。这次重建速度较快，用了五年时间。可是短短三十五年后的万历年间，太和殿再遭雷火焚毁，三十年后才重修完工，此时距离明朝灭亡只有短短十七年了。十七年后，李自成在被驱逐出北京城前又放了一把大火，太和殿第四次被焚毁。在这次焚毁后的重建过程中，康熙十八年（1679年）因御膳房起火蔓延，尚未修好的太和殿再次被焚。直到十六年后的康熙三十四年（1695年）才彻底重建完工，我们今天看到的太和殿，就是这次重建的，距今已有三百二十多年。

很多资料上说太和殿四次遭遇火灾，准确地说应该是五次，三次雷火、一次人为和一次御膳房着火被殃及。因而，太和殿经历了五次重修。

为了防范火灾，朝廷采取了很多办法。如改名，将"奉天殿"改为"皇极殿"；如皇帝亲自祭拜火神、水神；如在殿前安放储水救火的"太平缸"。但火灾还是一再发生，仿佛老天爷就是要让这座故宫最重要、最尊贵的宫殿尝尽艰辛。

历尽磨难的太和殿，最终还是以包容四海、俯瞰天下的雄姿矗立于故宫中轴线的核心位置。往日的硝烟早已散尽，红墙黄瓦闪烁着耀眼的光芒。回想它六百年来的坎坷命运，仿佛也代表着中华民族数千年来的命运——多灾多难却又生生不息，历尽伤痛却又傲然挺立。

太和殿创造了好几项故宫纪录，堪称"宫殿之最"。

其一，体量最大。太和殿从地面到殿顶通高近三十六米，相当于十二层楼高，在明清时期是北京城里最高的房屋建筑。巨大的汉白玉须弥座上，七十二根巨柱支撑起庞大的殿顶。从下方仰视，殿顶直插天宇。太和殿东西长六十五米，南北宽三十五米多，建筑面积两千三百七十七平方米，不仅是故宫之最，也是中国现存古代单体建筑的面积之最。太和殿前的庭院广场总面积约三万平方米，同样也是中国现存古建筑广场之最。

其二，开间最多。所谓"开间"，是指古建筑内部的隔间，包括横向隔间和纵向隔间。中国古代建筑大多坐北朝南，因此东西宽度较大，南北纵深较小。尊贵的皇家建筑，一般是东西横向九个开间，南北纵深五个开间，对应"九五至尊"。可太和殿的开间比一般的皇家建筑还要多，东西横向为十一个开间，南北纵深五个开间。这是皇家建筑中的顶级设计，尊贵中的至尊。这种开间格局在故宫中仅此一例，在中国现存古建筑中也仅此一例。

太和殿上的脊兽和骑凤仙人

其三，地位最显赫。关于太和殿的显赫地位，前文中已多有介绍。它在故宫中轴线上的核心位置，它无与伦比的体量和结构，它在北京乃至整个中国古建筑中的标识性、代表性角色，都是它显赫地位的体现。这里再补充两点，首先，太和殿的殿顶也是最尊贵的造型，叫"重檐庑殿顶"。中国古代建筑的屋顶有很多类型，如硬山顶、悬山顶、歇山顶、卷棚顶、攒尖顶、盝顶、单檐庑殿顶、重檐庑殿顶等，其中重檐庑殿顶基本都是用在至尊至贵的皇家建筑上。在故宫不计其数的宫殿中，只有太和殿、乾清宫、坤宁宫、奉先殿、皇极殿（另一个皇极殿，不是太和殿的原名）五座宫殿是重檐庑殿顶。其次，太和殿檐角的装饰性小兽也体现着最尊贵的地位，在最前面的"骑凤仙人"后面，排列着十个小兽，在故宫所有宫殿里是数量最多的。它们具体是何方神圣，咱们在后面会专门做介绍。

其四，宝物最尊贵。太和殿里宝物众多，其中有好几样都堪称故宫的"镇宫之宝"，是故宫珍藏的一百八十多万件文物中的佼佼者。

太和殿（中）：
太和殿里的宝贝们

　　故宫不仅是世界上最大的宫殿建筑群，也是世界上最大的文物宝库。外在的富丽堂皇与内在的精美珍贵都臻于极致，这是故宫让我们尤其骄傲的地方。

　　我们游览故宫，既要感受整体的宏大气魄，又要品味个体的独特魅力。故宫里最具独特魅力的物件，自然就是珍藏于宫中的各类宝物。故宫里存放着一百八十多万件文物，这是什么概念呢？如果我们欣赏一件文物只需要一分钟，那么欣赏完这些文物就需要一百八十万分钟，也就是三万个小时。这就意味着我们每天不吃饭不睡觉啥都不干，所有时间都用来看文物，也要连续看上一千二百五十天，接近三年半。

　　太和殿作为故宫里体量最大、地位最尊的核心宫殿，也是故宫里藏宝最多的宫殿之一。太和殿的里里外外、上上下下到处都是顶尖级文物，都是珍贵的国宝。其中有几样，还可以说是故宫的"镇宫之宝"——它们在故宫的一百八十多万件文物中出类拔萃、首屈一指，是中国古代宫殿文物中的佼佼者。现在，咱们就一起去认识它们。

宝贝之一：太和殿屋顶的小动物们

　　当我们站在太和殿前仰视它时，特别容易吸引眼球的，是殿顶檐角处那一排装饰性的小兽。这是中国古建筑的一个重要特色，很多古建筑的房檐上都会站立着一些小动物，或张牙舞爪，或憨态可掬，它们是中国人心目中的吉兽瑞兽，大都不是真实存在的动物，而是神话传说、民间故事中的角色。它们搁在屋檐上，发挥的作用和门前的石狮子一样，都是为了镇宅，保护家宅平安、家人安康，驱逐妖魔邪祟，带来吉祥幸福。

故宫里的各个宫殿，殿顶檐角处都有这样的小兽，有些宫殿上是五个，有些是七个，重要的宫殿有九个，太和殿上的小兽是最多的，有十个。整个故宫里，只有太和殿顶上的小兽达到了这个数量，这也是太和殿在故宫中至高地位的体现。

这十只小动物分别是什么？首先，在这支神兽队伍的最前面有一个领队，他不是神兽，而是一个骑在凤凰上的仙人，老百姓称它为"仙人骑鸡"，其实他骑的不是鸡，而是百鸟之王凤凰。那么，骑在凤凰背上的仙人又是谁呢？有好几种说法，有人说他是周朝开国功臣姜子牙的小舅子。他老想利用姜子牙的关系升官发财，姜子牙看出他的野心，但深知其才能有限，因此对他说："你的官已升到顶了，如果再往上爬就会摔下来。"古代建筑师们根据这个传说，就把这位小舅子放在了檐角的最前端，暗示他如果再往前爬一步，就会掉下去摔个粉身碎骨。按照这个故事，"骑凤仙人"的寓意就是人要知足，不能贪得无厌。

骑凤仙人

在另一种说法中，这位仙人是春秋战国时期齐国的一位国君。他有一次打了败仗，被敌人追到一条大河边，眼看就要走投无路了。突然一只大鸟飞到他跟前，他急忙骑上大鸟，化险为夷。这个故事说明"骑凤仙人"寓意着逢凶化吉、化险为夷。

骑凤仙人后面，就是这十只吉祥小兽了。最前面的两只是龙和凤凰，它们分别是百兽之王和百鸟之王，也都是中国人世世代代崇拜的图腾级"瑞兽"。凤凰后面是狮子，这个不用多介绍了，一直是中国镇宅避凶的吉祥动物，不仅立在家门前，也站到了屋檐上。狮子后面是两匹"马"——天马和海马。天马是民间传说中长着翅膀可以在空中腾云驾雾的神马，是天上神仙的坐骑，不仅能驮着神仙遨游太空，还能帮助神仙降妖除魔。海马是现实中存在的动物，大家都见过，长相萌萌的，但在中国民间传说中这也是威力巨大的神兽，象征着皇帝的威德可以通天入海，所以也成为屋檐上的神兽。

海马后面是狻猊。狻猊既是现实中存在的动物，又是神话传说中的神兽。这是怎么回事呢？咱们在介绍太和门时提到过中国古代的狮子，它们是通过丝绸之路从国外引进的，根据《穆天子传》《尔雅》等史料的记载，狮子刚刚引进中国的时候，名字就叫"狻猊"，所以，这是真实存在的动物。但太和殿屋檐上的这个狻猊并不是狮子，狮子在这排小兽中已经出现过了，不会重复出现。这个狻猊在中国神话传说中是龙生的九个儿子之一，排行老五，外貌像狮子但不是狮子。它平时喜欢安静，没事爱坐着休息，还特别喜欢烟火的味道，古代香炉脚部装饰的神兽就是它。

狻猊后面的三个小兽是押鱼、獬豸和斗牛。押鱼不是鱼，是海中的一种神兽；斗牛也不是牛，是空中的一种虬龙。这哥俩都是能够呼风唤雨的神兽。咱们知道，故宫最怕雷火，有了呼风唤雨的神兽，就能保佑故宫免于火灾。獬豸是一种能分辨善恶忠奸的神兽，根据《异物志》等历史书籍记载，它头顶长着一支长长尖尖的犄角，专顶坏人恶人，因此是公正、正直的化身。

别的宫殿屋顶上，小兽到这里就结束了。太和殿顶上的小兽还多了一个，这就是排在最后的那只小猴子，因为它排在十只小动物的末尾，所以被称为"行什"。这只猴子可不是一般的猴子，是一只类似于孙悟空的神猴。它背上长着两只翅膀，手里拿着金刚宝杵，也能降妖除怪。而且它的长相很像传说中的雷公，专门管打雷的，把它安放在殿顶，仿佛能起到防雷的作用。

这十只小动物，有的象征统帅四方，有的象征上天入海，有的象征降妖除魔，有的象征呼风唤雨，有的象征公正无私。总之，每一只小兽，都代表着皇帝治理天下的雄心、安抚万民的志向，也都代表着风调雨顺的愿望、太平安康的理想，还代表着人们对公正善良、吉祥幸福的企盼。这些吉祥动物，守护着太和殿，守护着紫禁城，守护着大中华，是最显眼的"镇宫之宝"。

宝贝之二：龙椅宝座、雕龙屏风

明清时代，北京是天下的中心，故宫是北京的中心，太和殿是故宫的中心，而太和殿里中央位置的那把龙椅，就是太和殿的中心。皇帝坐在龙椅上，就是坐在天下最正中、最核心的位置上，在这至高无上的尊贵座位上治理国家、统御万民。

太和殿里的这把龙椅有一个长长的名字——楠木髹金漆云龙纹大宝座。在故宫所有的宝座中，它的地位最尊贵、身份最崇高，制

金龙盘绕的帝王宝座

作也最为精美细致，被称为"天下第一宝座"。十三条金龙盘绕在椅背上，祥云缭绕其间，厚厚的一层金漆使宝座显得富贵逼人、霸气四射。宝座高近两米，端正宽大，要求坐在上面的人必须坐姿端庄稳重，切不可东倒西歪、吊儿郎当。这把龙椅高高安放在太和殿中的高台上，再结合太和殿外层层升起的崇高气势，有力地显示出皇帝至尊无上的地位和权威。

说到皇帝的龙椅，还有一个小故事。清朝雍正年间，一位太监在退朝之后打扫宫殿卫生，打扫过程中多次大模大样地从皇帝的龙椅前面走过，还一边走一边唱着小曲，对龙椅毫无敬畏之心。这一幕正好被雍正皇帝从门外看到，立时龙颜大怒，命人把这个倒霉的太监暴揍了一顿。雍正觉得必须给人们立点规矩，让大家敬畏龙椅，毕竟龙椅是皇帝坐的，敬畏龙椅就是敬畏皇帝。于是他命令今后任何人从龙椅宝座前经过，都必须低头弯腰，不出声音，轻轻迈着小步走过去，绝对不能像那位太监一样大模大样、没有规矩。甚至皇帝驾崩以后，他生前坐过的龙椅也要用代表皇家的明黄色绸缎包裹上，供奉起来，后人见到龙椅就如同见到了先皇，必须跪拜。

皇权至上，御用之物也都变得神圣不可侵犯。正如刘宝瑞先生在相声《珍珠翡翠白玉汤》中的调侃：就是皇上用过的一张厕纸，也得供奉起来，被尊为"御用擦屁股纸"。

龙椅后面的屏风，也是宝座的一部分，"座椅加屏风"是中国传统的家具组合习惯。中国古人喜欢在座位后面放一架屏风，有背后靠山的感觉，会坐得更稳更踏实，另外从视觉上也更有端庄稳重的感觉。故宫龙椅后面的屏风在历史上多次更换过，其中最贵重的一架屏风是乾隆年间打造的，名字比这个龙椅还长，叫"乾隆朝紫檀嵌黄杨木雕九龙纹宝座大屏风"。乾隆皇帝一生最爱紫檀，他在位的时候打造了很多名贵紫檀宫廷家具。这架屏风将紫檀与黄杨两种名贵木料结合，让紫檀的深沉色调和黄杨的明亮色泽完美组合，形成既深沉厚重又金碧辉煌的美感。九条龙在屏风上飞腾盘桓，使这架屏风如"九龙壁"般屹立于龙椅后方，护佑着真龙天子。

宝贝之三：宝座周围的六根"包金巨柱"

前文中说到过，太和殿内有七十二根巨柱支撑着庞大的殿顶。其中最高最粗最重要的，是龙椅宝座周围那六根包金巨柱。它们每根高十二点七米，比四层楼还高，直径一点六米，相当于一个成年女子的身高。所谓包金，就是在原有木柱身体上贴一层金箔。明代建故宫用的木料大都是四川、云南、贵州等西南深山中的金丝楠木，后来这些金丝楠木大柱子基本都毁于火灾。清朝入关后重修故宫，主要用的是采伐自东北深山老林中的松木。松木做成的柱子，不如金丝楠木粗厚，色泽也不如金丝楠木华丽。于是在木柱表面包裹金箔，既增加了其粗度，又使其色泽更加耀眼。所以就有了这些包金巨柱。

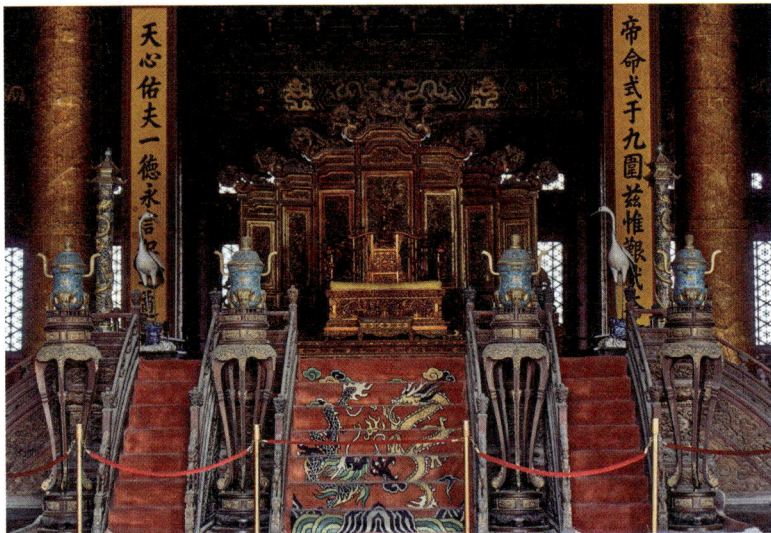

包金巨柱

宝贝之四：大殿上方的"建极绥猷"大匾

故宫的每个宫殿里都悬挂着牌匾，普通人家也经常会在各个房间的墙壁上方挂一块匾。牌匾文化是中国重要的传统文化，牌匾上的文字，体现的是中国传统的理想信念、道德风尚，它们时时刻刻提醒着生活在这些房屋内的人们，如何做人，如何做事。故宫作为

乾隆帝御笔"建极绥猷"匾额

皇帝的生活居住场所，其中的牌匾自然要体现出皇帝的立国方针、治国理想。尤其太和殿作为故宫的核心宫殿，殿中牌匾自然要特别用心地书写制作。

太和殿的这块大匾，书写着"建极绥猷"四个大字，是乾隆皇帝的御笔。乾隆帝特别爱写字，书法也确实不错，故宫中大多数宫殿的牌匾，都是他的手笔。"建极绥猷"，这四个字可大有深意，它们出自中国最古老的历史学著作——《尚书》，是自古以来圣贤主张的君王治国之道。"建极"的意思就是君主要创建治理天下的最高法则，制定治理天下的完善法律；"绥猷"的意思就是君主要好好安抚天下的老百姓，让他们安居乐业，这才是君王的正道。"建极绥猷"就是要求皇帝上顺天意制定法律规范，下顺民心安定四方百姓；简单地说就是顺天应人。只有这样，君主才能得到百姓拥戴，天下才能大治，江山才能长久。顺天意得天下，得民心者得天下。太和殿的这块大匾，是帝王们的座右铭，是维护江山长治久安的法宝，自然也是故宫不可替代的镇宫之宝。

扫码领取
- 作者说
- 解读紫禁城
- 紫禁城趣闻

太和殿（下）：
隆重神圣而又折腾人的礼仪大典

一

　　介绍完了太和殿的坎坷历史、至高地位、殿中瑰宝，咱们再了解一下太和殿的功能。

　　这样一座至尊至上的"宫殿之最"，很多人认为是皇帝上朝召见文武百官、处理国家大事的地方。皇帝确实会在太和殿召见文武百官，但并不是上朝理政，而是举行重大庆典、礼仪活动。因此，太和殿的功能类似于今天的人民大会堂。

　　中国自古以来就是礼仪之邦，从帝王天子到平民百姓，每个人都有必须遵守的礼仪规范。礼仪在古代中国，是维系人际关系的基础，是构建和睦家庭的保障，是建设美好国家的根本。我们今天说的"中华民族伟大复兴"，其中重要的一项内容就是中华民族的礼仪传承，这是中华传统文化中核心的组成部分，是塑造国家形象、赢得世界尊重的关键因素。

　　所以中国自古以来喜欢用"礼法"这个词，将"礼"与"法"并列，二者都是统治者治理国家必不可少的法宝。而且"礼"排在"法"的前面，从某种意义上说比法更重要。法律是用强制规定约束人的行为，而礼仪则是用伦理规范塑造人的心灵。

　　行为礼貌体现着个人的形象素质，礼仪大典则展示着国家的繁荣富强。1949年天安门广场庄严热烈的开国大典，向世界宣告中国人民从此站起来了，标志着伟大祖国结束百年屈辱，走向繁荣富强。礼仪之邦中国，把礼仪活动作为国家要事，把违反礼仪的行为视为严重失德甚至大逆不道。举行国家礼仪大典的场所，自然就是至为神圣崇高之地。太和殿，就是这样的地方。

二

明清时期，国家最重要的礼仪活动、庆典活动基本都在太和殿举行。如皇帝的各种礼仪庆典——登基、大婚、亲政、禅位、亲征等。又如国家的各项仪式典礼——国庆典礼、外交典礼、节日盛典、文化盛典、战争胜利庆典等。这些国家顶级的礼仪庆典在太和殿举行，也体现了太和殿在故宫所有宫殿中首屈一指、不可替代的重要地位。

这些礼仪庆典都非常隆重，非常神圣，体现着礼仪之邦的厚重文化。但与此同时，它们也有缺点，那就是非常折腾人——程序复杂，规矩严格。一次礼仪庆典活动，少则半天，多则持续一个多月。一个又一个环节，一项又一项内容，每项都有特别多的讲究、规矩，都不能出一点差错。所有参加活动的人，都是精神高度紧张、身心极度疲惫。但不管多累多苦，都必须认认真真、一丝不苟地参与，因为这是国家礼仪大典，能参加是莫大的荣誉，谁还敢叫苦叫累.

比如皇帝登基典礼，就非常麻烦。

登基典礼由内阁六部之一——礼部负责策划和筹备。礼部有四个下属机构——司设监、钦天监、尚宝司、教坊司。他们全都要投入登基大典的工作中，各有各的职责任务，共同保证典礼的顺利举行。

司设监相当于现在的后勤保障部门，主要的任务是在登基大典开始之前，将皇帝的御座摆放在指定位置。这个事看起来很简单，不就是摆张椅子嘛。可这不是一般的椅子，是皇上登基典礼坐的龙椅。因此必须在摆放前全面检查维修，不能有一点问题，要是登基典礼上椅子腿折了，皇上摔个屁股蹲儿，那司设监官员罪过可大了，属于大不敬，甚至有刺杀皇上的嫌疑，整不好得杀头。检查维修保证万无一失了，还要把这把龙椅收拾得干干净净，擦拭得一尘不染，有掉漆掉色的地方都要加工好。然后，摆放的位置必须毫厘不差，保证皇帝正好坐在中心点上，如果有偏差，也属于大不敬。可见，光是这一个龙椅的摆放，就会给这些官员带来多大的压力。

说到钦天监，想必大家都不陌生，它主要负责的是天文历法方面的工作。皇帝举行登基典礼之前，钦天监官员负责夜观天象，推算良辰吉时，保证皇帝在最佳时刻坐上龙椅，正式即位。这项工作也是压力很大的，万一皇帝继位以后国家出现问题，风不调雨不顺，闹地震发洪水，或是有人造反，皇帝很可能会迁怒于钦天监官员，责怪他们没把时辰推算好，并因此而惩罚他们。

皇帝登基典礼中有祭祀天地的环节。尚宝司的主要任务，就是负责布置皇帝祭祀天地时的香案，祭祀所需的香烛供品，以及相关器具的准备和摆放。所有这些也都像司设监准备龙椅一样，必须万无一失，不允许有任何疏漏。

如果你对古装剧感兴趣，那说到教坊司你一定不会陌生，它的主要职能，就是为那些皇亲贵胄提供娱乐项目。中国古代的任何重大典礼上都少不了音乐伴奏。登基大典更需要用黄钟大吕来彰显尊贵典雅，教坊司的职责，就是在登基典礼中提供礼乐，相当于担任皇家乐队。这需要长期的准备、精心的排练，保证典礼举行时配乐完美。

以上这些重要任务，只是登基典礼举行前的准备工作。那当典礼开始的时候，皇帝和百官各自都需要做些什么呢？

三

首先，皇帝在登基典礼当天，要起个大早。凌晨寅正（四点），皇帝就必须起床，先派遣相关部门的官员，代替自己举行祭祀天地的仪式。仪式结束之后，皇帝再穿着孝服，亲自祭祀列祖列宗及各路神灵。每位祖先都要拜到，每位神灵都不能遗漏，这样的做法，既是告慰祖先，也是凸显自己受命于天的神圣地位。祭祀活动常常持续长达一两个钟头，这个过程中皇帝要不停地下跪磕头，插香上贡。体力不好的皇帝，这一套祭祀下来，就会头昏脑涨、腰酸腿痛，可是到这儿，登基典礼才只是拉开了序幕。

接下来，礼部官员出场，他们此前必须先到天坛、先农坛以及太庙三个地方，把新君登基的消息告知给历代皇帝之灵。等他们返回太和殿后，登基大典的钟鼓才正式敲响。伴随着气势恢宏的奏乐声，皇帝穿着特制的礼服登上太和门（明朝叫奉天门、皇极门）进行祷告。与此同时，早已在午门外站立等候了两三个小时的朝廷百官，才能在相关官员的引领下进入紫禁城。进去了以后，他们必须按官职高低，有序地跪在御道（中轴线）两侧，等候皇帝祷告完毕。

皇帝祷告结束，经御道进入太和殿坐好之后，文武百官才能依次进殿朝贺。每位官员都要向新皇帝行三跪九叩大礼，呼喊"吾皇万岁万岁万万岁"，皇帝则要不断地说"爱卿平身"。这套跪拜朝贺新君的流程，又得持续很长时间。文武百官在午门外站着等候了两三个钟头，进入故宫后又在太和门前的御道两边跪着等候皇帝祷告完毕，接下来又要进太和殿行三跪九叩大礼，完了还得站在太和殿里等候所有人朝贺结束。年岁大、身体差的官员，到这会儿基本快支撑不住了。

等所有官员都朝贺完毕，司礼太监向百官宣读圣旨，官员们再次下跪，洗耳恭听。圣旨读完后，官员们磕头领旨谢恩，至此，登基典礼才算正式闭幕。

明朝时，皇帝登基大典基本都是按照这样的流程实施的。清朝定都北京以后，在整体继承明朝制度的基础上，根据实际情况对登基典礼进行了一些调整和简化。

大家现在明白太和殿的礼仪大典有多麻烦了吧。在这些大典过程中，多次发生过参与典礼的大臣体力不支晕倒甚至猝死的事件。但事关国家礼仪，又不能因为怕麻烦而简化流程。所以，我们固然要尊重、敬畏和传承传统礼仪，但封建王朝一些过于烦琐的礼仪规矩，其实就是为了彰显皇帝至高无上的地位、君权天授的身份，显然不值得过分宣传弘扬。

在这本书里，讲述太和殿的篇幅最多，但说了这么多，也只是点到为止。它还有许多故事值得我们去品读，还有许多知识值得我们去学习，还有许多内涵值得我们去深思。

红墙黄瓦太和殿，"宫殿之最"太和殿，多灾多难太和殿，至高至要太和殿，珍宝荟萃太和殿，礼仪盛典太和殿。此时此刻，耳边又响起了《故乡是北京》的歌声，太和殿就像歌中唱的那样，永远唱不尽、讲不完……

一场冬雪，落不尽紫禁城旧梦

体仁阁：
一场至关重要的考试

一

我们常把"殿"和"阁"并称为"殿阁"，自古以来，重要的宫殿周边必有楼阁，作为宫殿的"配套设施"。比如，在宫殿举行重大典礼活动的时候，旁边的阁往往是典礼前休息、准备或存放典礼用品的地方。就像咱们的四合院一样，中间是正房，两边的东西厢房、东西耳房往往是储物间、车马房或仆人丫鬟居住的房间，属于为正房提供各类服务的附属房间。

太和殿作为故宫里最为重要的核心宫殿，两边也矗立着两座高阁，东为体仁阁，西为弘义阁。虽然它们的位置不在中轴线上，但作为太和殿的"左右厢房"，它的功能作用与太和殿密切相关，所以放到太和殿后面介绍。

体仁阁与弘义阁一东一西，相互对称，建筑形式完全相同。都是两层阁楼，高度都是太和殿的十分之七，殿顶都是单檐庑殿顶，比太和殿的重檐庑殿顶级别低一些。两阁左右陪衬，将位于中央的太和殿烘托得格外高大巍峨。这两个阁楼，咱们重点讲讲体仁阁，因为这里发生过一个非常重大且感人的事件，对清王朝走向稳定繁荣起到了重要作用，那就是康熙帝时期举行的"博学鸿儒科"考试。

体仁阁始建于明永乐十八年（1420年），明初称为"文楼"，和西侧的"武楼"（就是后来的弘义阁）对应，正好符合中国古代"文东武西"的传统。嘉靖时改称"文昭阁"，清初改称"体仁阁"。康熙十八年（1679年），在这里举行了一场特殊的重要考试，这次考试被史学家们称为康熙帝的"定天下之大计"。这场考试的名字叫"博学鸿儒科"考试，"博学鸿儒"的意思就是学识渊博的大知识分子、

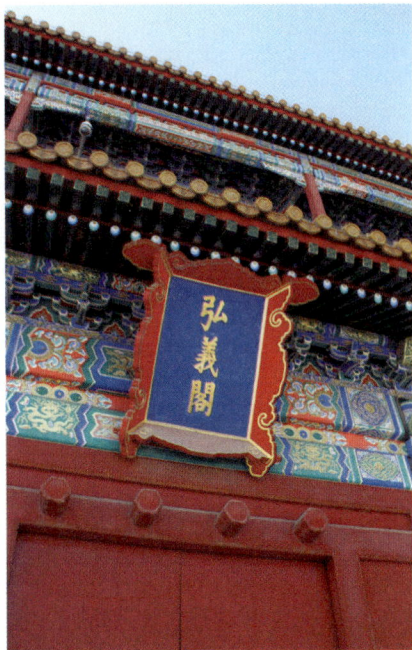

太和殿的西厢房——弘义阁

大学问家，康熙帝举办这场考试，就是要选拔出大清朝最优秀的知识分子、读书人，为朝廷服务。

已经有科举考试来选拔人才了，为什么还要弄这么一个博学鸿儒科考试呢？

康熙帝举办这次考试，体现的是他作为一位杰出帝王的远见卓识、智慧眼光。康熙八年（1669 年），不到十六岁的康熙帝爱新觉罗·玄烨扳倒了权臣鳌拜，开始亲政。他渴望成为一个文治武功、开创盛世的伟大帝王，但他当时面对的局面却是非常不乐观的。大清王朝入主中原已经二十五年了，可还远远没有达到国泰民安，反而是到处都隐藏着危机。

各种反清复明活动此起彼伏。尤其是很多读书人、大学者，脑子里是根深蒂固的"华夷有别"思想，坚定地反抗清朝统治，誓死不和清朝统治者合作，甚至在民间组织反清队伍、策划反清活动，渴望推翻这个王朝。

康熙皇帝从小博览群书，思想开阔学识渊博。他从历代王朝的兴亡中得出了深刻的结论：一个朝代可以在马背上打天下，不能在马背上治天下，要想让国家长治久安，就必须要征服天下人心，尤其是要征服天下读书人之心。读书人有知识有文化有思想，是天下百姓敬仰的对象，对百姓有非常强大的号召力。读书人如果认可且拥护了这个朝代，就会带动很多百姓拥护这个朝代；读书人如果反感憎恨这个朝代，就会带动很多百姓起来反抗这个朝代。所以说"得民心者得天下，士（就是读书人）为秀民，士心得则民心得矣"。

所以，年轻的康熙皇帝，决定要尽最大努力，赢得天下读书人的拥护和爱戴。让他们不再把自己看成只会骑马打仗的蛮夷，不再把清王朝看成蛮夷王朝。他要向天下人证明：自己虽然是满族人，但对于汉文化的热爱和精通并不比任何一位汉族皇帝差。清朝虽然是满族人统治，但也是汉文化的继承者，是中华正统王朝。为了做到这一点，康熙皇帝进行了很多努力，采取了很多措施。其中最重要的措施之一，就是举办"博学鸿儒科"考试。

二

康熙十七年（1678 年）正月，二十四岁的康熙皇帝下诏，让全国各地的官员向朝廷举荐人才。凡是有才华有学问的人，无论此前是否参加过科举考试，有没有功名身份，都可以推荐给朝廷。这就和科举考试完全不一样了，科举考试的考生必须要经过童生试、乡试、会试等几级考试，才能进入最高级别的殿试，这个过程可能长达十几年甚至几十年时间。而博学鸿儒科考试，把前面的环节全免了，才华出众学问好的人可以直接得到皇帝接见、朝廷选拔。这真是"不拘一格降人才"！

让人想不到的是，有很多读书人不仅不积极响应，还以各种奇葩方式抵制这次考试。为什么会出现这种情况呢？原因就是前文说到的，这些读书人从小形成的华夷有别观念根深蒂固，他们瞧不起满族统治者，认为这是一群没有文化、只会打仗的粗人，所以不愿意为清朝效力，认为这是背叛祖宗的耻辱之事。

比如大学者顾炎武、黄宗羲，他们都是举世瞩目的思想文化巨匠，明朝灭亡之后，就隐居起来，专心致志研究学问。当地官员拿着邀请函找到他们，请求他们出山应试，这两位老先生坚决拒绝，甚至说如果地方官再逼他们，他们就自杀。地方官吓坏了，只好作罢。

再比如陕西大学者李颙，当地官员找到他，希望他能去北京参加考试，李颙也是坚决拒绝。官员们太想好好表现一下自己对这次考试的重视了，居然把李颙捆在一张床板上，要把他抬到北京考试。李颙一气之下绝食数日，眼看就快没气儿了，地方官一看真要出事了，赶紧给李老先生赔礼道歉，把他抬回了家。

又如山西大学者傅山，被地方官捆在轿子里抬到了京城，一路骂不绝口，从山西骂到北京，把康熙皇帝骂了个狗血喷头。到了北京又疯了似的大哭大闹，没办法，最后地方官只好又把他给抬了回去。

康熙毕竟是康熙，他之所以能成为历史上和秦始皇、汉武帝、唐太宗并列的伟大帝王，之所以能开创一代盛世，就是因为他有着超越历史上绝大多数帝王的胸怀和智慧。他没有处罚这些拒绝他、鄙视他、辱骂他的学者，反而用真诚的尊重之心，最终赢得了他们的认可。

对于顾炎武和黄宗羲，康熙帝专门派人前去问候，对他们的学识人品表示敬重，对他们不愿意来参加考试表示理解。还告诉他们，如果生活上有困难，可以随时告知地方官，随时给他们资助，让他们能够更安心地做学问。

对于绝食的李颙，康熙帝不仅没记恨，后来去西安视察时还专门去拜访他。可这位李颙就是这么"轴"，以得病为借口，还是不见康熙帝。康熙帝不仅没生气，还亲自书写了"志操高洁"四个大字送给他，表扬他是一个有志气、有节操、有风骨的人。

对于骂自己的傅山，康熙帝也托人带口信表示尊重，并且许诺，如果将来哪天您愿意回来为朝廷效力，朕随时欢迎您。

康熙帝对他们的态度，更多是发自内心的尊重和理解。他所表达出来的，是对天下读书人的真诚善意，也是对天下人的真诚善意。他用自己的实际行动，践行了自古以来儒家主张的为人处世之道——以诚待人，以宽处世，尊重知识，善解人意。这些东西说起来简单，但真正能做到的人没几个，尤其是集天下大权于一身的皇帝。康熙帝做到了，而且做得特别漂亮。人们开始感受到，这个"异族王朝"并不像我们想象的那么蛮横无理，这位满族皇帝做得比历史上绝大多数汉族皇帝还要出色。

康熙帝的努力终于取得了收效，这些刚硬冷漠的"硬石头"终于被他焐热了。汉族读书人开始认可他、理解他，甚至欣赏他、敬仰他。典型的例子就是黄宗羲。这位坚决不和清朝合作的反清志士，后来派出了自己最得意的学生万斯同和自己的亲生儿子黄百家前往北京，和康熙帝合作，为康熙帝编修《明史》。黄宗羲本人晚年甚至时在文章中称呼康熙为"圣天子"。要知道，当初康熙帝可是他根本看不上眼的"蛮夷""胡虏"，从"蛮夷"到"圣天子"，这是多么巨大的飞跃！黄宗羲是天下读书人和老百姓敬仰的榜样楷模，他能这样看待康熙帝，自然又会带动天下人对康熙的敬重。

三

康熙十七年（1678年）十一月，来自全国各地的一百五十四人汇聚在北京故宫，参加博学鸿儒科考试。康熙皇帝再次表达了对读书人的尊重，他对大家说：现在天气寒冷，不是做文章的好时候，大家先在北京住下来，等到明年春暖花开，咱们再考试，各位再大展雄才。然后命令有关部门安排好每个人的食宿，发给他们优厚的生活费，保证他们这几个月衣食无忧。

次年三月初一，考试在体仁阁举行。考试题目不难，按要求写一首诗、作一篇辞赋。还是有一些对清王朝不满的应试者，故意把诗文写得乱七八糟、文理不通，还有些写了犯忌的字句。对于这些行为，康熙帝概不追究。最终参加考试的人中有三分之一被录取，全部进入翰林院，成为朝廷的高层文化官员。一些人后来还是不愿意做官，康熙帝一概尊重个人选择，给他们发放回家的路费，并许诺他们今后想回来为朝廷效力了，朝廷随时欢迎。

后来，在这次考试录取的人中，出现了一大批杰出学者，在各个领域做出了重要的贡献，大大推动了中国古代学术、文化的进步。

所以，这次考试至关重要，它不仅为清王朝选拔了一大批优秀知识分子，而且展现了满族统治者对汉族传统文化、汉族读书人的重视和尊敬，让清朝获得了很多人的支持和拥护，所以才说它是康熙帝的"定天下之大计"。

时年仅二十五岁的康熙皇帝，凭借自己的大智慧和大格局，赢得了读书人，赢得了老百姓。这种征服，比马背上的刀箭征服重要得多，它让大清朝成为天下人认可与拥护的正统王朝，这一王朝在康熙之后又延续了近二百年。这，才是康熙皇帝最杰出最伟大之处。

中和殿：
丰富多彩的礼仪，尊卑有别的衣服

一

　　走过太和殿，一个小巧玲珑、造型独特的宫殿出现在我们面前。它看起来不太像宫殿，更像一个四四方方的尖顶亭子。刚看完了巍峨宏伟的太和殿，这座小宫殿呈现出来巨大的反差特别引人注目。别看它小，它也是故宫前朝的三大殿之一，而且和太和殿的功能密切相关，它就是三大殿中位于中间位置的中和殿。

　　前面介绍故宫的整体格局时说过，前三大殿形成的是"大—小—大""长—方—长"的格局。前面的太和殿和后面的保和殿体量都较大，外形都是长方体，殿顶都属于重檐式顶；中间的中和殿则体量较小，外形是四四方方的正方体，殿顶是单檐的四角攒尖顶。这样的组合，

前朝三大殿之中和殿

让三大殿外观有了对比差异，审美上有了节奏变化。

中和殿始建于明永乐十八年（1420年），最初的名字叫"华盖殿"，嘉靖时重修后改称"中极殿"，清朝定都北京后改称"中和殿"。"中和"二字来自儒家的《中庸》："中也者，天下之大本也；和也者，天下之达道也。""中和"二字的意思是：处理任何事情都要做到公正客观、不偏不倚，这样才能让天下臣民都心悦诚服，宣扬的是儒家最重要的处事原则——"中庸之道"。中和殿里悬挂着乾隆皇帝御笔亲书的匾额，匾上四个大字"允执厥中"，说的也是这个意思。这也是清朝皇帝治理天下、处理朝政的基本原则。

二

中和殿有什么功能呢？前面说中和殿与太和殿的功能密切相关，太和殿是举行重大典礼、朝会、仪式的地方，中和殿就是举行这些活动前休息、更衣、演习礼节的地方。中和殿其实是太和殿的附属宫殿，或者说太和殿的休息室、更衣间、演习排练厅。每次皇上到太和殿参加重要典礼活动前，都会先到中和殿休息。同时参加典礼的重要官员也会到中和殿和皇上汇合，向皇上汇报活动的准备情况，和皇上演习一下活动的礼仪。为什么要演习礼仪呢？讲太和殿时咱们介绍过，在太和殿举行的重大典礼活动流程都很长，而且很复杂，中间的每一个环节都涉及大量礼节仪式，参加活动的官员们难免会记错。普通官员记错了关系不大，反正人多不容易看出来，抓紧改过来就行。可典礼活动中那些距离皇帝比较近的重要官员，或者典礼活动主持人之类的官员，他们一旦出错，就很容易被皇帝看见，也会误导其他参加活动的官员。所以他们绝对不能出错，否则就会在典礼活动中闹出大笑话、造成大乱子。为了保证不出错，在典礼活动正式举行前，他们就要到中和殿面见皇帝，演习礼节，相当于正式演出前的排练，以保证万无一失。

中国传统礼仪是传统文化中重要的组成部分，体现的是中国人的精神和素养。从国家礼制来说，中国古代国家级别的重大礼仪有五类，称为"五礼"，它们是：

吉礼——祭祀礼仪，就是通过祭祀祈求幸福吉祥的礼仪，是五礼之首，最受皇帝重视。明清时期，朝廷专门设置了一个叫"太常寺"的机构掌管吉礼。吉礼内容非常多，清朝时有一百二十三项具体礼仪。重要的有祭天、祭地、祭日、祭月、祭祖先、祭孔子、祭关帝、祭农神、祭萨满等。北京的天坛、地坛、日坛、月坛、太庙、社稷坛、先农坛、孔庙、关帝庙等坛庙都是古代宫廷行吉礼的地方。

嘉礼——政治礼仪，主要是与皇帝相关的各种庆典、朝会礼仪，也就是咱们前面介绍过的在太和殿举行的各种礼仪活动。根据《大清会典》的记载，清代的嘉礼有七十四项，比较重要的有皇帝登基、亲政、禅位、朝贺、大婚、册封、颁诏、钦点状元、接见使臣、节庆大典等。

军礼——军事礼仪，也就是与军队相关的礼仪。按《大清会典》记载，清代的军礼有十八项，最重要的有大阅（就是阅兵，皇帝检阅军队）、亲征（皇帝御驾亲征前在太和殿举行的宣布檄文、告祭天地等礼仪）、送军队出师、迎军队凯旋、献俘虏等礼仪，后面几项在介绍午门时提到过。

宾礼——外交礼仪，就是封建王朝与藩属国、朝贡国之间的礼仪往来。如中国封建王朝对藩属国国王的册封、藩属国来中国的参拜朝贡、中国封建王朝对藩属国的赏赐等等。中国自古以来被视为天朝上国，每个大一统王朝都有不少藩属国。他们奉中国为宗主国，年年上贡，岁岁来朝。清朝时，中国的藩属国、朝贡国多达二十多个。

凶礼——丧葬礼仪，就是皇帝、皇后、皇子、宗室等皇族成员去世后的下葬礼仪。在清代，这些人从去世到下葬，再到服丧结束，共有二十多个礼仪程序，充分体现了中国古代"视死如视生""死者为大"的精神信仰。

三

中国作为"礼仪之邦"，传统礼仪不仅体现在这些专门的礼仪活动中，还渗透到了日常生活的方方面面。比如，古代官员穿在身上的官服，也体现着严格的礼仪规则。

比如皇帝和官员在举行重大典礼活动前，都要穿上专门的朝服，以体现对典礼活动的重视。如果随随便便穿件生活中的便服就来参加典礼活动，属于"失仪""大不敬"，要受到严惩。咱们现在穿衣服，干净整洁就好。古时候可没这么简单，不同身份的人都有特定的着装规定，参加典礼活动的官员们品级不同，每个品级都有专门的服装。明清时代，官员服装的品级，主要体现在补服的图案上。补服就是官服上胸部和后背位置缝的两块补子，补子上绣着各种各样的动物，官员级别不一样，补服上的动物也不一样。

根据《明会典》记载：明太祖洪武二十四年（1391 年）规定，文官的补服上绣禽鸟，按照官品从高到低依次为：一品仙鹤、二品锦鸡、三品孔雀、四品云雁、五品白鹇、六品鹭鸶、七品鸂鶒（xī chì）、八品黄鹂、九品鹌鹑。武官补服上绣走兽，按官品从高到低依次为：一品、二品狮子，三品、四品虎豹，五品熊罴，六品、七品彪，八品犀牛，九品海马。清朝做了一些细节调整，整体上大同小异。

一件官服，品级清晰，尊卑分明，谁也不许瞎穿。这再一次证明了咱们前面说过的观点：中国古代的各种生活用品、日常用具都不光具备实用功能，还承载着社会文化功能，体现社会规范、伦理道德、公序良俗。这是中国传统文化的又一个鲜明特色——我们不仅把文化写在书里，装在心里，还要穿在身上。所以，中国文化就在每一个中国人的身边，在中国人日常生活的衣食住行之中。

扫码领取
· 作 者 说
· 解读紫禁城
· 紫禁城趣闻

保和殿：
科举考试那些事

一

在中和殿感受完中华礼仪之后，我们就来到了三大殿的最后一重——保和殿。

保和殿是三大殿的"压轴"之殿。三大殿起于太和，收于保和，保和殿处处与太和殿相呼应，使前朝三大殿浑然一体。保和殿建成于明永乐十八年（1420年），最初的名字叫"谨身殿"，明朝嘉靖皇帝重修三大殿后改名"建极殿"，清朝定都北京后改名"保和殿"，"保和"可以通俗地理解为保持和谐、长治久安。

清朝统治中国以后，之所以将故宫前三大殿的殿名里都放进一个"和"字，有一个重要原因。当时中原汉人不愿意接受清朝统治，各地的抗清斗争都很激烈。满族统治者重视这个"和"字，是希望

保和殿

告诉天下人，我们从内心非常认可汉文化"以和为贵"的理念，希望满汉能够和谐，君臣能够和睦，天下能够和平。

中和殿是君臣在太和殿举行典礼活动前的休息厅、更衣室、演习排练处，保和殿则是清朝皇帝在太和殿举行完重大活动后大宴群臣、喝酒吃肉的宴会厅。因此，故宫前三大殿的功能都是密切相关的。

但保和殿的重要之处还不止于此，这里还是举行"天下考试之最"——科举殿试的考场。

二百年前的一个初夏黎明，天刚蒙蒙亮，故宫太和门两侧已经站满了人。他们年龄有老有少，身材有高有矮，口音有南有北，衣着有富有贫，但目光都充满了期待。有些人低着头，嘴里嘟嘟囔囔，好像在背诵什么；有些人昂首挺胸，自信地遥望着太和门，仿佛渴望立刻进入门里去干什么大事；有些人则略显紧张，目光有些游移不定，举止有点手足无措。

大家正在等待着，一位官员从旁边走来，站在了太和门前的台阶上。所有人马上安静了下来，排好队，眼神都落在了这位官员身上。只听他拉长声音高喊："开——龙——门！"太和门在咿咿呀呀的声音中开启，所有人仿佛都一下子来了精神，大家整理好衣冠，站得溜直，仿佛准备接受什么大人物的检阅。这时又走过来几位官员，对大家说道："各位排好队，随我来。"于是，大家在他们的引领下，浩浩荡荡地穿过太和门，又穿过太和殿两侧的中左门、中右门，走过中和殿，最后走到保和殿前的丹陛台阶处停了下来，列队站好。

引领的官员高喊一声"跪"，所有人面对保和殿，行三跪九叩大礼。行礼结束不能马上站起来，又有官员走过来，给每人发了一摞纸，每个人都要跪接。全部发完后，大家才能站起来，在官员引导下走进保和殿。殿里摆满了桌椅，每个人都来到自己的座位坐下，把刚才发的那摞纸打开铺好。

这时又听见有官员喊了一嗓子："答——题！"大家马上拿出笔墨，开始在纸上写字，这一写就是大半天，甚至有写到夕阳西下的。到了吃饭的时间，大家停止写字，安安静静地坐着。有官员来给大家发吃的，有馒头、面饼、红绫饼、菜汤等，吃得很简单。

到最后，所有人都写完了，所有字纸都被官员收上去密封好，放进专门的箱子里，送到午门内的朝房里。好多位官员早就等在那里。箱子送到后，他们就开始了自己的工作——打开箱子，拿出里面装的纸页，认认真真誊抄。全部抄完后，再次密封装箱，送到下一批官员那里，他们再次拆箱开封，认真阅看每一份字纸，一边看一边用笔在上面圈圈点点……

二

以上再现的是中国古代最重要的考试——科举殿试的情景，这一大群写字的人是考生，主持考试的官员们是考官，考生手里拿一摞纸是考卷和答题纸，誊抄考卷的官员是誊卷官，阅看考卷的官员是读卷官。这个中国古代最高级别的考试，就在保和殿举行。有时候在殿内，有时候在殿外小广场。

古代选拔人才的方式，经历了长期的发展演变。先秦时代的奴隶社会，还没有形成人才选拔制度，所有的官职爵位都是贵族世袭。到两汉三国时期，出现了"察举"制度——由地方官经过考察向朝廷举荐人才，比如《三国演义》里说曹操"举孝廉"，"孝廉"就是察举的科目之一。到两晋南北朝时期，出现了"九品中正制"，由一个叫"中正"的官员，将人才从高到低分为九个品级，再将高品级的人才推荐给朝廷。到了隋唐时代，创立了科举制度。科举考试的诞生，是中国古代人才选拔制度的重要进步。它让出身社会中下层的人们能够有机会通过考试成为国家官员，步入社会上层。这一方面体现了相对公平的人才选拔标准，让那些出身贫寒的读书人可以通过刻苦读书改变自己和家庭的命运。另一方面有利于国家选拔出更多的人才，而不只是把选拔范围限制在贵族官员子弟。

"朝为田舍郎，暮登天子堂。将相本无种，男儿当自强。"科举制度从隋代创立起，到清朝末年废除，前后延续了一千三百年。一千三百年间，无数人十年寒窗、呕心沥血，苦读圣贤之书，就是为了将来有一天能参加科举考试中最高级别的殿试，成为国家的人才、朝廷的官员。光宗耀祖，封妻荫子，实现古代读书人"修身齐家治国平天下"的远大理想。

明清时期，科举考试分为四个等级。第一级是"童生试"，在县、府、省考三场，考试通过就被称为"秀才"。成为秀才就有资格参加第二级考试——"乡试"，每三年一次，在省会举行，朝廷派遣官员主持，通过的叫"举人"，举人里的第一名叫"解元"。成为举人就有资格参加更高一级的考试——"会试"，也是每三年一次，在乡试的次年春天举行，考试地点在京城的"贡院"；会试被录取的叫"贡士"，贡士的第一名叫"会元"。最后，成为贡士的考生继续参加最高级别的科举考试——"殿试"。明清时期的殿试，大多数时候在保和殿举行。

殿试录取的考生，称为"进士"。明清时期每次录取的进士都会有上百人，多的时候三四百人。考官根据成绩把他们分为三个等级，称为"一甲""二甲"和"三甲"。"一甲"就是皇帝亲自点出的前三名，第一名叫"状元"，第二名叫"榜眼"，第三名叫"探花"。这三位是科举殿试中成绩最好的人，也就被大家看成是天下读书最好、学问最高的三位考生。前文说过，他们会被皇帝赏赐在故宫中轴线骑马，这可是只有皇帝和皇后才有的待遇。

被录取的这些进士们，有些被直接授予官职，到各地担任知县等官员。大多数还要进入庶常馆等机构继续学习几年，最后再通过一定的考核，进入翰林院等机构，成为皇帝身边的朝廷官员。

三

为了实现这样的梦想，好多人从青春年少考到了白发苍苍。比如《聊斋志异》的作者蒲松龄，十九岁就中了秀才，然后居然考了五十多年都没考上举人！一直到七十二岁时才被授予了一个名誉性的"岁贡生"。道光年间，广东乡试，考生中居然有一位一百零三岁高龄的老秀才，他叫陆云从，是中国历史上可以明确查到的年龄最大的乡试考生。

科举殿试的阅卷评分有着严格的规则，很多因素都影响着成绩，不是光文章好就可以得高分。比如，字写得不好不能得高分，卷面不整洁不能得高分，写了犯忌讳的字不仅不能得高分（关于中国古代的避讳制度，会在后文中给大家介绍），还有可能受到处罚。最不可思议的是，有些人因为名字不好听，居然也没得高分！

　　比如明朝嘉靖二十三年（1544年）殿试，有一个考生名字叫"吴情"，文章和书法都好，读卷官向皇帝建议将他点为状元，可是皇帝觉得"吴情"这个名字不好，和"无情无义"里的"无情"同音，所以不想点他为状元。另一位考生叫"秦鸣雷"，皇帝一看这个名字很高兴，因为当时正在发生旱灾，皇帝希望老天爷早点打雷下雨，所以觉得"鸣雷"这个名字正合自己的心愿，就把他点为了状元，而倒霉的吴情屈居第三，成了探花。还有清末的一次考试，有一个考生叫"刘春霖"，"春霖"就是春雨的意思，那年也是大旱年，慈禧太后盼着天降甘霖，于是就将刘春霖点为状元。

　　当然，这些只是偶然现象，大部分时候，殿试的录取评分还是比较公正的。而且秦鸣雷、刘春霖这些人毕竟也进入了殿试的前十名，说明他们水平还是很高的。

　　乡试第一名叫解元，会试第一名叫会元，殿试第一名叫状元。如果一个人能够先后成为解元、会元、状元，人们就会说他"连中三元"。连续三次考第一，这难度可太大了，既要有好学问还要有好运气。中国古代有没有过连中三元的人呢？根据史料记载，整个中国科举史上，连中三元的人一共只有十七位，而历史上参加过各级科举考试的人恐怕要以百万计，这个概率实在是太低太低了。

　　最后再说说科举考试作弊的事。古代对于科举作弊尤其是殿试作弊处理非常严格，如果主考官、读卷官参与作弊，一旦查出来很可能被处死，最轻的也会被流放。考生作弊，轻的取消未来几届考试的资格；重的也会被杀头或者流放，甚至全家流放。明清时期，曾经多次发生过因为科举作弊而牵连了一大批官员，最后导致朝廷震动、天下震动的大案。可见，中国自古以来对于剽窃知识、考试作弊就深恶痛绝、严惩不贷。

乾清门：

门前的侍卫，匾上的满文，上朝的地方

一

聊完保和殿，故宫前朝的三大殿就算介绍完了。屹立于中轴线上的三大殿是故宫前朝的主体，前朝区域还有一些宫殿，咱们放到最后一部分讲述。

沿着中轴线继续前进，保和殿后面是一个宽阔的广场，这个广场是故宫前朝和后寝两大部分的分界广场。走过广场，一个宽敞的门厅出现在我们面前，它就是后宫区域的正门——乾清门。

一说到乾清门，大家都不陌生，在清宫戏里经常出现。尤其是传说中的乾清门侍卫，

乾清门内看乾清宫

个个都是身怀绝技的大内高手，天天站在乾清门前，守护着皇帝和后妃们的安全，堪称中国最顶级大保安。

乾清门建于明永乐十八年（1420 年），清顺治十二年（1655 年）重修。它高约十六米，相当于五层楼高，坐落在高一点五米的汉白玉须弥座上。乾清门和午门、太和门一样，都是故宫最重要的门。严格地说，乾清门的重要性要超出其他所有门，因为这是皇帝家真正的大门，过了这道门，就是皇帝、后妃、皇子们日常生活的地方。

他们是天下最尊贵的人，他们的家庭是"天下第一家"，他们家的大门也自然就是"天下第一门"。

举个例子，如果有敌人打进紫禁城，攻破了午门，还好，离皇上住的地方还有点距离。攻破了太和门，也还凑合，离皇帝住的地方还隔着三大殿。一旦攻破了乾清门，可了不得了，皇上的住处近在眼前，基本跑不了了。皇帝是天下至尊，离皇帝越近的门，就越是重要。紫禁城的重重大门，最重要的功能就是保护皇帝和他的家人，乾清门是最里面的一重门，直接关系着皇帝安危，在君主专制的时代，皇帝的安危也就是天下的安危，皇帝出了事就容易天下大乱。所以，乾清门是关系到国家安危、社稷祸福的至关重要之门。

这么重要的门，安保必须是顶级的，担任乾清门安保工作的侍卫们，自然就是万里挑一的精英人才。一方面必须武艺高强、英勇无敌，另一方面还要忠心耿耿，愿意为皇帝的安全献身舍命；同时，长相还得魁梧矫健，体现皇家威严。所以，乾清门侍卫基本都是在皇帝最为信任的皇亲国戚家族子弟中选拔，从小培养，经过十几年的魔鬼式训练，进入侍卫行列。再从比较低的蓝翎侍卫、三等侍卫开始干起，不断立功，慢慢升职，成为二等侍卫、一等侍卫，然后才能做到乾清门侍卫。当然，乾清门侍卫还不是最高级别的侍卫，最高级别的侍卫是御前侍卫，就是皇帝的贴身保镖。但能做到乾清门侍卫，就已经成为御前侍卫的后备人选了。所有侍卫的最高领导叫"领侍卫内大臣"，是朝廷正一品大员，也是最受皇帝信赖的人。历史上很多领侍卫内大臣，也都是乾清门侍卫出身。

乾清门侍卫智勇双全、忠君爱国、肩负重任、身经百战，经过这个岗位上的长期锻炼，很多人成为南征北战、建功立业的名将。比如乾隆时期的名将福康安，一生只活了四十二岁，却立下了无数功劳。他率领军队平定大小金川之乱，镇压台湾林爽文起义，击退廓尔喀对西藏的侵略，为国家统一、社稷安定立下汗马功劳。乾隆皇帝特别欣赏他，赐给他郡王爵位。清朝平定三藩之乱后，朝廷规定只有皇族即爱新觉罗家族可以封王，福康安是极少数几个异姓王之一，他就是乾清门侍卫出身。

乾清门侍卫负责皇帝家族的安全，必须保证任何人不经皇帝召见，绝对不许进入乾清门。所以，乾清门里的区域，平时只能有一个成年男人——皇帝，一群女人——皇帝的后妃以及宫女们，还有一大群伺候皇帝和后妃的太监们。

明清时代，皇子小时候住在宫里，长大成人后就要搬出宫，住进自己的府邸。明朝皇子会被分封到各地，清朝皇子则都生活在北京。皇子们搬出去后，不经皇帝召见，也不能随便回宫。

二

很多人走到乾清门，抬头观看乾清门的匾额，会突然发出疑问：乾清门的匾额和前三大殿怎么不一样啊？前三大殿的匾额上只有竖着的一列汉字，写的是这个殿的名字；可乾清门的匾额上，在汉字右边多出了一列满文。

不仅乾清门有满文，从乾清门往后，后宫所有的宫殿牌匾上都是满汉双文并列。满文和汉文差别很大，它是拼音文字，有六个元音字母，二十多个辅音字母，每个辅音字母和这些元音字母拼写，能够拼出一百四十多个音节，再由音节组合成单词。满族语言文字在清朝非常受重视。清朝皇帝不仅要懂汉文，还必须熟练掌握满文；大臣们向皇帝上奏时，汉族大臣可以用汉文，满族、蒙古族大臣以及八旗汉军大臣都必须用满文，不然的话皇帝很可能会把你的奏章退回去让你重写。平时皇帝召见大臣问话时，满族大臣也必须用满语和皇帝对话，如果满族大臣满语说不好，皇帝会很生气，认为你忘记了祖先的语言，是个不肖子孙。

大家如果看过清宫戏，应该都知道一些满语词汇。比如管爸爸叫"阿玛"，管妈妈叫"额涅"，管男孩叫"阿哥"，管姑娘叫"格格"，表示应答的"是"叫"嘛"，等等。其实，清朝统治中国近三百年，很多满语词汇融入了汉语，一直使用到今天。尤其是北京话、东北话里的满语元素特别多，比如"掰持"（意思是争论）、"栽楞"（意思是歪斜）、"抹撒"（意思是擦拭）、"该搂"（意思是拿、取）、"咯吱"（意思是挠痒）、"磨叽"（意思是动作慢）、"嘞嘞"（意思是唠叨）、"哈喇"（意思是腐烂变质）、"嘎拉哈"（意思是踝骨）等等，这些词汇都来源于满语。

东北的好多地名也是满语，比如吉林的满语意思是"江边"，佳木斯是"驿站很多的地方"，牡丹江是"弯曲的江"，绥芬河是"锥子河"，哈尔滨市下辖的依兰县是"三个"、巴彦县是"富有"，等等。包括咱们都爱吃的点心"萨其马"，也是满语，原来是满族人祭祀时上贡的点心，后来成为大家喜爱的小食品。

总之，五十六个民族的文化是相互影响、相互融合的。少数民族建立政权，会学习吸收汉文化，同时本民族的文化也会渗透进汉文化，最后形成你中有我、我中有你的格局。伟大的中华文明是各族人民共同创造的，所以才会这样灿烂、丰富。故宫是多民族文化的汇聚之地，是各民族相互融合的历史见证。

那么，为什么故宫前三大殿的牌匾上没有满文，从乾清门开始牌匾上都有满文了呢？这背后也有一段特殊的历史。清朝定都北京后，故宫所有的牌匾上都有满汉双文，到1911年10月辛亥革命爆发，1912年2月末代皇帝溥仪退位，清朝宣告结束，中华民国成立。几年后，袁世凯复辟帝制，遭到举国上下一致反对。正在他愁眉不展之际，他的得力助手王景泰提议，干脆把故宫匾额上的满文都去掉，这样就可以向天下人展示自己反清的决心，说明自己虽然当皇帝了，但不会是清朝那种封建专制的皇帝，而是君主立宪制度下的新皇帝、好皇帝，这样就可以博得民众的信任。袁世凯觉得这主意不错，但又觉得清朝皇族势力犹在，有所犹豫。思来想去，琢磨出了一个折中的办法——把前朝三大殿牌匾上的满文去掉，保留后宫牌匾上的满文。这样既表现自己是反清的进步人士，又不至于得罪清朝皇室的遗老遗少。

当然，这种"两面派"的做法最终也没有给袁世凯带来什么福气。当时封建帝王制度已经被推翻，民主共和的体制已经被很多中国人接受，在这种情况下妄图当皇帝，就是开历史的倒车，是违背民意的。因此，袁世凯只当了八十三天皇帝，就在全国人民激烈的反对声中被迫下台，不久就一命呜呼了。

三

乾清门除了作为皇帝后宫的正门外，还有没有别的功能呢？有，而且是一个非常重要的功能。

咱们看清宫戏，皇帝上朝都在屋里。这是不对的，说明导演、编剧不了解历史。清朝皇帝早晨上朝不是在屋里，而是在户外，地点就是乾清门的门厅。

大家可能会觉得奇怪，屋里多舒服多暖和啊，为啥要到屋外的门厅上朝？这就是国家的规定，皇帝早朝必须在乾清门，叫"御门听政"。无论天气多冷多热，也无论是否刮风打雷，只要不是下暴雨暴雪，就必须在乾清门上朝。夏秋季节，早朝每天早上七点开始，冬春季节天亮得晚，早朝后延一小时，每天早上八点开始。冬天时天气冷，为了避免把皇上和大臣们冻坏了，就在门厅四面挂上围帐，皇帝座位前放两个炭火盆，能稍微暖和点。上朝时皇帝坐在靠乾清门的中间位置，大臣们站立在两边，向皇帝上奏各项需要处理的事情，大家经过讨论，最后由皇帝拍板决定。

明朝时，御门听政主要在太和门举行，清朝移到了乾清门。主要原因是乾清门离皇帝居住的乾清宫更近，皇帝早朝更加方便快捷。参与早朝的官员并不多，主要是大学士、各部院尚书、通政使、内阁学士、翰林院侍读等高层官员，一般十多人。我们在电视剧里看到的那种很多官员参与的"上朝"，其实并不是御门听政，而属于大型朝会，这种朝会每隔一段时间举行一次，而御门听政则是每天举行。除非有特殊情况，比如皇上生病，或者皇上在外地巡视，才有可能中断。

康熙皇帝在乾清门御门听政六十一年，乾隆皇帝在乾清门御门听政六十年。许多关乎国家命运、社稷安危的重大决策，就是在这里做出的。所以，这个面积不大的门厅，记载着一个王朝的兴衰，镌刻着近三百年的岁月。

乾清宫（上）：
"正大光明"匾与太子争夺战

一

进入乾清门，我们就来到了后宫。后宫里的第一重宫殿，就是赫赫有名的乾清宫。

乾清门和乾清宫之间，又隔着一个宽阔的广场，面积八千多平方米。前朝区域，太和殿前面有广场；后寝区域，乾清宫前面有广场。在故宫中，只有特别重要的宫殿前面才会修造广阔的广场，以体现其重要地位。所以，乾清宫也是故宫里特别重要的宫殿。如果说太和殿是故宫里的"宫殿之首"，那么乾清宫就是后寝区域的"宫殿之首"。因为，这是皇帝的寝宫，也是皇帝处理日常事务、召见重要大臣的地方，相当于皇帝的"卧室和私人办公室"。皇帝在这里处理的事务，大多是非常重要的机密事务，在这里接见的大臣，大多是特别信任的心腹之臣。

乾清宫始建于明永乐十八年（1420 年），明清两代因数次被焚毁而重建，现在的建筑为清代嘉庆三年（1798 年）所建。占地面积约一千四百平方米，接近太和殿面积的三分之二。殿内横向面阔九间，纵向进深五间，也呼应皇帝九五至尊的地位。它建造在汉白玉台基之上，通高二十多米，相当于七层楼高。和太和殿一样，乾清宫的殿顶也是最高级别的重檐庑殿顶，上面铺盖着皇帝家专用的明黄色琉璃瓦。

前面介绍雍正皇帝的时候说过，从明成祖肇建故宫一直到康熙帝时，乾清宫一直是皇帝寝宫。可"不走寻常路"的雍正皇帝继位以后，就将寝宫搬到了养心殿，从此以后乾清宫就主要作为皇帝的私人办公室了。

其实，乾清宫里与雍正帝有关的东西还很多，比如举世闻名的"正大光明"匾。

二

　　故宫中轴线上，前三大殿里的匾额都是乾隆皇帝御笔书写。"后三宫"里的匾额，则是三个人写的——乾清宫里的"正大光明"匾是顺治皇帝御笔，交泰殿里的"无为"匾是康熙皇帝御笔，坤宁宫里的"日升月恒"匾是慈禧太后的御笔。

　　这块正大光明匾，我们在无数清宫剧里看到过，几乎已经成为大清王朝的标志。电视剧《康熙王朝》里有这样一个片段：康熙皇帝惩治了一批贪官后，在一次朝会上怒斥群臣，批评很多人的贪婪腐败；最后，康熙皇帝命人将这块正大光明匾挂到乾清宫宝座的上方，要求所有大臣都要按匾上写的那样，做一个正大光明的好官。这个精彩的片段感动了无数观众，这块正大光明匾也确实是康熙皇帝挂到乾清宫里的。康熙帝的父亲顺治帝写好了这四个大字，康熙当皇帝后下令将其制作成大匾并悬挂于乾清宫，成为大清王朝君臣都必须遵守的做人做事原则。但我们现在看到的这块匾并不是康熙帝挂起来那块，而是后来康熙帝的孙子乾隆皇帝临摹书写的。因此，准确地说这块正大光明匾应该是"顺治原创，康熙制作，乾隆仿制"，是清朝三位皇帝的共同作品。

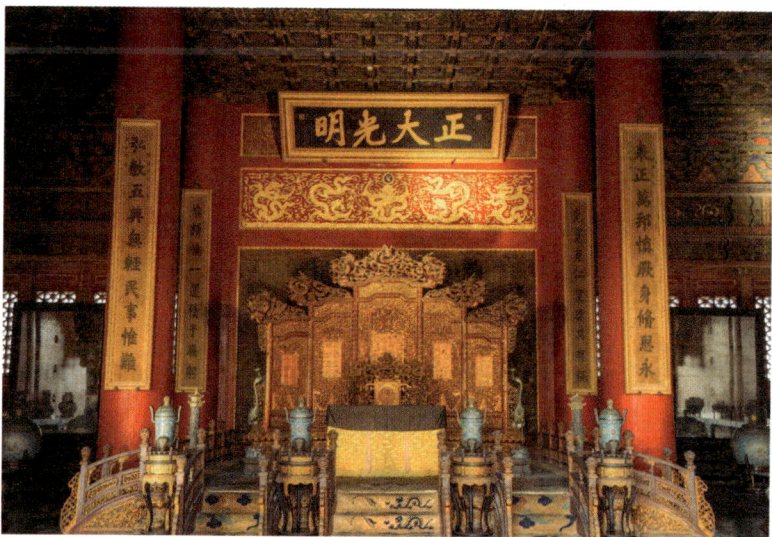

顺治帝御笔亲书"正大光明"匾额

那么，这块匾和雍正皇帝有什么关系呢？这块匾背后有一个雍正帝创立的重要制度——"秘密立储"制度。前文说过雍正皇帝是中国历史上最具改革精神的皇帝之一，这个秘密立储制度，就是雍正皇帝在册立太子方面做出的重要改革。

"储"是皇储，就是太子。"秘密立储"的意思是，皇帝生前不公开宣布太子是谁，只是秘密地册立太子，并将册立太子的诏书写好，藏在这块正大光明匾后面。等皇帝死后再公开宣布，并由太子继承皇位。中国历朝历代，皇帝都会在生前公开立太子，为什么雍正帝要改变这种习惯，不再公开册立太子呢？

其实是雍正帝的亲身经历促使他做出的改革决定。

雍正帝的父亲康熙帝，不仅治理国家厉害，生孩子也厉害，生了三十五个儿子，二十个女儿，一共五十五个子女。顺便说一下，康熙帝还不是中国历史上生孩子最多的皇帝，中国皇帝中的"生育冠军"是宋徽宗赵佶，共生育八十个子女；"生育亚军"是唐玄宗李隆基，共生育五十九个子女。康熙皇帝是第三名。

古代医学不发达，婴幼儿夭折率高。康熙帝的三十五个儿子中，长大成人的有二十一个。这些皇子们都受到了良好的教育，其中很多都是文武双全、智勇兼备的能人，他们为争夺太子之位，展开了激烈的斗争。

康熙帝二十岁时，他的正宫皇后赫舍里氏为他生下了皇子胤礽，胤礽出生后赫舍里皇后就去世了。康熙帝出于对赫舍里皇后的深爱，对胤礽格外偏爱重视。按照古代立太子要立嫡长子（也就是正宫皇后生的大儿子）的原则，胤礽刚满周岁，就被康熙帝立为太子。这显然不是一个明智的行为——胤礽还是个吃奶的孩子，谁也不知道他将来会成长为一个什么样的人，能不能担当起治理天下的重任。事实证明，胤礽确实是"朽木不可雕也"。

因为胤礽是太子，康熙帝给他安排了最好的老师，也给他安排了最好的生活。胤礽天赋聪明、勤奋好学，书读得很不错。但另一方面，胤礽从小要什么有什么，生活待遇不亚于皇帝。不少朝中的大臣、官员以及其他皇子围在他身边，讨好他巴结他。渐渐地，胤礽成了一个被宠坏的孩子，骄横、霸道。长大后的胤礽有一定的治国才能，但为人处世方面表现得非常糟糕，对大臣和别的皇子极为苛刻暴虐。

胤礽甚至对自己的父亲康熙皇帝都非常不满意。不满意的原因很简单——康熙帝活得太久了，弄得自己当了三十多年的太子都没法继承皇位。言下之意是父亲早就该死，江山早该是自己的。他甚至还在背地里诅咒父亲，父亲生病时他不仅不担忧，还面露喜色。康熙四十七年（1708年），忍无可忍的康熙帝废了胤礽的太子之位。半年后，或许出于对胤礽的爱，也可能是出于对胤礽母亲赫舍里皇后的思念，康熙帝又恢复了胤礽的太子之位。可是胤礽并没有对自己的恶劣品性加以反思悔改，后来又屡次犯下大过，于康熙五十一年（1712年）再次被废，并被幽禁起来，一直关到了雍正二年底（1725年）去世。

胤礽的两次被废，让康熙皇帝痛苦万分、心力交瘁。自己这么多年用心培养的太子，最后却成了这样的人，当父亲的怎么能够不难过。更让康熙皇帝痛苦的是，胤礽被废后，康熙帝的其他儿子们争夺太子之位，相互争斗得你死我活，毫不顾及骨肉之情。大臣们依附在各位皇子身边，给他们出谋划策，为这种争斗推波助澜。整个朝廷因此而乌烟瘴气，康熙帝晚年曾失望地说过：自己死后，下场一定和春秋时期的齐桓公一样悲惨！齐桓公曾是一代霸主，晚年时他的儿子们忙于争夺太子之位，根本不管身患重病的父亲。齐桓公被囚禁在一道高墙之内，活活饿死，死后七十多天都没人管，最后身体爬满了蛆虫。康熙帝把自己比作齐桓公，可见他晚年面对儿子们的争斗，内心是何等凄凉悲伤。或许，当时的康熙帝，更渴望当一个普通人家的父亲，而不是至高无上的皇帝。

三

最终，康熙帝的四儿子爱新觉罗·胤禛在斗争中胜出，成了历史上的雍正皇帝。他亲历了康熙朝的"九王夺嫡"，希望这样的情况不要再重演。经过深思熟虑，他决定改革在中国延续了近三千年的立太子制度，施行秘密立储。

秘密立储制度是在皇帝生前不公开宣布太子是谁，每个皇子都有可能成为太子，这样有几个好处：其一，每位皇子都是平等的，不会出现高人一等的太子，也就不会有哪位皇子因为自己是太子而受到特殊的关爱和照顾，逐渐成为那个被宠坏了的孩子。其二，所有皇子都有成为太子的可能，但谁都不敢保证自己一定能成为太子，这就要求每个皇子都要品德端正、谨言慎行、努力增加才干、每天好好表现。其三，没有太子，就不会出现一个依附在太子周围的势力集团，形成太子党。其四，没有太子，就不存在废太子的问题，也就不会出现康熙帝晚年废太子后"九王夺嫡"、兄弟相争、骨肉相残的惨剧。

总之，秘密立储制度有利于每位皇子的健康成长，有利于皇帝选拔出一个德才兼备、堪当大任的接班人，更有利于皇室的团结、朝廷的稳定。

秘密册立太子的诏书由皇帝亲自写好后，装进一个匣子并密封，然后就放置在乾清宫正大光明匾后面。同时皇帝再抄写一份，也装进匣子密封，由皇帝带在身边，一般是锁在皇帝寝宫的柜子里。皇帝去世后，朝中重臣当着所有皇子和满朝文武的面，将两份诏书同时开封宣读，宣告由谁继承皇位。这样的"双保险"设置，基本保证了传位诏书不可能被偷换或篡改。遗诏宣告后，新君继位，别的皇子或大臣们心里再不服气，也只能承认事实。

所以，这块正大光明牌匾背后的秘密立储制度，让中国历朝历代不断上演的太子争夺战成为了历史的陈迹。从雍正以后到清朝结束，近二百年间再也没有出现过康熙时那种激烈残酷的皇子夺嫡之争，每一次皇位的继承基本都能平稳完成，这主要就得益于秘密立储制度的实施。这是雍正皇帝对于大清王朝的一个重要贡献。

乾清宫（下）：
载入史册的两场宴席

一

六百年的故宫，是一个交织着辉煌与苦涩、光明与阴暗、美好与残酷的地方。这里发生过许多可歌可泣、感天动地的故事，也上演过许多惨绝人寰、恐怖血腥的惨剧。我们讲述故宫的故事，既要讲述光明与正义，也要揭露阴暗与罪恶。这样才能全面地了解故宫，了解这六百年的岁月。

乾清宫，也是喜剧与悲剧共同上演过的舞台。这里曾经有过歌舞升平、普天同庆的美好画面，也有过哭声震天、尸横遍野的惨烈情景。今天要讲述的，就是在这里发生过的两件截然不同的事情，通过这两件事情，我们能够充分感受到历史的复杂多样、悲喜交加。

二

第一件事发生在明朝永乐二十二年（1424 年）初秋的一天，在乾清宫前的广场上，摆满了美味佳肴，有酒有肉，看起来很不错，估计是皇帝赏赐大臣的宴席吧。这时，赴宴的人走过来了，是一群在后宫生活的女人——皇帝的嫔妃和宫女们，大约有三十人。按理说，能参加乾清宫前的宴席，是一件多么光荣多么幸运的事，她们理应满脸笑容喜悦无限才对。可是，居然没有一个人脸上有笑容，所有人都在小声啜泣，目光中充满了痛苦、悲伤、绝望与无奈。就是在这样的情绪和氛围中，她们吃完了这顿饭。

为什么会这样？她们怎么了？

吃完饭后，她们在一名宦官的引导下，走进了乾清宫，乾清宫里的摆设和平时完全不一样——中间摆放着一口装饰很豪华的大棺材，棺材周围摆满了三十多个小木床，每个小木床上方都吊着一个从屋顶垂下来的绳套。她们先走到大棺材跟前，向棺材行了跪拜礼。然后，所有人都走到了棺材周围的小木床处，每人登上一个小木床，在上面站立着。

此时此刻，她们已经不再是小声啜泣，都变成了号啕大哭。有些人一边哭一边喊，似乎在控诉着什么，整个乾清宫哭声震天、惨叫不断。在宦官们的指令下，她们被迫把头伸进了吊在木床上方的绳套里，旁边的宦官们走上去把绳套勒紧，然后下来把小木床往旁边一撤，这三十多位嫔妃、宫女便被悬空吊起，挣扎了几下之后，她们都"升天"了。

棺材里那位皇帝，就是咱们已经熟悉的明成祖朱棣。这群集体"上吊"的女人，都是朱棣的嫔妃、宫女。其中不仅有普通的妃子、宫女，还有最受朱棣宠爱的妃子韩氏、崔氏。所有人的命运都一样，不管她们多么美丽、多么智慧，此时此刻，只有死路一条。她们要跟着棺材里的皇帝去另一个世界，继续在那个世界里陪伴他、伺候他。

这惨绝人寰的画面，就是"人殉"——用活人为死人殉葬。这种残酷的制度，曾经在中国流行过。遥远的三四千年前的奴隶社会时期，奴隶主死了以后，其生前的奴隶、妻妾会被杀死或活埋，和奴隶主一起下葬，到另一个世界里继续侍奉奴隶主。这种制度血腥残酷，是文明早期尚未告别野蛮时代的产物。到了两千多年前的秦汉时期，这种制度就基本被废除了。

不可思议的是，过了一千五六百年，在十五世纪的明朝，这种惨无人道的制度居然又死灰复燃了。明太祖朱元璋死后，十四位嫔妃殉葬；明成祖朱棣死后，三十多位嫔妃殉葬；明仁宗朱高炽、明宣宗朱瞻基死后，也都有嫔妃殉葬。一直到明朝建立近百年之后，明英宗朱祁镇的遗诏里，才废除了活人殉葬制度。

这些被迫殉葬的嫔妃们是皇帝的妻子，是普天下地位最高的女人。她们在皇帝活着的时候，得到皇帝的宠爱，享受荣华富贵。可是皇帝一死，她们的命运就如此悲惨，这真的很令人悲哀。在君主专制制度下，即便是女人中身份地位最高的嫔妃，也不过是皇帝的玩物而已。这是封建社会、君主专制的罪恶，是中国历史上最应该批判和反思的阴暗面之一。

三

第二件事情发生在三百年后。清朝康熙六十一年（1722 年）正月，地点还是乾清宫广场，广场上盛席觥筹，还有酒有肉，非常盛大。这次来赴宴的是一群精神矍铄、喜气洋洋的老头。古代管老头叫"叟"，这次宴会共有上千位老爷子参加，所以被称为"千叟宴"。

宴会的主办者也是一位老爷子，当他从乾清宫里走出来，出现在大家面前时，来赴宴的人们欢呼声雷动，纷纷下跪叩头，他们口中喊着"吾皇万岁万岁万万岁"，眼里含着激动而又喜悦的泪花。这位主宴者就是康熙皇帝。此时，他已经在龙椅上坐了六十一年，年龄已近七十岁。

因为前来赴宴的老人人数太多，一次坐不下，所以宴会分两场举行。第一场在正月初二，刚过春节，康熙皇帝请大家一起再过个年。这天宴席上就座的，都是满族、蒙古族和八旗汉军的文武大臣，是一场旗人的大聚会。其中有亲王、郡王、贝勒、贝子等爵位显赫的皇族成员，也有品级不太高的普通官员，既有在职的大臣，也有已经退休的，总共六百八十人，都已超过了六十五岁。大家虽然官职有高低，但此时欢聚一堂，就像家人相聚般其乐融融。

第二场在正月初五，民间所说的"破五"吉日。这场来赴宴的，都是汉族大臣。也是各个级别都有，在职或退休的也都有，年龄也都在六十五岁以上，共三百四十人。现场气氛和前一场一样温馨融洽。

康熙皇帝举杯为大家祝酒，祝福老人们吉祥安康，感谢他们多年以来为朝廷辛劳工作、勤奋耕耘。老人们感激涕零，共同举杯祝福康熙皇帝万寿无疆，祝福大清王朝长治久安。

此时的康熙皇帝，一定是百感交集。回想起自己八岁继位、十四岁亲政时的景象，一晃就过去了六十一年，自己成为中国古往今来在位时间最长的皇帝。当年那个危机四伏、内忧外患的王朝，经过自己半个多世纪的艰辛奋斗，已经成为疆域辽阔、声名远播的强盛帝国。擒鳌拜，平三藩，收台湾，驱沙俄，定蒙古，安西藏，治黄河，修经典……他为子孙后代巩固了锦绣江山，一生的丰功伟业注定流传后世。当然，他心中也有很多遗憾和担忧，但无论如何，他已经尽到了最大努力。

此情此景，让爱写诗的康熙皇帝诗兴大发，他挥笔写道：

> 百里山川积素妍，古稀白发会琼筵。还须尚齿勿尊爵，且向长眉拜瑞年。
>
> 莫讶君臣同健壮，愿偕亿兆共昌延。万几惟我无休暇，七十衰龄未歇肩。

诗中表达了对山河壮丽的赞美，对长者前辈的敬重，对天下万民的挂念，对自己肩负责任的坚定——虽然我已近七十高龄，但还要为国家为臣民努力工作，还不能歇着呢！其中饱含着令人感动的家国情怀和一颗赤子之心。

遗憾的是，十个月后，踌躇满志的康熙皇帝离开了这个世界，留下了无数故事、无数传奇，这首《千叟宴诗》成为康熙帝生命中的绝笔。

康熙帝举办千叟宴，是清朝历史上的一段佳话。中国自古以来特别重视尊老敬老，"老吾老以及人之老"，老人一生历尽沧桑，有着丰富的人生经验可供后人晚辈借鉴。俗话说"家有一老，如有一宝"，对于家庭而言，德高望重的老人是备受尊重的一家之长，对于国家而言，功勋卓著的老臣更是值得珍视的宝贵财富。康熙之后的乾隆帝、嘉庆帝，也都在这里举办过盛大的千叟宴。

四

三百年间，乾清宫广场上的两次宴席，截然不同，对比鲜明。

君主专制下灭绝人性的惨祸，太平盛世中普天同庆的华章，都在这里展现，让人们不由得感慨：一部中国历史，多少悲欢离合。

我们读历史，最终读的是人性。人性中的真善美与假恶丑，都

历尽沧桑的紫禁城

在一幕幕历史活剧中演绎得淋漓尽致、入木三分。

　　我们希望，悲惨的历史永远不再重演，人世间永远不再有压迫、残害、杀戮。我们希望，人性中的善良和温情越来越多，人与人都能相互善待、相互爱护、相互尊重。

扫码领取

· 作 者 说
· 解读紫禁城
· 紫禁城趣闻

交泰殿：
皇后的生日宴会

一

　　走过乾清宫，就来到了个头相对较小、形状四四方方的交泰殿。位于后三宫中间的交泰殿和位于前三殿中间的中和殿造型很像，但比中和殿还要小一点，二者殿顶都是四角攒尖顶。交泰殿始建于明永乐十八年（1420年），在明嘉靖年间及清顺治、康熙、嘉庆年间均重建过。"交泰"这个名字来源于《易经》，而且和它前后的宫殿有关。交泰殿前面是乾清宫，后面是坤宁宫。"乾"为天，象征阳，代表男性；"坤"为地，象征阴，代表女性。乾与坤对应，阳与阴对应，中间的交泰殿象征着"阴阳交合、天下安泰"。

　　后寝区域是皇帝后妃们居住生活的地方，但交泰殿是"殿"而不是"宫"，说明它不是供居住的卧室。那么，交泰殿是干什么用的呢？我们知道中和殿是太和殿的休息室、更衣室、演礼室，属于

阴阳相交天下泰——交泰殿

太和殿的附属宫殿。交泰殿的后面就是皇后住的坤宁宫，交泰殿的功能大多与皇后有关，所以也可以看成是坤宁宫的附属宫殿。

二

皇后，后宫之主，后妃之首，是当时普天之下最尊贵的女人。故宫里面有好多宫殿，都属于皇后的生活、起居、娱乐场所。这座交泰殿首要的功能，就是皇后的娱乐活动中心，准确地说，是皇后过生日宴请客人的地方。

中国人自古以来重视生日，从对生日的称呼就可以看出来。中国人创造了很多或美好或庄重的词汇称呼生日，如"诞辰""芳诞""贵诞""华诞""初度""贵降""鹤算""母难之日""千秋之日"等。

皇帝、皇后的生日，那自然就是举国同庆的"上上吉日"。不仅是吉日，还是节日。皇帝的生日叫"万寿节""千秋节"，取"万岁千秋"的吉祥含义。在古代，皇帝生日是和春节、冬至相并列的盛大节日，宫中要张灯结彩、大摆盛宴，民间则普天同庆、放假数天。皇帝生日期间全国禁止屠宰牲畜，前后数日不许对罪犯判刑，图的就是个大吉大利。京城的匠人们用彩画、布匹等将主要街道装饰得绚丽多姿，全国到处歌舞升平。各地文武百官还要在衙门里设置香案，向京城方向行大礼。

皇后的生日虽然不能像皇帝生日这样极尽铺张奢华，但也属于宫中的头等大事。清代正式将皇后的生日定为"千秋节"，并制定了一系列高端大气上档次的庆贺礼仪。这一天，宗室王公、文武百官都要穿上端庄大气的蟒袍官服，给皇后问安祝寿。各地官员也要摆设香案，向着北京方向叩拜，祝福皇后娘娘万福金安。京城各地也会设置一些点景、装饰，大户人家张灯结彩、挂起红布，沾沾皇后娘娘的喜气。最重要的是，后宫级别较高的嫔妃们（主要是皇贵妃、贵妃、妃、嫔这几级）要亲自给皇后拜寿，皇后则要举办一个生日宴会，宴请这些来拜寿的嫔妃们，以表达自己作为后宫之主对她们的关爱。而这个生日宴会的举办地点，就在交泰殿。

每年千秋节一大早，妃嫔们就在交泰殿正门两边列队等候，吉时一到，皇后身着盛装，在侍女们的陪伴下，从坤宁宫走出来，进入交泰殿，在殿中央的宝座坐下。嫔妃们按等级高低依次进入殿内，向皇后行大礼，并献上寿礼。皇后一一还礼，并给大家赏赐。行完礼后，大家在殿内两侧落座，事先准备好的美味佳肴一一端上，大家举杯再次为皇后祝寿。同时殿内奏祝寿雅乐，后妃们在庄严美妙的音乐声中一边享用佳肴，一边聊天说笑，虽有等级尊卑，却亲如一家。

这几年宫斗剧火爆，其实参与宫斗的，一般就是最受宠的那几位，或者为皇帝生过儿子的高层后妃，宫斗的目的主要是让自己的儿子成为太子，这样不管现在自己是什么级别，将来儿子继位了，都能母以子贵，享受太后之尊。

历史上比较残酷的宫斗也确实发生过，比如汉高祖时的吕后和戚夫人，唐高宗时的武媚娘与王皇后、萧淑妃。但对于大多数嫔妃来说，基本上不会或者说没有机会参与宫斗，她们在后宫中的生活都是比较单调乏味的，每天除了吃喝拉撒睡外，就是看看书、下下棋、绣绣花、养养鱼、唱唱曲、吹吹笛、写写字、赏赏花，偶尔被皇上召见宠幸一次，下一次不知道得等到猴年马月了。这种日子虽然枯燥，但还算平安，比起那些在宫斗中惨遭迫害的妃子，她们已经非常幸运了。

三

除了举办生日宴会外，皇后还会在交泰殿举行不少活动。比如每年春天，皇后要去先蚕坛祭祀蚕神，会提前一天在交泰殿做准备，主要是将各种祭祀用品放置在这里，由皇后亲自查阅，保证第二天的祭祀活动顺利进行。

中国是世界上最早种桑养蚕的国家。在古代男耕女织的农业社会中，蚕桑占有重要地位。所以无论是统治阶级还是劳动人民，都将蚕视为神灵、用心敬拜，希望蚕桑兴旺，人人都能有衣穿。祭祀蚕神，一般由皇后亲自前往，有时候皇后不便，也会派遣别的妃子代表自己前往。总之，也属于国家的最高祭祀礼仪。明清时期，祭祀蚕神的地点叫"先蚕坛"，属于北京的"九坛八庙"之一。明朝的先蚕坛最早建于安定门外，后来迁至西苑。清朝的先蚕坛在北海东北角。在交泰殿准备祭祀蚕神的器具用品，也体现了交泰殿的重要地位。

交泰殿里还存放着与皇后相关的两件重要物品。

一件是皇帝大婚时册封皇后的"册宝"——册封诏书。诏书上充满了各种夸赞之辞，表述了这位皇后是何等的贤良淑德、才貌双全，证明她完全有资格成为后宫之主，母仪天下。诏书上最后盖着皇帝的玉玺，也就是大印，这是诏书的"防伪标志"，意味着这是皇帝的旨意、上天的安排。

其实，古代大多数皇帝结婚时都还是十二三岁甚至更小的孩子，很多还是皇子，即使已经继位，也还没有亲政。所以他们的婚姻和普通人一样，大都是"父母之命媒妁之言"，并不是自己的决定。正因为如此，历史上不少皇帝最爱的妻子并不是皇后，而是其他嫔妃，这也是造成宫斗的一个重要原因。

另一件重要物品是一块铁牌子，这是清朝刚定都北京时，清世

交泰殿内景

祖顺治皇帝立在这里的，上面写着八个大字："内宫不许干预政事"。意思是后妃们不许干涉朝政，只能老老实实待在后宫里，规规矩矩给皇帝当媳妇。

历朝历代，后妃干预政治的事情不少。还有不少后妃曾经掌控朝政、治理天下，比如汉高祖的皇后吕雉、东汉章帝的皇后窦氏、北魏文成帝的皇后冯氏、北魏宣武帝的皇后胡氏、唐高宗的皇后武媚娘（武则天）、辽景宗的皇后萧燕燕、宋英宗的皇后高滔滔、元太宗的皇后脱列哥那，等等。她们中有些谋略过人、治国有方，堪称杰出的女政治家，比如冯氏、武则天、萧燕燕等，也有些专权跋扈、排斥异己、穷奢极欲、祸国殃民，比如北魏宣武帝的胡皇后。但总的来说，在男尊女卑的古代社会，女人当政会被视为不祥之兆，所以大多数朝代都会禁止女人干政，清朝也是如此。

然而，事实证明，这块铁牌完全没有发挥作用，"不许后宫干政"只是清朝皇帝的一厢情愿。清朝近三百年间，就出了两位对历史产生较大影响的政治女人，一位是清初的孝庄太后，一位是晚清的慈禧太后。尤其是慈禧太后，统治中国长达四十八年，相当于清朝统治中国时间长度的近五分之一，清朝十二帝中，只有康熙帝和乾隆帝的执政时间比她长。如果顺治帝在天有灵，不知道对此会不会哭笑不得、深感无奈。

坤宁宫：
皇帝的女人们

一

走过交泰殿，就来到了中轴线上的最后一处宫殿——坤宁宫。

在明代，皇后一直住坤宁宫。到清代后，除了皇后寝宫外，坤宁宫还成为祭祀场所。所以，清代住在坤宁宫的皇后并不多，主要集中于清初顺治、康熙时期。到康熙以后，大多数皇后都住在东西六宫里。

二

宫斗剧的火爆，让大家对后宫与后宫制度都挺感兴趣。中国的后妃制度，发端于夏商，形成于《周礼》，经过历代王朝不断完善，到明清时期形成了非常稳定的模式。皇帝的这些女人们，肩负着为皇家传宗接代的使命，自然备受重视呵护、地位尊贵显赫。但是，正如前文中多次提过的，她们不一定幸福。后妃数量太多，能得到皇上关注和喜爱的只是少数，能为皇家孕育后代的更是凤毛麟角。很多后妃在宫里待了一辈子，都没见过几次皇帝。岁月流逝，她们在孤独寂寞中人老珠黄，荒废了青春，辜负了年华，远离了家人，虚度了生命。后宫对于她们而言，与其说是家，不如说是牢狱。

那些有幸得到皇帝宠爱的后妃们幸福吗？其实大多数也不幸福。皇帝有那么多女人，很难去特别珍惜爱护其中某一两位。大多数后妃在皇帝眼里，主要的角色不过是玩赏之物，和花鸟虫鱼一样。伴君如伴虎，皇上心情好时爱你宠你，哪天心情不好了，没准就会迁怒于你，冷落你甚至折磨你。反正皇帝女人多，没了这位还有别人。而且，得到皇帝宠爱的后妃为了保持受宠的待遇，必须要想方设法地哄皇上开心、让皇上满意，同时还要和别的受宠妃嫔竞争，也就是我们常说的"宫斗"。

即使是在宫斗中取得胜利的后妃，也并不幸福。在残酷的宫斗中，善良、宽容、温柔等女性的美好品质从她们身上消失，她们变得残酷、冷血、疯狂，杀起人来毫不留情，甚至骨肉亲人也不放过。历史上的汉高祖皇后吕雉、唐高宗皇后武媚娘都是这样的代表。

所以，大家别羡慕后妃，皇帝的女人们也都活得非常不容易。李商隐诗作《宫词》中悲叹：君恩如水向东流，得宠忧移失宠愁。真是一语中的！

三

皇帝到底有多少女人呢？根据相关史料记载，历史上后妃最少的皇帝是隋文帝杨坚，可就算是他也有五十一位后妃！杨坚妃子少的原因是，他的正宫皇后独孤伽罗是个超级彪悍的女汉子。特别善妒爱吃醋，成天把丈夫看得死死的。杨坚稍微表现出对别的哪个女人有点好感，独孤皇后就会收拾这个女人。有一次，独孤皇后病了，杨坚独自在后宫溜达，邂逅了妃子尉迟氏，尉迟氏出身名门，容貌美丽，杨坚看到她后瞬间产生好感，当天就住在了尉迟氏的寝宫仁寿宫。后来独孤皇后知道了这事，醋性大发怒不可遏，竟然命人杀死了尉迟氏，把杨坚气得离宫出走，躲进了离宫殿二十里的一个山谷里。堂堂大隋朝开国皇帝，在如此凶悍的媳妇面前，再愤怒也只能选择逃跑，真是够惨的。

我们常说"后宫佳丽三千"，其实有不少皇帝都大大超过了这个数。西晋初年，后宫佳丽号称万人。十六国时期的后赵太祖石虎，后宫女子十万人，创下了中国历史最高纪录。唐朝的都城长安和东都洛阳，后宫女人超过四万，仅次于后赵。其实这数万后妃里，百分之九十九都是摆设，就是前面说的基本见不到皇帝面的那种，皇帝对于她们的名字和容貌也记不住。这真是令人哭笑不得的夫妻关系。

按照清代的后宫等级制度，后宫女人中地位最高的当然是皇后，接下来是皇贵妃、贵妃、妃、嫔、贵人、常在、答应。常在、答应实际上类似宫女，伺候皇帝的过程中偶然被相中了，得到皇帝的一次宠幸，对于她们而言就是最幸运的事。被选进宫的嫔妃，根据其家世背景和自身条件，一般都是从贵人或嫔起步，经过长期的优秀表现，一步一步升格。当然，最重要的升格资本就是生下了皇子，母以子贵，这样的妃嫔往往会"破格提拔"。

有人说：爱新觉罗家族净出情种。确实，大多数清朝皇帝都会在自己的三宫六院里有一位特别钟情的女人。比如清太祖努尔哈赤对大妃乌喇纳拉·阿巴亥，清太宗皇太极对宸妃海兰珠，顺治帝福临对皇贵妃董鄂氏，康熙帝玄烨对皇后赫舍里氏，乾隆帝弘历对皇后富察氏……都可谓是一往情深、恩深爱重。在这坤宁宫里，演绎过许许多多爱的故事、情的恋歌，留给后人无限遐想、无限思索。

四

不经允许，后妃都不能走出自己的宫院。所以《红楼梦》里贾宝玉的大姐元春才说，自己被选进宫成为皇妃，其实是去了一个"见不得人"的牢狱之地。

受到皇帝宠爱的嫔妃生活会丰富一些，能经常和皇帝在一起，享受真正的夫妻生活。甚至有时还能陪同皇帝出巡，参与各种礼仪、节庆活动，这已经算是最幸运的嫔妃了，至少能看到外面的世界。但这样的嫔妃少之又少，皇后作为皇帝的正妻，有自己的一些特殊任务。比如上一篇文章里讲过的祭祀蚕神等礼仪活动。皇帝出巡、亲征等重要活动，皇后也经常要陪同。皇后作为后宫之主，有管理、教育嫔妃的责任，所以要经常召集她们，给她们"上课"，教育她们如何相夫教子、知书达礼，检查她们的针织女红，劝诫她们坚守各种美德，成为皇上的贤妻、皇子的良母。到了皇后生日或各种传统节日，皇后也会召集她们相聚，享受短暂的欢聚时光。

后妃们的基本生活花销自然都由朝廷报销，同时她们每个月还可以领到一份"月钱"，也就是工资。后妃们一般都会把工资攒起来，主要用于赏赐——娘家需要时可以接济点，下人表现好可以赏点，国家出现灾荒了可以捐点。当然，也有一些特别爱购物的嫔妃，

朱红墙垣上的光与影

派手下人不停地采买各种好东西，导致工资月月光，甚至拉饥荒。

后妃级别不同，工资数额差距很大。以清代中期为例，皇太后是皇帝的母亲，工资自然是最高的，每年可以领到黄金二十两、白银两千两。据估算按照购买力换算成现在的人民币，年薪约一百六十万元。皇后的年薪是"一人之下，万人之上"——仅次于皇太后，每年可以领到白银一千两，约相当于现在的人民币七十多万元。其他依次是：皇贵妃白银八百两，贵妃白银六百两，妃白银三百两，嫔白银二百两，贵人白银一百两，常在白银五十两，答应白银三十两。答应年收入换算成现在的人民币约两万五千元，不到皇太后的六十分之一。

除了皇后寝宫，坤宁宫还有别的一些重要功能。比如前面说的祭祀——坤宁宫在清代是萨满跳神祭祀的地方。满族人信仰萨满教，清朝皇帝也不例外，每年会在固定日期举行萨满跳神祭祀活动，为国家和皇室祈求福祉。所以，坤宁宫是故宫里最具满族特色的宫殿，宫里修造了满族特色的"万字大炕"，炕头有烧炕的锅灶。每到萨满祭祀的日子，锅里会煮很多肉，这些肉在祭祀时用于供奉神灵、祖先，叫"胙肉"，祭祀结束后，皇帝会把胙肉赏赐给大臣们吃。与此同时，坤宁宫还是皇帝皇后大婚时的新房。大婚典礼通常在太和殿举行，典礼后的洞房就设在坤宁宫。

神武门：
王朝的落幕，特殊的懿旨

一

在坤宁宫品读完了古代后宫的悲欢离合，故宫中轴线之旅就接近了尾声。

坤宁宫后面是御花园，花园里古木参天、怪石嶙峋，奇花异草争芳斗艳，亭台楼阁鳞次栉比。穿过御花园，又一座重檐庑殿顶的高大城门矗立在眼前，这就是故宫四门中地位仅次于午门的神武门，即故宫的北门、后门。

神武门建于明永乐十八年（1420 年），通高三十一米，相当于十层楼高，坐落于汉白玉须弥座上。神武门的名字与"英明神武"无关，它原名"玄武门"。"玄武"是中国古代神话传说中的"四象"之一，四象就是四种神兽——青龙、白虎、朱雀、玄武，分别代表着东西

神武门

南北四个方向。其中的玄武代表北方，所以很多朝代皇宫的北门就称为"玄武门"。玄武是一种什么样的神兽呢？它的外貌像是龟和蛇的组合体，所以人们又叫它"龟蛇"。古时候，人们认为蛇机智、灵动、善于生财；龟浑身长着硬甲，头尾与四肢能缩进甲内，耐饥渴，寿命长；二者都是吉祥动物，因此组合成的玄武也是吉祥神明，能够给国家、朝廷带来幸福安康。

后来为什么改名为"神武门"了呢？前文中提到过避讳制度，故宫里凡是这种改名的地儿，大多是因为需要避讳，原来的名字和某位皇帝的名字有相同的字，必须要换。"玄武"二字中，哪个字犯了这种忌讳？熟悉历史的人就能看出来，是"玄"字，和康熙皇帝的名字"玄烨"冲突了，所以改为了"神武门"。

二

六百年来，无数人从神武门进进出出。其中人数最多的群体，就是入宫待选的秀女，和选中后告别家人入宫的妃嫔。她们的命运，从这道门开始被改变；她们的人生，从这道门开启新篇章。这道门让她们从千千万万女子中脱颖而出，成为皇帝的女人、后宫的佳丽；这道门也让她们从此与亲人离别，与社会断绝，永远告别了天真烂漫的少女时代，成为深宫囚徒。我们无法想象她们走过这道门时复杂的心境，在那个女人不能将命运掌握在自己手中的年代，从这里走过的每个姑娘，都会留下一道忧郁而无奈的背影……

1924年11月5日，一辆汽车从神武门中间的门洞开出，车里坐着一位面容消瘦、目光茫然的青年。周围有好几个中年人，似乎在陪伴他，又像在保护他，还像在监视他。这个青年从车窗遥望神武门，神情中是不尽的感伤与无奈，周围的几个中年人却似乎很高兴很轻松，好像刚刚完成了一件大事。

这个青年，此刻正在告别自己和自己的祖先生活了二百八十年的家，而且是被迫告别。眼前的一切，都曾经属于自己，现在却要拱手让给别人。离别的凄凉，伴随着萧瑟的秋风，让他倍感寒冷。

他，就是大清王朝的末代皇帝——爱新觉罗·溥仪，这年他刚十八岁。陪同他一起离开的，还有他的皇后婉容，以及一些贴身侍从。周围那几个中年人，是北京警备总司令鹿钟麟、警察总监张壁和知名教育家李石曾，他们是按照陆军上将冯玉祥的指示，将已经退位十三年的溥仪驱逐出故宫。

二百八十年前，多尔衮率领八旗将士浩浩荡荡开进故宫，开启了一个新的王朝。二百八十年后，溥仪狼狈凄凉地离开故宫，让这个王朝彻底落幕。历史的盛衰兴亡，留给我们无限的遐想，无限的感慨……

历史上，神武门还多次发生过"闯门事件"。比如清朝嘉庆年间，先后有两个身份不明的男子从神武门闯入故宫，其中一个还带着武器。激烈的搏斗之后，这两人最后都被神武门侍卫制服。古代平民百姓未经许可擅自进入故宫是要受到严惩的，他们为何要闯宫，历史没有明确记载，二人最后都以刺杀皇帝的嫌疑被处以极刑。光绪年间，又发生了一起类似的闯门事件。可见，神武门的安保级别、防护措施比起午门、乾清门来还是弱很多，而且时紧时松，常有漏洞。

最后，关于神武门还有一件值得一提的事情。顺治初年，参与国政的孝庄皇太后曾在这里颁布了一道懿旨（皇帝颁布的命令叫"圣旨"，皇太后颁布的命令叫"懿旨"）："有以缠足女子入宫者斩。"意思是，每次选秀女、宫女，如果有谁敢把缠足的女子送进来，就是杀头大罪。神武门是候选秀女和入选妃嫔入宫之门，这道懿旨就高高悬挂在神武门内，提醒所有从这里进入的女子：看看自己的脚丫，要是缠过的话就赶紧出去，宫里不接受你们。

这道懿旨很有意思，充分体现了清朝满汉民族的差异。从宋代以来，汉族女子形成了缠足的习俗。这是中国古代一种残酷的陋习，是对女性的严重摧残。一般女孩子从四五岁就开始缠足了，缠足可不是在脚上缠布那么简单。而是要将脚趾掰弯、脚骨扭曲，然后缠上厚厚的裹脚布，阻止脚的自然生长，最后把好端端的一双脚变成畸形残疾的"三寸金莲"。只有这样，这个女子才能嫁出去。这种变态的审美导致被缠足的女人痛苦不堪，一生行走困难，只能"大门不出二门不迈"地在家相夫教子。所谓"小脚一双眼泪一缸"，就是形容这种痛苦。

明代以后，缠足在全国普及，各个阶层的女子都缠。清朝统治者满族人没有这样的习惯，女人都是"天足大脚"，都能骑马射箭，参与各种生产劳动。清朝入关以后，统治者多次发布禁止缠足的法令，所有禁止缠足的法令中最有名的一份，就是孝庄太后发布并悬挂在神武门的这份懿旨，它反映了清朝刚刚入关之时，满族统治者强烈的民族意识，渴望把本民族的习俗文化推广为全国各族民众共同的习俗文化。但缠足在中国已经延续了数百年，人们已经形成了这样的审美，故而无法禁止。一直到民国时代，新思想新文化在中国传播，缠足的陋习才逐渐退出了历史舞台。

无法禁止汉族女子缠足，清朝统治者只能严格要求满族、蒙古族女子不缠足。从而导致了一个有趣的现象：清朝近三百年间，判断一个女人是满人还是汉人，除了长相、服饰以外，还有两个重要标准：一看头，二看脚。"看头"就是看发型，汉族女人的发髻一般在脑后，满族女人的发髻则大多在头顶，称为"旗髻"。"看脚"就是看脚丫，缠过"三寸金莲"的是汉族女人，没缠过的"天足大脚"往往是满族女人。

三

我们讲述了故宫中轴线上的重要宫殿。它们作为故宫核心区域的建筑，代表着故宫的宏大气象、精美形貌、厚重文化、深邃历史，值得我们一再游览、反复品味。

然而，它们并不能代表故宫的全部内容。在中轴线两侧分布着的那些宫院房屋，虽然大多地位不如中轴线宫殿高，但发生的故事和蕴含的文化却一点也不比中轴线宫殿少。它们同样是故宫不可或缺的组成部分，同样经历了好多人好多事，同样值得我们去欣赏、去琢磨、去感悟。

让我们告别中轴线，向故宫的深处进发，继续探寻这座说不尽的紫禁城。

第三部分

悲欢离合

故宫的后寝宫殿

听作者亲口讲述故宫
见此图标👀微信扫码

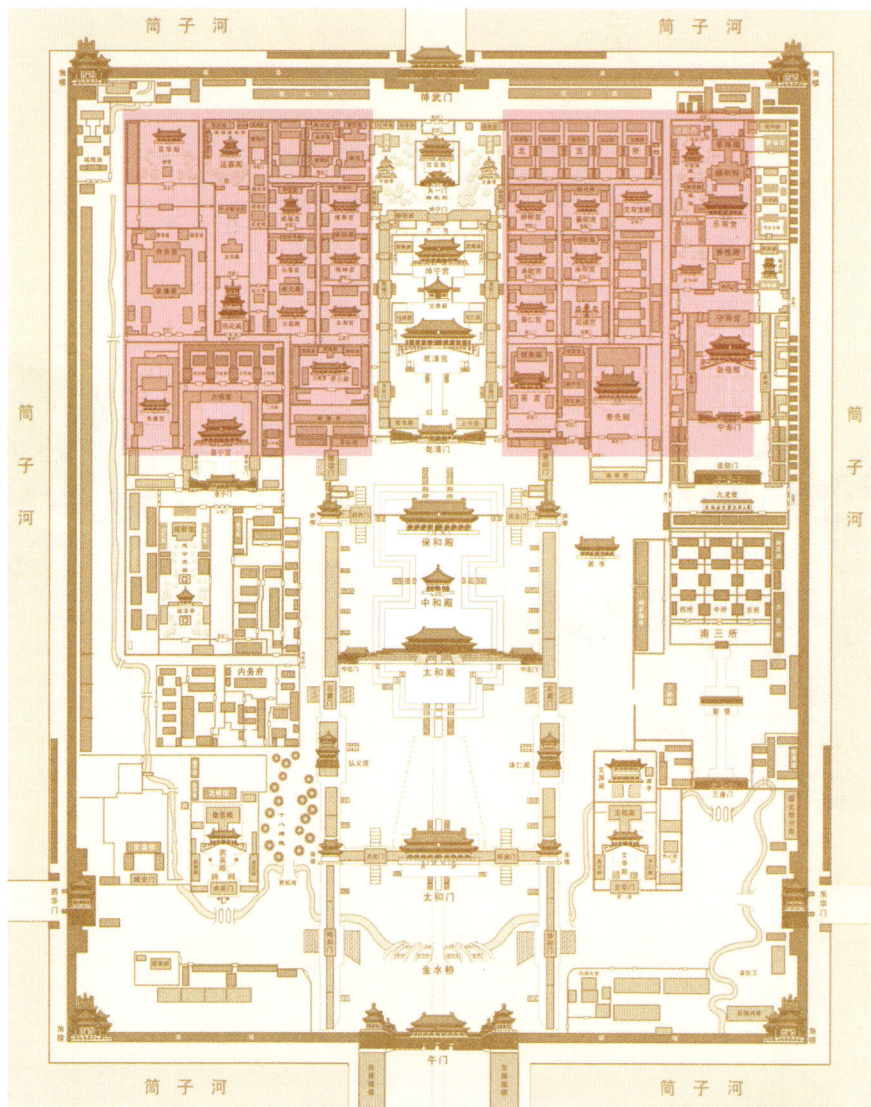

北京故宫博物院平面图

慈宁宫：
讲述不尽的孝庄太后

一

　　走完了中轴线，咱们的旅程向两侧的深宫大院延伸，那些红墙黄瓦掩映的世界里，还有许多不为人知的故事，等待着我们去探寻。

　　位于故宫中轴线西侧偏北的慈宁宫，是后宫区域位置最靠前的宫殿，也是极为重要、极为特殊的一座宫殿。咱们的后寝宫殿之旅，就从这里开始。

　　"慈宁"的含义就是希望慈爱的皇太后、太皇太后能安宁祥和地生活，体现的是古代封建王朝以孝治天下的道德理念。慈宁宫的重要性，正是在这里。

　　慈宁宫的尊贵，造就了它的特殊，它的与众不同。

　　首先，慈宁宫的屋顶与众不同。初建之时，慈宁宫的屋顶和东西六宫一样，都是单檐式，也就是一重屋檐。乾隆三十四年（1769年），皇帝下令将慈宁宫正殿的屋顶由单檐改为重檐，这里就成为妃嫔居住的宫殿里唯一一座重檐式屋顶，在中轴线之外的后妃居住区域中是级别最高者。

　　其次，慈宁宫门前蹲坐着的两只神兽与众不同。故宫的许多宫门前都蹲坐着一对铜狮子，在这里看护宫院、镇宅避凶。唯独慈宁宫门前的神兽不是狮子，而是神话传说里的吉祥动物——麒麟。儒家经典《礼记》中将龙、凤凰、麒麟和龟并称为"四灵"，麒麟地位与龙并列，也是中华民族的古老图腾。古人认为麒麟出没的地方，必有吉祥福气降临，还认为麒麟能够"送子"，也就是给家庭带来子孙后代。总之，这是备受中国人喜爱和崇拜的神兽，地位比狮子高。因此，在慈宁宫门前竖立这对铜鎏金麒麟，也充分体现了慈宁宫高于其他宫殿的尊贵地位。

第三，慈宁宫的牌匾与众不同。前面介绍乾清门时讲过故宫的牌匾，前朝宫殿的牌匾上，我们只能看到一种文字——汉字，后寝区域的牌匾上，我们能看到两种文字——满文和汉字。可在慈宁门和慈宁宫的牌匾上，我们却发现又多了一种文字——蒙古文，牌匾上三种文字从左到右依次是汉文、满文、蒙古文。满文和蒙古文外观相似，因为满文就是借用蒙古文字母创造出来的。

为什么慈宁宫的牌匾上有蒙古文呢？这和慈宁宫的主人有关系。慈宁宫的第一位主人，也就是清朝的第一位皇太后是顺治皇帝的母亲、康熙皇帝的祖母，历史上杰出的女政治家孝庄太后。她就是蒙古人，因为慈宁宫的第一位主人是蒙古人，因此牌匾上多了这一行蒙古文，以体现对孝庄太后的尊重。

最后，与其他妃嫔住的宫殿相比，慈宁宫还是唯一有大花园的宫殿。故宫里比较大的花园有三处，一是御花园，也就是整个故宫的后花园。二是宁寿宫花园，俗称"乾隆花园"。第三个就是慈宁花园了，这个花园是住在慈宁宫的太后、太皇太后们散步赏景、聚会游览、拜佛祈福的

慈宁宫门前

地方。在后妃们居住的宫殿里，只有慈宁宫有这样一座精心打造的大花园，再次体现了明清皇帝以孝治天下的原则，也体现了慈宁宫的特殊尊贵地位。

<h1 style="text-align:center">二</h1>

在慈宁宫居住过的皇太后、皇太妃、太皇太后中，有一位特别能牵动人们的思绪，吸引人们的关注，激发人们的遐想。

她不是皇帝，却与三代皇帝密切相关；她不曾掌权，却助力了大清王朝的太平盛世；她美丽智慧，却一生历尽艰辛磨难；她备受爱戴，死后却许多年无法入土为安……她的一生充满了故事，也充满了谜团。她已经故去三百三十多年，可到今天还在被人们讲述，被人们谈论，被人们演绎，被人们怀想。中国历史上，能像她这样产生重要影响、英名留诸史册的女人屈指可数，我们来到慈宁宫，最应该了解和思考的也正是她。

她就是清太宗皇太极的贵妃、顺治帝福临的母亲、康熙帝玄烨的祖母——孝庄文皇后，人们习惯称她为"孝庄太后"。

孝庄文皇后来自科尔沁草原上最尊贵的博尔济吉特家族，名字是布木布泰。科尔沁是一片英雄的土地。八百年前，成吉思汗统一蒙古各部后，将自己的大弟弟哈萨尔分封到这里，这里就成为哈萨尔和他的子孙们统治的土地。哈萨尔是神箭手，"科尔沁"在蒙古语里的含义就是"弓箭手"。蓝天白云下，展翅翱翔的雄鹰，一望无际的草原，奔腾嘶鸣的骏马，铺向天边的牛羊，还有飘香的奶茶、悠扬的琴声、苍凉的长调、炽热的篝火……在这样如诗如画的世界里，布木布泰度过了美好的童年。她出生在科尔沁部落的首领之家，童年时代的草原马背生活，给了她勇敢的性格、顽强的意志和进取的精神，这些影响了她的一生。

一转眼，小姑娘长成了少女，清太祖天命十年（1625年），布木布泰嫁给了清太祖努尔哈赤的八儿子皇太极，成为皇太极的侧福晋，也就是侧妃。十一年前，布木布泰的姑姑博尔济吉特·哲哲嫁给了皇太极，成了皇太极的大福晋。后来，布木布泰的姐姐海兰珠也嫁给了皇太极，成了皇太极特别宠爱的宸妃。所以，姑姑和两个侄女都成了同一个男人的妻子。布木布泰嫁给皇太极后的第二年，努尔哈赤去世，皇太极继承汗位，布木布泰作为他的妻子，自然也就成了王妃，被封为"庄妃"，居住在沈阳故宫的永福宫。当时，庄妃的地位仅次于自己的姑姑，即皇太极的大妃哲哲。

庄妃不仅有美丽的外表，还特别爱读书学习，历史记载她"独嗜图史"，就是特别爱看历史类的图书。庄妃后来之所以能成为对清朝历史产生重要影响的女政治家，跟她青年时代的喜欢读书、爱好历史有重要关系。

那么，皇太极和她的感情怎么样呢？皇太极既是一个文韬武略、定国安邦的英杰，又是一位重情重义、情深爱浓的丈夫。在他的后妃中，他最钟情的是庄妃的姐姐——宸妃海兰珠。遗憾的是，海兰珠没有后代。皇太极对庄妃的爱恋不如对海兰珠的深，但两人的感情还是不错的，留下了好几个"爱情的结晶"——庄妃为丈夫生下了三个女儿、一个儿子。这个儿子就是后来的顺治皇帝，皇太极给他起名叫"福临"，这个名字看起来像是汉语，其实是满语"福凌阿"的音译，意思是"天生福人"，从这个名字就能看出皇太极对这个儿子的喜爱。

三

清朝崇德八年（1643 年）秋，皇太极猝然去世。去世前没有留下由谁继承皇位的遗嘱，于是，皇太极的弟弟多尔衮和长子豪格，为争夺皇位展开了激烈的斗争。在这样的关键时刻，三十岁的庄妃走上了历史舞台，凭借自己出众的眼光和高超的智慧，让根本没有资格参与皇位竞争的福临登上了皇帝宝座，自己成为大清朝第一位皇太后。

关于这场政治博弈的具体情况，我们不讲太多。根据流传较广的说法，当时的郑亲王济尔哈朗提出由皇太极幼子福临继位、多尔衮和济尔哈朗辅政的折中办法，得到了庄妃的认同。接下来，庄妃凭借自己的魅力征服了多尔衮，让他主动放弃了皇位，并答应好好辅佐庄妃的儿子福临。然后，多尔衮又在政治斗争中击败了豪格，将年仅六岁的福临送上皇位，自己成为"叔父摄政王"，辅佐福临治理天下。后来，多尔衮率领八旗将士南征北战、纵横驰骋，打进了北京城，打败了李自成，又征服了大江南北、长城内外的辽阔疆域，消灭了当时争夺天下的各路势力。就这样，福临成为大清王朝入主中原后的第一位皇帝，庄妃

孝庄文皇后画像

则成为大清王朝的第一位皇太后。这对母子在明末清初那波澜壮阔、刀光剑影的时代中胜出，成了大中国的主人，开启了三百年的统治。

关于多尔衮和孝庄太后的关系，是一个流传已久的谜团。很多人认为皇太极死后，庄妃按照当时满族人"兄死弟妻其嫂"的习俗，嫁给了自己的小叔子多尔衮。所以多尔衮才会那样心甘情愿地放弃皇位，一心一意地为孝庄母子效力。这种说法在正史上并没有记载，是民间传说，但可以确定的是，孝庄太后确实凭借自身的魅力和手腕牢牢地拴住了多尔衮，让这位"战神"成为自己和儿子福临最坚实的依靠。如果说，孝庄太后给予多尔衮的，是女人的款款柔情、脉脉温馨，那么多尔衮回报给孝庄母子的，就是天下一统、万里江山！

然而，历史总是这么出人意料。大清入主中原六年之后，多尔衮和哥哥皇太极一样猝然去世。接下来，在孝庄太后的默许甚至支持下，顺治皇帝开始了对多尔衮的清算。说多尔衮生前有谋反之心，有各种各样的罪恶行为。最后将多尔衮掘墓鞭尸，他对于大清入主中原、一统天下的巨大功勋被一笔勾销，成为大逆不道的罪人。一直到一百二十多年后，乾隆皇帝才为多尔衮平反，承认他的丰功伟绩，恢复了他的爵位和名誉。

孝庄太后为什么要支持福临这样做？难道她是一个忘恩负义的小人？其实，这就是政治对人性的扭曲。孝庄太后之所以同意顺治皇帝对多尔衮的清算，最根本的原因，还是多尔衮功高盖主。他的功劳太大，势力也太大，朝中很多地位显赫的大臣以前都是他的部下，不少人对于当初多尔衮未能继承皇位还耿耿于怀。现在多尔衮虽然死了，但如果不及时清除他的势力和影响，福临的皇位和孝庄的地位恐怕会不稳。因此才有了这样令人心酸的一幕。

由此可见，孝庄太后为了儿子福临的皇位，可谓是殚精竭虑、费尽心机。然而，福临却并不领情。从记载清帝言行的《清实录》来看，福临成年后，和母亲的关系非常冷淡，很少有什么来往和交流。对于母亲给自己安排的皇后，福临也非常不满意。

有人认为，顺治帝福临对母亲的冷漠疏远，主要是因为他对多尔衮的痛恨，多尔衮在辅佐福临的过程中，对他管教很严，经常批评训斥他。这对于正处在青春叛逆期的福临而言，肯定会留下心理上的阴影，让他对多尔衮心生憎恶。宫中和民间，总是流传着孝庄太后和多尔衮的种种绯闻，这更让福临深恶痛绝。所以他一直对母亲不满。

在我看来，更有可能的理由，是福临本来就厌恶皇位、憎恨君权。根据历史记载，顺治帝一生笃信佛教，非常向往出家为僧的生活。自己深爱的董鄂妃英年早逝后，他更是万念俱灰、誓断尘缘。但他作为皇帝，又不能按照自己的想法出家为僧。因此，皇位对于福临而言，成了枷锁和牢笼，而造成这一切的罪魁祸首，就是自己的母亲和叔父。是他们把自己扶上了皇位，让自己无法再选择想要的生活。从他们把自己扶上皇位那一刻，就把自己推入了苦海，注定了自己一生的悲哀。所以，福临无法原谅母亲。

看到这里，你一定会觉得，孝庄太后虽然智慧超群、地位显赫，但她并不幸福。她得到了太后的尊荣，得到了显赫的地位，得到了天下人的敬仰，可是却没有得到一个人最需要的亲情、最需要的爱。孝庄太后是孤独的，是不幸的，但她又是幸运的。因为她成功地培养了孙子爱新觉罗·玄烨，扶助他成为历史上赫赫有名的康熙皇帝。并且，从孙子玄烨身上，孝庄太后找回了在儿子身上缺失的亲情。

顺治帝英年早逝后，孝庄太后采纳德国传教士汤若望的建议，让顺治帝的三儿子——年仅八岁的玄烨继位，年号康熙。孙子当了皇帝，孝庄就从太后变成了太皇太后。康熙帝八岁丧父，十岁丧母，孝庄太后为了培养他成为一代明君，倾注了所有的心血。为他选择最好的老师，每天督促他学习。玄烨亲政后，在孝庄太后的支持、鼓励和辅佐下，他擒鳌拜、平三藩、收台湾、消灭察哈尔叛乱，完成了许多重要的历史业绩。大清王朝从危机四伏走向繁荣强盛，中国封建社会的最后一个黄金时代——康乾盛世由此拉开序幕。

康熙皇帝与祖母感情非常深厚，每天给祖母请安，经常陪祖母聊天，处理军国大事总是虚心征求祖母的意见。孝庄太后病重时，毕生勤政的康熙帝居然连续十多天不上朝，在祖母病床前精心侍奉。康熙帝晚年回顾自己的一生，曾说自己"趋承祖母膝下三十余年，鞠养教诲，以致有成。设无祖母太皇太后，断不能有今日成立"。他认为如果没有祖母孝庄太后，就绝对没有自己的帝王大业。

面对这么优秀、这么孝顺又这么懂得感恩的孙儿，孝庄太后深感欣慰，倍觉幸福。

1687年寒冬，七十五岁的孝庄太皇太后，走完了自己漫长、艰辛而又精彩的一生。康熙皇帝悲痛欲绝，连续数日水米不进，彻夜为祖母守灵。孝庄太后去世后，灵柩一直安置在清东陵风水墙外，居然长达三十七年没有下葬，直到雍正年间才入土为安。原因众说纷纭，又成了一个千古之谜……

养心殿：
充满"洋味"的重要宫殿

一

养心殿是故宫中轴线乾清宫的西侧、慈宁宫东北方向的一座重要宫殿。它虽然不在中轴线上，但却是和清代大多数皇帝关系最密切的宫殿。

极富改革精神的雍正皇帝继位后，养心殿取代乾清宫，成为皇帝寝宫。从雍正帝胤禛到末代皇帝溥仪，八位清朝皇帝在这里生活学习、接见大臣、批阅奏折、处理政务，所以从雍正开始，养心殿成为和皇帝关系最密切的宫殿。

和慈宁宫一样，养心殿也没有出现在故宫最初的设计图纸上，而是后来在重建过程中增修的宫殿。它修建于明代嘉靖年间，整个院落南北长约九十五米，东西宽约八十一米，占地面积七千七百多平方米。"养心"二字出自孟子的名言"养心莫善于寡欲"，意思就是修养心性的最好办法是减少欲望。这个殿名就明确表达了这座宫殿的功能——它是帝王休养身心之处。明代的养心殿，确实是一座为皇帝临时休息而设的宫殿，并没有发生过太多的故事。养心殿里那些值得一讲的故事，大多发生在清代。

康熙年间，养心殿开始"逆袭"，重要性日益提升。

康熙皇帝经常在这里向西方传教士学习各领域科学知识。如法国传教士张诚、白晋，葡萄牙传教士徐日昇和安多等人都是这里的常客，他们都被康熙皇帝聘为了老师。当然，这些传教士来到中国，最主要的目的肯定不是给皇帝当老师，而是为了在中国传播天主教。要想达到这个目的，最好的办法显然是得到中国皇帝的认可和支持，有了皇帝的支持，在中国传教就容易多了。所以，这些传教士们通过各种途径进入宫廷，用他们渊博的知识吸引爱学习的康熙皇帝，成为皇帝认可和尊重的老师。

在中国古代帝王中，康熙皇帝爱新觉罗·玄烨不仅是在位时间最长的，而且是学习劲头最足的。他从小就是一位全面发展的"优秀学生"，童年时代就每天读书学习十几个小时。学习儒家经典，学习治国之道，学习诗书礼仪，学习传统文化，学习满蒙语言，学习马背骑射。一直到他亲政之后，仍然保持着学习状态，还邀请了大量当时中国最优秀的学者们为他"经筵日讲"，也就是每天为他讲解各种学术典籍、圣贤文章。即便是在御驾亲征的过程中，他在指挥战争之余也是手不释卷。

康熙帝青年时代就对传教士带进中国的西方科学知识很感兴趣，在成为这些传教士的学生后，他把大量学习时间都用在了西方科学上。通过系统深入地学习，康熙皇帝成为中国古代科学文化素养最高的皇帝，可以说是学贯中西。遗憾的是，他学习西方科学主要是出于自身的爱好，并没有将这些科学知识在社会上普及，用来提升广大民众的知识素养。关于康熙帝读书学习的故事，咱们后面讲到景仁宫时还会详细介绍。

总之，养心殿作为康熙皇帝学习西方科学知识的"教室"，经常会有大量西方传教士出入。故宫里的其他宫殿，进进出出的都是黑眼睛黑头发黄皮肤的中国人。唯独康熙时期的养心殿，总能看到高鼻梁深眼窝黄头发的"老外"，这些洋人的到来，让养心殿成为故宫里洋味最重的宫殿。

康熙五十九年（1720 年），六十六岁的康熙皇帝还在养心殿接见了罗马教皇的使臣嘉乐，他亲自接过嘉乐带来的教皇书信，并赐给嘉乐不少精美的服装和生活用具。因此，养心殿是一座记载着清代前期中外友好往来、文化交流的宫殿，那时候，清朝还没有开始闭关锁国，大清皇帝还以比较开放宽容的心态，迎接着五洲四海的客人。

二

除了作为皇帝学习的教室外，在康熙时期，养心殿还有一个重要功能——它是宫中"造办处"的作坊，专门制作宫廷御用物品。

造办处是清朝时专门为皇帝家设计制作各种生活用品的机构。所设计制作的物品包括各类家具、服饰、食器、摆饰、玩物、书画、仪仗等等，总之皇上吃的穿的用的玩的都由造办处负责打造，所以也是一个很重要的机构。康熙时期，养心殿造办处不仅集中了中国最优秀的工匠，还引进了大批西洋艺术家参与工作。比如著名的意大利画家郎世宁，就曾经以宫廷画家的身份，参与过养心殿的皇家用品打造工作。所以，作为皇家造办处的作坊，养心殿也聚集了很多外国人，也充满了浓浓的洋味。

张诚曾经在自己的日记里描述过养心殿内的情景："我们进入左手一间，看见里面满是画匠、雕刻匠、油漆匠，这里有许多大柜子，放着许多书籍字画"，"这座宫殿的一部分屋宇是供工匠们使用的，专做纸扎玩器，其制作之精巧令人惊奇不已"。

养心殿里每天都是这样，充满热火朝天的工作气氛，来自中外的画匠、木匠、金匠、铜匠、雕刻匠、油漆匠、漆画匠、裱糊匠等，都在聚精会神、一丝不苟地完成自己的任务，给皇帝家打造各种精美物品。我们现在在故宫里看到的很多巧夺天工、精美无双的玉器、瓷器、木器、铜器、漆器、金银器、珐琅器、珍珠玛瑙、珊瑚宝石、紫檀家具、书画珍品……都是养心殿造办处打造的。所以，养心殿不仅仅只是一座皇帝寝宫，它也孕育了无数瑰宝，打造了无数珍品，是一座凝聚着许许多多能工巧匠智慧与汗水的伟大宫殿。

三

养心殿是康熙皇帝的教室、雍正皇帝的寝宫，到了雍正的儿子乾隆皇帝的时代，它又成了皇帝的卧室兼书房，继续发挥着重要功能。

养心殿里的西暖阁有一个独特的名字——三希堂。听起来好像是中药店，其实是乾隆帝爱新觉罗·弘历的书房。他在这个面积只

养心殿正殿内景

有四点八平方米的小小房间里，阅读了大量书籍，还鉴赏收藏了大量古代字画。这里空间虽小，却窗明几净、陈设整洁，充满书卷气息，显得端庄典雅。乾隆皇帝书写的"三希堂"匾额和《三希堂记》墨宝，至今还悬挂在墙上。

"三希"这个名字，有两层含义，一是指的"士希贤，贤希圣，圣希天"。意思是读书人都要有成为贤人的理想，成为贤人以后还要有成为圣人的理想，成为圣人以后也不能自满，还要努力成为懂得天地之大道的完美之人。说白了就是要永远奋进、永不满足，不断追求更高的人生境界。这是乾隆皇帝对自己的勉励，也应该成为每一个读书人的人生信条。

另一层含义，是乾隆皇帝在这里收藏了三件特别珍贵的古代书法作品，它们都出自东晋大书法家之手，分别是王羲之的《快雪时晴帖》、王献之的《中秋帖》和王珣的《伯远帖》。三件作品都是稀世珍宝，故此处遂称"三希堂"。三希堂里还有好多书法精妙、内涵深刻的对联、匾额，大家如果去参观，可以好好品读一下。

养心殿的洋味还体现在，它是故宫里第一个安装玻璃的宫殿。紫禁城从建成以来，所有宫殿的门窗都是用纸裱糊的。虽然皇家使用的纸质量上乘，但采光效果和耐用程度还是不可能和玻璃相提并论。中国古代有过玻璃制造，但一直只是用于制造工艺品，并没有作为房屋门窗上的部件。清朝初年，光泽晶莹、质地坚硬的欧洲玻璃制品传入中国，颇受统治者喜爱。尤其是乐于接受外来技术的康熙皇帝，决定仿照欧洲工艺生产中国自己的优质玻璃器。他请来德国技师做指导，建立了清宫玻璃厂，培养出一批专门为皇家制作玻璃产品的中国技师。到康熙晚期，为了改善养心殿的采光，将门窗上的纸换成了欧式玻璃，让养心殿散发出了浓浓的洋味。

晚清时期，一个女人成为养心殿的主人，她在这里"垂帘听政"长达四十八年，这个女人就是慈禧太后。人们对她并不陌生，很多人不喜欢她，认为她是一个祸国殃民的统治者。慈禧到底是一个什么样的女人？她一生究竟干过些什么？该如何评价她？请大家继续往下看。

扫码领取
· 作 者 说
· 解读紫禁城
· 紫禁城趣闻

储秀宫：
不应该忘记的"另一个"慈禧太后

一

接下来要介绍的是东西六宫。这十二座宫殿，对称排列在后寝中轴线两侧，它们格局相似，都是大四合院，每个宫的占地面积也相差不大。从地位上看，这十二座宫殿也没有高下尊卑之分，每座宫里面居住过的后妃从地位最高的皇后到皇贵妃、贵妃、妃、嫔、贵人都有。当然，皇帝的后妃肯定不止十二位，这十二宫里居住的，大多还是地位相对较高或较受皇帝宠爱的后妃，其他妃嫔则住在东西六宫以外的侧殿偏宫里。

虽然东西六宫格局相似、地位相仿，但人们对每个宫的关注度还是不一样的。因为这些宫里住过的妃嫔不一样，有些宫里因为住过某位人们特别熟悉的妃子，故而特别引人注目。比如西六宫里的储秀宫。

储秀宫里居住过好几位引人注目的后妃，比如前几年特别火爆的电视剧《延禧攻略》里那位乾隆帝的皇贵妃，在电视剧里叫"魏璎珞"，历史上并没有记载过这个名字，她的真实称呼其实是"魏佳氏"。她是乾隆皇帝的令懿皇贵妃、嘉庆皇帝的生母，在嘉庆帝继位后被追封为"孝仪纯皇后"。她就曾在储秀宫居住了十年之久。

还有深得嘉庆皇帝喜爱和道光皇帝敬重的嘉庆皇后钮祜禄氏，谥号叫"孝和睿皇后"；道光皇帝的第二任皇后佟佳氏，谥号叫"孝慎成皇后"；以及同治皇帝的孝哲毅皇后、末代皇帝溥仪的皇后婉容，都曾在储秀宫居住。所以，储秀宫应该算东西六宫里"出产"皇后较多的一个。

但所有这些皇后、皇贵妃，都不如在储秀宫里居住过的一位嫔出名。这位嫔就是同治、光绪两朝的实际统治者，执掌大清政权长达四十八年之久、无人不知无人不晓的慈禧太后。她十八岁入宫时被封为懿贵人，次年晋封懿嫔后，就住在储秀宫。她在这里度过了青春年华，在这里得到咸丰皇帝的宠爱，在这里生下咸丰帝唯一的皇子载淳，然后母以子贵，从懿嫔升为懿妃、懿贵妃。后来，她住进了别的宫殿，但一直念念不忘储秀宫，在自己五十大寿的时候，她又搬回了这里。

如今，储秀宫里到处都是慈禧的痕迹，她睡过的床，她坐过的榻，她喜爱的各种摆饰，她的各种生活用品，还有好多她写的字、画的画。储秀宫门外的台基下，东西两边分别摆着一对铜龙和一对铜鹿，这是东西六宫里唯一有铜龙陈设的宫殿，它显示着储秀宫与众不同的身份，讲述着储秀宫与众不同的故事。

二

慈禧太后画像

提起慈禧太后，很多人的印象就是精于权谋、心狠手辣、奢侈腐败、祸国殃民，甚至把大清王朝的衰落灭亡都归罪于她。真的是这样吗？其实，每一个重要的历史人物，都有其复杂性，我们评价历史人物不应该脸谱化、极端化，应该站在时代的角度，理性地思考，公正地评判。今天，我就跟大家聊聊你们不熟悉的"另一个"慈禧太后，聊聊慈禧太后身上不为很多人所知的另一面。

慈禧离开这个世界已经一百一十多年了。但仍然有无数人在思考她、议论她、研究她。她有很多身份：懿贵妃、皇太后、老佛爷、政治家、阴谋家、独裁者……然而，她实际上就是一个女人。和千千万万的女人一样，又和千千万万的女人不同。

慈禧名叫叶赫那拉·杏贞，出生在今天北京西单的辟才胡同。她十七岁入宫，很快赢得了咸丰皇帝的宠爱，并为他生下了唯一的儿子爱新觉罗·载淳，也就是后来的同治皇帝。慈禧本来应该像其他后妃一样，在后宫里老老实实过日子，等儿子继位后，以太后身份安享荣华富贵。

然而，历史的洪流却把她推向了风口浪尖，让她登上了政治舞台，并且一生都没有再走下这个舞台。在这个舞台上，她也有过多次杰出的表现，这个小女子的才干和能力不逊色当时任何一个男人都还要出色。

三

不应该忽略慈禧的胆识。

第二次鸦片战争中，英法联军逼近北京，朝中多数大臣支持咸丰皇帝逃走。年仅二十六岁的她，从后宫中走出来，冒着违反祖制的危险，极力反对这个懦弱的决定。"当皇上之将行也，贵妃力阻。言皇上在京，可以震慑一切。圣驾若行，则宗庙无主，恐为夷人践毁。昔周室东迁，天子蒙尘，永为后世之羞。今若遽弃京城而去，辱莫甚焉。"在王公大臣们的惊慌失措之中，她这番话掷地有声，足以让满朝男子蒙羞。

不应该忽略慈禧的气度。

丈夫死后，她以迅雷不及掩耳之势发动宫廷政变，战胜了咸丰皇帝临终时安排的"顾命八大臣"，将大权掌握在自己手中。但她没有像很多统治者一样趁机搞大规模的"清洗"，而是仅仅处死三人，处分十六人。当时有人从被处死的大臣家中搜出了很多信，这些信都是朝中官员写给他们的，证明这些官员和他们有勾结。慈禧不仅没有拆看这些信，还将它们当众烧掉，使大批有牵连的官员都松了一口气，迅速稳定了局面，安定了人心，表现出一个政治家的风度与胸怀。慈禧还曾经不惜处分一百多名朝廷官员，为一个普通民女小白菜平反，表现出一个政治家的公正和气魄。

不应该忽略慈禧的政绩。

她接手的大清王朝，已经经历了两次鸦片战争，正在太平天国的战火中喘息挣扎。在这种内忧外患的情况下，她排除满洲贵族的阻挠，重用汉族大臣，力度之大超过以往任何一位清朝皇帝。她力排众议，支持左宗棠平定西北，收复新疆。她具有一定的世界眼光，没有她的有力支持，就不可能出现最早探索富国强民之路的洋务运动。在她统治的最后十年，她相当努力地推行了政治改革，改革范围和力度甚至比康有为、梁启超在戊戌变法时的设想还要广泛和深刻，改革手段也显然比戊戌变法时更切实有效。

不应该忽略慈禧的才华。

她冰雪聪明，善于学习，留下了不少优秀的书画作品。她喜欢唐诗宋词，诗也写得不错，我们熟悉的诗句"可怜天下父母心"就是她在为母亲祝寿时写下的。她喜欢《红楼梦》，这部小说是她在寂寞深宫中的伴侣。她有很高的艺术鉴赏力，对于园林建筑颇有研究。她兴趣广泛，勤奋好学，生活充满情趣，每个细节都安排得有滋有味。

不应该忽略慈禧的人情味。

过去很多人总喜欢把慈禧妖魔化，认为她是一个心狠手辣、冷酷自私的老妖婆，但事实并非如此。从文献资料可以看到，她召见大臣时的谈话，不像是君臣对话，更像是亲戚聊天。正是这一点，让曾国藩、李鸿章、张之洞这些文武兼备的大男人都愿意对她推心置腹。她对待身边的宫女们，更是慈祥亲切，关心体贴。某个年轻宫女的辫子没梳好，她会亲手帮着重新扎一遍。某个年老宫女身体得了病，她会派人送些养生保健的食物药品去。在《宫女谈往录》《德龄公主回忆录》中，宫女们回忆起她来总会动情地说："老太后是最圣明不过的人，对自己最亲信的贴身丫头们是另眼看待的。不管外面有多不顺心的事，对我们总是和颜悦色。"

当然，也不应该忽略慈禧的孤独和忧伤。

她二十七岁就失去了爱她的丈夫，唯一的慰藉就是宝贝儿子同治帝载淳。可面对宫廷政变后政局不稳、太平天国未能剿灭、西方列强虎视眈眈的局势，她不得不将全部精力投入政治之中，也就难以顾全母子亲情。而且，她希望同治成为流芳千古的杰出帝王，而不是一个只会撒娇和玩耍的孩子。因此，她给予儿子的，大多是说教、约束和训斥。日子一长，同治对她的感情，除了敬畏，便是淡漠与疏远，甚至是抵触和反感。十九岁就英年早逝的同治皇帝，直到生命的最后时刻，也没有表现出对母亲的依恋。对此，慈禧心中的那份失落和伤感，恐怕只有她自己才能体会。

四

如果抽去其他因素，单纯从女人角度看慈禧，应该承认，她是非常光彩照人的，是那个时代女性中的佼佼者。她身上具有许多现代女性的品质——她无所畏惧地向男尊女卑的传统挑战，极为自信，敢做敢当，从不压抑自己，也不委屈自己；她精力充沛、爱好广泛、追求美丽。正像《宫女谈往录》中老宫女回忆的："太后就是讲精气神儿，一天到晚那么多大事，全得由太后心里过。可她每天还是得腾出闲工夫，又讲究吃，又讲究穿，又讲究修饰，又讲究玩乐，总是精神饱满，不带一点疲倦的劲儿。"

如果给她一个稳定的政治局面，给她一个和平的国际环境，我们有理由相信，她会很成功地走完她的政治生涯。不但会胜过历史上绝大多数的女执政者，也会胜过大部分政绩平平的男性帝王。如果是那样，她在历史上留下的绝不会是骂名。

可惜，她偏偏碰上了中国历史上最艰难最痛苦的时代。这不是她的选择，但她却别无选择，历史的洪流将她推到了风口浪尖，她只能咬着牙往前走。她所置身的时代，是中国历史上最惨烈的一幕大悲剧，而作为最高统治者的她，必然成为悲剧的主角。

所以，她的名字，就必然和一系列侵略战争连在一起，必然和一连串不平等条约连在一起，必然和"丧权辱国""祸国殃民"这样的词汇连在一起。

所以，她就必然承担起历史悲剧的血泪，背负起民族伤痛的罪责，我们也不能否认她曾犯过的错误。

红墙下的光与影

　　但是，一百多年后的今天，我们应该比前辈更加理性、客观、公正地看待她，应该正视我们过去忽视了的"另一个"慈禧太后。

　　公元 1908 年 11 月 15 日，深秋的寒风中，慈禧太后带着一生的光辉和痛苦，带着许多遗憾和无奈，走完了七十四年的人生之路。临终前，她又给后人留下了一个谜一般的遗言：以后不要再让女人干政，与祖制家法不合。

　　从遗言可以看出，她希望别人不要学她，不要涉足政治，可是，如果她不跻身政坛，又如何能把女人做得那样精彩？

　　这个问题，或许永远没有人能给出答案……

永寿宫：
最幸运的太后和最不幸的皇后

一

永寿宫位于西六宫区域的东南角，是后宫里距离皇帝寝宫养心殿最近的宫殿，建于明永乐十八年（1420 年）。永寿宫里居住过多位知名度很高的主人，比如明朝的万历皇帝朱翊钧、崇祯皇帝朱由检都曾在这里居住。虽然说皇帝的寝宫是乾清宫和养心殿，但他们继位前、亲政前或亲政后的某些特殊时期，也会住在别的宫殿。

比如明朝末年，自然灾害频频发生，农民起义风起云涌，崇祯皇帝朱由检为了祈求国运，于崇祯十一年（1638 年）在永寿宫里"斋居"，也就是只吃素不吃肉，以此祈求上天保佑灾难快快过去、早日国泰民安。然而，老天爷并没有满足他的心愿，短短六年之后，大明朝就在李自成农民起义的战火中终结。

还有清康熙帝温僖贵妃钮祜禄氏（康熙朝辅政大臣遏必隆的女儿）、康熙帝良妃卫氏（八阿哥胤禩的母亲）、乾隆帝慧贤皇贵妃高佳氏（电视剧《延禧攻略》里那位性情凶狠的高贵妃）、乾隆帝舒妃叶赫那拉氏（康熙朝名臣明珠的曾孙女），都曾居住在永寿宫。

"永寿"二字，寄托着美好的心愿，祈祷住在这里的人永享安康、福寿绵长。非常巧的是，这里真的居住了一位清代寿命最长的太后，她就是孝圣宪太后——钮祜禄氏。

二

孝圣宪太后，是清代乃至整个中国历史上，寿命最长、享福最多的皇太后。可以说她的一生几乎始终与好运相伴。她出生于清代

孝圣宪太后钮祜禄氏

地位显赫的镶黄旗满洲钮祜禄家族，是努尔哈赤时代"开国五大臣"之一额亦都的后人。钮祜禄家族在清朝三百年间名臣名将辈出，并且出了六位皇后，堪称"超级豪门"。她的父亲钮祜禄·凌柱官居四品，她从小就接受了良好的教育，知书识礼，仪态端庄，是当时八旗贵族里有名的大家闺秀。

十二岁那年，钮祜禄氏被康熙皇帝指婚，嫁给了二十六岁的四阿哥胤禛，也就是后来的雍正皇帝。嫁给胤禛以后，钮祜禄氏一直按照"贤妻"的标准要求自己，对胤禛的照顾关爱无微不至。尤其是有一次胤禛得了疫病，情况非常严重，面临生命危险。在钮祜禄氏精心侍奉调理下，胤禛转危为安，他对这位妻子心怀感激，二人更加恩爱。康熙五十年（1711年）八月十三日，十九岁的钮祜禄氏为胤禛生下了四儿子弘历，这个新生儿让钮祜禄氏的人生从此走上了"金光大道"。

弘历十岁时，跟随父亲胤禛在圆明园服侍康熙皇帝。一次宴会上，康熙帝见皇孙弘历聪颖过人、文武双全，对他十分喜爱，便接他到皇宫里去读书，亲自抚养。因为偏爱弘历，康熙帝对弘历的母亲钮祜禄氏也夸赞有加，称她是"有福之人"，生育了弘历这样一个将来堪当大任的好孩子。为此，胤禛对钮祜禄氏倍加宠爱。

雍正帝继位后，本身就受到雍正帝宠爱，又生下了优秀儿子弘历的熹妃钮祜禄氏，自然就成了雍正帝后宫里最重要的女人。雍正八年，她被册封为熹贵妃，成为后宫地位最高的女人，实际上已经相当于皇后了。

雍正十三年（1735年）八月二十三日，雍正帝病逝。内廷侍卫按照秘密立储制度，从乾清宫"正大光明"匾额后面取出传位谕旨，宣布爱新觉罗·弘历继位，成为历史上的清高宗乾隆皇帝。熹贵妃钮祜禄氏母以子贵，被乾隆帝尊为"崇庆皇太后"。

成为太后之后，钮祜禄氏的人生之路再次攀升。这是因为乾隆皇帝特别孝顺，他开创了大清王朝最为富有强盛的时代，也为母亲打造了无限荣华富贵的生活。

三

乾隆帝登基之后，就将母亲安排到了永寿宫居住，一是借"永寿"之名为母亲祈求安康福寿，二是永寿宫距离皇帝居住的养心殿特别近，便于自己每天给母亲请安。虽然钮祜禄氏也在慈宁宫、寿康宫居住过，但永寿宫是她成为太后之后最先入住的宫殿。

乾隆帝对母亲的孝顺首先体现在"顺"上，他视太后为国母，对太后的各种要求都尽力遵行。有一次，崇信佛教的太后偶然提及，北京城附近的一座寺庙应当重修。乾隆帝立即派遣大臣拨款重修，并且告诫有关官员，今后有这种事，官员们自己就应该意识到该怎么办，不应该让太后劳神操心。

钮祜禄氏身体一直比较强健，她不喜欢成天在宫里待着，希望能多出去走走。乾隆皇帝了解到母亲这个心愿，每次出巡都会带上她，让她尽情地游山玩水、享受美景。无论是南巡江浙、东巡辽沈还是巡游中原，以及到清东陵祭祖、到五台山拜佛、到承德木兰围场狩猎，乾隆帝都会恭恭敬敬地陪伴着母亲。无论自己事务多么繁忙，他都会每天给母亲请安问候，陪母亲聊天用膳。

乾隆皇帝多次朝拜五台山，大都是为了满足母亲的需要。钮祜禄氏崇信佛教，五台山是佛教名山，她多次想要能前去拜谒。乾隆帝先后三次陪母亲登五台山拜佛，最后一次是乾隆二十六年（1761年），为庆祝太后七十大寿而前往。此时，已经年过半百的乾隆帝，搀扶着近七十岁的母亲，在山道上蹒跚前行，在寺庙中虔诚礼拜。

这是一幅非常令人感动的母子情深画卷。

每逢传统节日，乾隆帝都会陪同母亲过节。每到太后大寿，乾隆皇帝更是亲自为母亲操办无比豪华的寿宴，献上精心打造的寿礼。

乾隆帝继位后，为太后操办了五十岁、六十岁、七十岁、八十岁四次"整寿"大庆。每逢圣寿，乾隆帝会进献各种奇珍异宝组成的寿礼，还会亲自撰写贺寿诗文。寿礼中满是如意、佛像、衣装、首饰、金玉、玛瑙、水晶、珐琅、瓷器、花果、外国贡品等，琳琅满目，价值连城。

太后六十大寿，整个北京城张灯结彩，乾隆帝下旨新建寿安宫，寓意祝福皇太后平安长寿，以此作为敬献母亲的生日礼物。太后七十大寿，因为钮祜禄氏喜欢江南风光，乾隆帝下令仿照江南风格，在北京海淀建造苏州街，作为献给太后的寿礼。在慈宁宫的盛大宴席上，已经五十岁的乾隆帝，放下皇帝的尊贵身份，穿着彩衣，率领皇子皇孙翩翩起舞，以博母后一笑。

太后八十大寿，年逾花甲的乾隆帝，在皇宫里精心布置了戏台八座、牌楼十二座、游廊三百八十间、亭台楼阁不计其数，各种戏班来宫中演出，王公大臣来宫中祝寿。为搭建戏台游廊，仅名贵松树就用了一千七百五十棵，如此兴师动众、规模宏大的庆典，在整个中国历史上也是罕见的。乾隆帝可以说是"倾天下之财力"孝敬母亲。

清乾隆四十二年（1777 年），享尽尊荣富贵的钮祜禄氏，在圆明园长春仙馆辞世，享年八十五岁，成为清朝乃至整个中国历史上最长寿的后妃之一。乾隆皇帝非常悲痛，为了留住母亲的气息，他花费三千多两黄金，打造了一座金塔，用来存放母亲的几绺头发。从此，乾隆帝一直把这座金发塔带在身边，直到自己去世。

四

同样是永寿宫的主人，命运却也有可能恰恰相反。比孝圣宪太后早八十多年，另外一位住在永寿宫里的女人，成了清朝命运最不幸的皇后——她就是顺治帝的第一任皇后博尔济吉特氏，清朝唯一一位被废的皇后。

她的名字叫博尔济吉特·额尔德尼布木巴，是顺治帝母亲孝庄太后的亲侄女，孝庄太后的弟弟——蒙古科尔沁部卓里克图亲王博尔济吉特·吴克善的女儿，因此，她也是顺治帝的表姐。顺治八年（1651年）八月，她由父亲护送，从科尔沁草原来到了紫禁城，嫁给了十四岁的顺治皇帝。这门亲事其实也是孝庄太后一手策划的，让自己的侄女成为皇后，使自己的博尔济吉特家族和爱新觉罗家族亲上加亲，可以巩固博尔济吉特家族的地位。清末慈禧太后把自己的侄女嫁给光绪皇帝当皇后，也是出于同样的考虑。

然而事与愿违，短短两年之后，顺治皇帝废除了她的皇后之位，将她贬为静妃。从皇后到妃，孝庄太后的这位侄女身份被降低了三级，成为整个清朝历史上唯一一位"废后"。

顺治帝在废后诏书里说明了废除皇后的理由：

一是嫉妒。皇后容貌美丽，但气量狭窄，特别爱嫉妒，看到后宫有漂亮的妃子，就会吃醋，甚至会想办法祸害对方。顺治皇帝喜欢哪位妃子，皇后就会收拾她折磨她。

二是暴躁。皇后性格急躁，脾气暴虐，动不动就因为一点小事和皇帝吵架，皇帝和她在一起痛苦万分。

三是奢侈。皇后追求享受、生活奢侈，衣服帽子必须有珍珠宝石点缀，餐具也都得是金制的，不是金制的就不高兴。

顺治认为这种品性的女人，毫无皇后应有的贤淑端庄、胸怀气质，不能成为六宫之主。因此，他顶住来自母亲和大臣们的阻挠，以忍无可忍的态度，坚决废除了皇后。

皇后被废后，关于她的记载就从史料中消失了，似乎这个人就从来没有存在过，连她的生卒年份，我们都不得而知。比较可靠的说法是她一直被软禁在宫中，最终在孤独中死去。

不管真实结局如何，她的命运都是悲惨的。按照古代制度，皇后是天下最尊贵的女人，所以不能施加刑罚。对皇后最严酷的惩罚，就是废除后位。被废不仅对皇后本人是巨大的羞辱，也会使皇后的家族蒙羞，真比杀了她还狠。虽然名义上她还是静妃，但实际上只要被废了后位，就相当于将她打入冷宫，从此再无出头之日。

那么，这位废后究竟是不是像顺治帝在诏书里说得那么恶劣？究竟该不该受到如此严酷的惩罚呢？

其实，这位皇后所有的恶行，都出自顺治皇帝的废后诏书。在其他史料中，我们看不到她有什么劣迹。所以在顺治帝提出废后时，很多大臣为皇后辩护，认为她没有失德行为。退一万步说，即使皇后有嫉妒、暴躁、奢侈的行径，但只要没有大逆不道、意图谋反，就还达不到被废的程度。顺治皇帝憎恨她，非要废黜她，很大程度上是出于对母亲孝庄太后的不满。在前面讲述孝庄太后时提到过，顺治帝痛恨摄政王多尔衮，对母亲也相当不满，而这门亲事，正是孝庄太后为他安排的。因此他把对于母亲的不满，转嫁到了皇后身上，找各种理由刁难皇后，必欲废之而后快。

对比孝圣宪太后和这位废后，真令人感慨万千。同样是永寿宫的主人，同样是名门之后、皇帝之妻，两人的命运却有天壤之别。这再一次让我们感受到后宫的残酷，即使是地位崇高的皇后，命运也无法掌握在自己手里，幸运者可以一辈子享尽尊荣、受尽富贵，不幸者则会不明不白地被抛弃、被羞辱，身败名裂。如果她是老百姓家的媳妇，还可以回娘家度过余生，甚至还可以再嫁。可被废的皇后不行，根据朝廷制度，废后不允许出宫，她只能从此背负着各种罪名，屈辱孤独地老死在宫中。这是历史与时代，制度与人性的悲剧。

当我们来到永寿宫，在羡慕孝圣宪太后幸福人生的同时，也难免对顺治帝废后静妃那悲惨的命运，发出一声长长的叹息……

翊坤宫：
惊天大案与悲情皇后

一

在储秀宫和永寿宫之间，有一座翊坤宫。四百八十年前，这里发生过一场震动朝野的惊天大案。

明朝嘉靖二十一年（1542年）十月二十一日夜晚，迷信道教、渴望长生不老的明世宗嘉靖皇帝，在服用了道士陶仲文炼制的"长寿丹药"之后，来到了翊坤宫，准备今晚在这里就寝。翊坤宫里侍寝的是曹端妃。在嘉靖帝的妃嫔中，端妃是比较受宠的一位，但嘉靖皇帝性情古怪、脾气暴躁、喜怒无常，所以端妃也经常遭受他的虐待，在翊坤宫伺候端妃的宫女们也经常受到牵连，屡屡被嘉靖帝责罚。

更让这些宫女受不了的是，嘉靖帝长年服用丹药，造成他时不时就兽性大发，看见宫女就糟蹋，对她们进行各种折磨摧残。这些宫女们大都正值青春年华，面对皇帝一次又一次的暴行，她们忍无可忍，终于决定奋起抗争。

这天深夜，她们在一位叫杨金英的宫女的带领下，悄悄来到了嘉靖帝的睡房门前。夜，万籁俱寂，静得让人发怵，只听到房中传出嘉靖帝的鼾声。确定皇帝已经睡熟，杨金英向大家眼神示意，意思是可以下手了。于是，宫女们拿出事先准备好的绳套，跟着杨金英，蹑手蹑脚地走进了房间，走到了皇帝床前。大家屏住呼吸，看着熟睡的嘉靖帝，眼睛里都放射出仇恨的光芒。

杨金英一个手势，所有宫女都扑了上去，用力摁住了皇帝。其中一个宫女拿出一块布团，猛地塞进了皇帝嘴里，另一个宫女拿出一张黄绫抹布，使劲蒙在皇帝脸上，宫女姚叔皋、关梅秀则把绳套套在了嘉靖帝脖子上，两人分别拽住一头，用力一拉，打算把他勒死。此时，嘉靖帝已经惊醒，可宫女们有的摁脑袋，有的摁胳膊，有的拽住大腿，有的压住脚丫，都使出了最大的力气。平时柔弱的宫女们，此刻都变成了"拼命三郎"，嘉靖皇帝无论怎么挣扎，都动弹不得。

可能是因为没有过勒死人的经验，宫女们拽了半天绳套，仍然没有将拼命挣扎的皇帝勒死。情急之下，她们便又在绳套上打了一个结。但就是这个结打坏了——两个死结套在一起，越拉结越紧，但就是勒不死皇帝。另外几个宫女急了，她们拔下自己的金钗、银簪，朝着皇帝身上一顿乱刺。折腾了半天，皇帝还是没死，而且眼看就要挣扎着坐起来。一个叫张金莲的宫女害怕了，认为皇帝他确实不是人，而是"真龙"，是"真命天子"，是弄不死的。于是，张金莲跑出翊坤宫，直奔皇后住的坤宁宫自首。这位皇后姓方，是嘉靖帝的第三位皇后。她听说一群宫女谋杀皇帝，大吃一惊，连忙带人赶往翊坤宫救驾。

杨金英等人见势不妙，只得抛下皇帝，四处奔逃，不过最后都被抓了起来。方皇后看着躺在床上满身血迹、半死不活的皇帝，吓出了一身冷汗。她喘着粗气，一面带人解开套在皇帝脖子上的绳索，一面派人召来御医。此时的嘉靖帝，虽然没被勒死，却也昏厥了过去。其实他的伤势并不太重，身上的血迹是被宫女们用金钗银簪扎出来的，并未伤及肌骨。

嘉靖帝过度受惊，气息奄奄。御医们害怕治不好皇帝会获罪，都不敢用药，唯独太医许绅冒死为皇帝下药。过了七八个小时，嘉靖帝开始有了知觉，他吐出了半盆淤血，又缓了半天，终于能开口说话了。许绅得到重赏，但不久便得了重病，临死前对家人说："我知道，自己如果治不好皇帝，必定招来杀身之祸。所以我惊悸过度，才得了大病，估计什么药都治不好了。"不久许绅就去世了，这位太医基本是被吓死的，可想而知，当时的情况是多么严重紧张。

方皇后命令太监张佐、高忠等审讯被捕宫女，最后决定，所有参与此事的宫女一概凌迟处死，家属均受惩处。翊坤宫的主人曹端妃和嘉靖帝的另一位妃嫔——宁嫔王氏也都被牵连进去，一并处死。这显然是方皇后的主意，她早就对曹端妃受宠怀有深深的嫉恨，正好利用此事发生在端妃住所的机会，对她横加罪名，将其置于死地。

于是，杨金英等十六名宫女被绑赴刑场，千刀万剐。宁嫔和端妃的身份是妃嫔，自然不便在街头行刑，就在紫禁城内秘密处死。

嘉靖帝清醒后，根本不相信端妃会对自己下毒手，但也很无奈。由于端妃冤死，嘉靖帝经常感到宫中闹鬼，从此更加狂热地迷信道教，天天在后宫炼丹做法，渴望驱逐厉鬼，自己万寿无疆，整个朝廷因此而更加乌烟瘴气、腐朽荒唐。由于这个事件发生的嘉靖二十一年，是农历壬寅年，地点是在后宫，所以历史学家称之为"壬寅宫变"。

这是一个血腥的冬天，一群为改变自己悲惨命运而抗争的姑娘，在抗暴失败之后，遭遇到最残酷的凌迟折磨，在惨绝人寰的痛苦中死去。我总是在想，一群手无缚鸡之力的柔弱女子，要被折磨逼迫到什么程度，才会冒着巨大危险做出此等惊天大案。后宫的阴森与残酷，君主专制的反人性，通过这件事又一次得到了印证。想想，都让人不寒而栗。

杨金英和她的姐妹们发动"壬寅宫变"，是一次地地道道的抗暴行为。宫女们所要谋杀的，是一个荒淫无道、残暴无度的独裁君主，他已经肆意虐杀了二百多个无辜的宫女，杨金英她们只是发起了一场自救，避免自己成为下一个受害者。纵然失败了，也至少能让那个黑暗的世界知道，她们不是任凭命运摆布的懦夫，不是皇帝的玩物。虽然生命柔弱、地位卑微，可她们也是有尊严有人格的人，哪怕有一丝希望，她们也绝不会任人宰割，她们也要抗争。这群宫女们，用自己年轻的生命，对于黑暗残暴的专制压迫，发出了一声响彻云霄的呐喊！

二

翊坤宫是一座悲情的宫殿，与这座宫殿相关的悲情女人不止曹端妃和这群宫女。"壬寅宫变"之后两百多年，这座宫殿里，又住进了一个悲情女子。她就是乾隆皇帝的第二位皇后——乌喇纳拉氏。

乾隆帝一生有过两位皇后，第一位皇后出自八旗满洲名门望族——富察氏。这位富察皇后家中世代担任高官，地位显赫，她是乾隆帝的结发妻子，和乾隆帝感情非常深厚，他俩是中国古代帝后恩爱的典范。

乾隆十三年（1748年）三月，富察皇后病逝，乾隆帝悲痛欲绝。他虽然思念富察皇后，但后宫不能没有主人，因此四个月后，乾隆帝按照清代制度，将居住在翊坤宫的娴贵妃乌喇纳拉氏确定为自己的第二任皇后。

乌喇纳拉氏也是清代满洲大姓，清太祖努尔哈赤的第四位大妃，阿济格、多尔衮和多铎的母亲就出自这个姓氏。乌喇纳拉氏虽然被乾隆帝确定为皇后，但按照清朝制度，前任皇后去世后的二十七个月都属于"大丧"期，还不能册立新皇后。于是乾隆帝先将乌喇纳拉氏由贵妃晋封为皇贵妃，并颁诏天下，又在太和殿举行了庆典，接受百官朝贺。这其实是册封皇后时才会举办的礼仪活动，因此相当于已经对天下宣布了乌喇纳拉氏的皇后地位。

乌喇纳拉氏出身八旗中的镶蓝旗，属于"下五旗"之一，因为此前所有清朝皇后都出身"上三旗"（即镶黄、正黄、正白三旗），为此，乾隆帝又将乌喇纳拉氏家族由镶蓝旗"抬旗"升入正黄旗。乾隆帝的这些做法都表明，他对乌喇纳拉氏有一定的感情，希望她能像富察皇后一样，成为自己的贤内助、合格的后宫之主。

乾隆十五年（1750年）六月，富察皇后"大丧"期满，七月初十日，乾隆帝正式下诏册立皇贵妃乌喇纳拉氏为皇后。从此以后，乌喇纳拉氏成了名副其实的后宫之主。她是否会像她的前任富察皇后一样，一生得到乾隆皇帝的宠爱，一直享受皇后的尊荣地位呢？很不幸，答案是否定的。

起初，乌喇纳拉皇后确实得到了乾隆帝的宠爱。乾隆帝赏赐给她很多名贵珠宝，每次出巡总把她带在身边，两人还生下了两位皇子一位公主。可是，这样的日子在乾隆三十年（1765年）春天彻底结束了，皇后的命运发生了巨变。

这年春天，乾隆皇帝第四次南巡，照例带上了乌喇纳拉皇后。最初，一切都很正常，皇后每天陪皇帝游玩、视察、用膳，其乐融融。南巡抵达杭州后，情况发生突变。二月十八日早上，乾隆帝赐给了皇后很多美食，可到了晚上，皇帝没有再赐给皇后任何食物，只把晚膳赐给了令贵妃等几位随行妃子。接下来的行程，皇后再也没有出现过。她去哪儿了？原来是被乾隆帝提前遣送回京了。

回到北京后，乌喇纳拉皇后被剥夺了后宫之主的权利，名义上她还是皇后，可乾隆帝却把管理后宫的重任转交给了令贵妃。乌喇纳拉氏被册封为皇贵妃、皇后时的各种信物也全部被收缴。最狠的是，伺候乌喇纳拉氏的宫女数量也被大量削减。按照清朝制度，皇后身边有十二位宫女，地位最低的妃嫔——答应，身边有两名宫女，乌喇纳拉皇后身边的十二名宫女被削减了十名，只留下两人。这意味着，乌喇纳拉氏的皇后之位已名存实亡，她的待遇已经降至了最低级别的答应。

母仪天下、人人敬仰的皇后，转眼之间就被打入了冷宫。乌喇纳拉氏精神上受到巨大打击，终日以泪洗面，痛苦不堪，不久便身患重病，短短一年后就去世了，年仅四十九岁。在乌喇纳拉皇后患病期间和去世后，乾隆皇帝的表现可以概括为四个字——冷酷无情。他对皇后的病情不闻不问，在皇后病重时还满心欢喜地去承德避暑山庄游玩狩猎。皇后去世的消息传来，他完全没有悲伤感，丝毫不想回北京去看一眼和自己朝夕相处了十多年的妻子，只是派乌喇纳拉皇后生的皇十二子永璂回京料理丧事。

最令人诧异的是，乌喇纳拉氏虽然被冷落被惩罚，毕竟到死身份还是皇后，但乾隆皇帝居然下令，只能按照低级别妃嫔的标准办理丧事。她下葬时连自己的墓穴都没有，只是把棺材放进另外一位皇贵妃的墓中，甚至连谥号都没有。当时有两位大臣觉得乾隆帝的做法太过分，上书为皇后鸣冤，居然引起乾隆帝龙颜震怒，将他们一人发配新疆，一人处死。

三

乌喇纳拉氏究竟做了什么大逆不道之事，让乾隆皇帝如此愤恨？根据史料记载，直接原因是她在跟随乾隆帝第四次南巡期间，未经许可，擅自剪掉了自己的头发。按照清朝制度，后妃未经皇帝许可擅自剪发是大罪过，要受严惩。问题是，乌喇纳拉氏如果真的擅自剪发，又是什么原因呢？这是一个历史之谜，到现在也没有定论。

无论是什么原因，乌喇纳拉氏进宫三十多年，成为皇后也已有十五年之久，一直没有什么严重过失。只是因为惹怒了皇帝，就遭受到如此残酷的惩罚。乾隆帝对富察皇后情深义重，可对乌喇纳拉皇后却丝毫不念夫妻之情，只是因为对方违背了自己的意愿，就恨不能置其于死地。伴君如伴虎，无情最是帝王家，残酷的历史再一次让我们感到心痛。

在君主专制制度下，地位崇高的皇后，也无法掌握自己的命运，也只能任人摧残。古代后宫，真的像《红楼梦》里贾元春说的那样，是一个见不得人的去处……

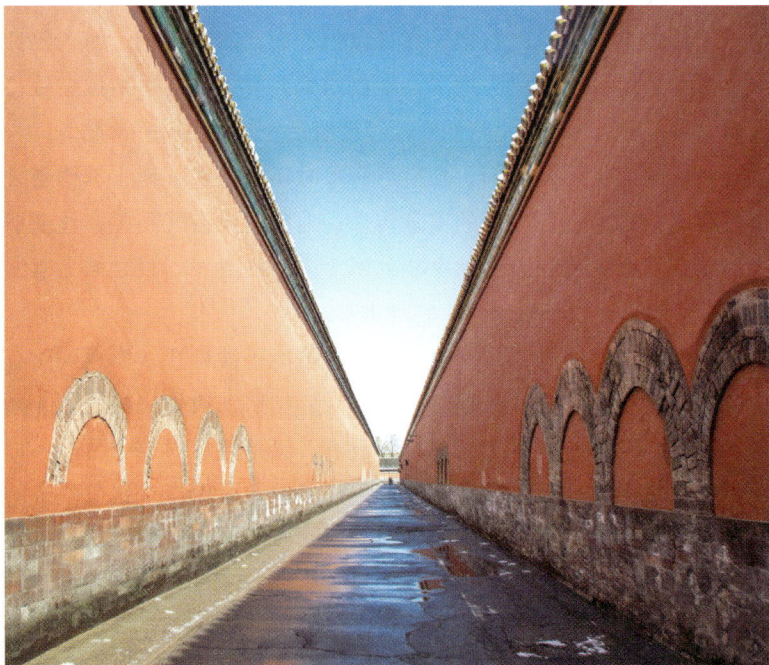

宫墙上的砖券

咸福宫：

"孝道之宫"和"艺术之宫"

一

清嘉庆四年（1799年）春节刚过，位于西六宫东北角的咸福宫里，却弥漫着悲伤的气氛。

宫内那雕琢精美的床榻都不见了，各种珍宝摆饰也都被搬了出去。到处挂着白布素纱，地面上铺着一层厚厚的白色毡垫，毡垫上是灯草褥子。一片肃杀之中，一位体形微胖、面庞圆润的中年男人，静静地跪坐在白毡之上，眼中含着泪水，脸色憔悴，口中念念有词，不时向摆在房间中央的桌案叩首。桌案上立着檀木制作的牌位，牌位上写着长长的文字："大清法天隆运至诚先觉体元立极敷文奋武钦明孝慈神圣纯皇帝之位"。

显然，这里是一处灵堂，能在西六宫里设置灵堂，说明逝者一定是帝王后妃。檀木灵牌上的长长的文字，是他的谥号。这么长的谥号，我们一般以最后一个字作为简称。所以，逝者是"纯皇帝"，也就是我们熟悉的清高宗乾隆皇帝爱新觉罗·弘历。他此时已经当了三年多的太上皇，而跪在旁边的白毡垫上为他守孝的，才是当时的皇帝——清仁宗嘉庆皇帝爱新觉罗·颙琰。

颙琰是乾隆帝的皇十五子，在乾隆的十七个儿子里年龄很小，能力也不突出，他能继承皇位是非常幸运的。乾隆帝是中国历史上最长寿的皇帝，活了八十九岁高龄。他和他的后妃们一共生育了十七个皇子，大部分都没能活过老爹。有五位皇子在婴幼年就夭折了，剩下的十二位中，在乾隆帝六十三岁秘密立储时还活着的也只有六位了，其中有两位过继给了乾隆皇帝的叔叔，自然不可能继位了。剩下的就只有皇八子永璇、皇十一子永瑆、皇十五子颙琰和皇十七子永璘四人，皇八子永璇一直沉湎酒色，而且腿脚还有毛病，乾隆帝不可能立他为太子；皇十七子永璘还是个七八岁的孩子，也不能立为太子；这样就只剩下了永瑆和颙琰。永瑆在书画方面很有才华，是清代最有成就的宗室书法家之一。其性格风流倜傥，颇有艺术家的风范，乾隆帝认为这种性格不适合治国——历史上有名的艺术家皇帝陈后主陈叔宝、南唐后主李煜、宋徽宗赵佶等都是亡国之君。因此，他最终选择了颙琰作为继承人。

说到这儿，大家可能又有疑问了。乾隆的儿子中为什么只有颙琰名字的第一个字是"颙"，其他人名字的第一个字却都是"永"呢？这又是因为咱们多次提过的避讳制度。原本乾隆帝所有儿子名字的第一个字都是"永"，颙琰的原名叫"永琰"。后来他当了皇帝，他名字里的每个字别人都不能用在自己的名字里了。但如果让别人都改名，就需要修改大量皇家档案资料，太麻烦了，所以永琰就将自己的名字改为了"颙琰"。这样别人不用改名，也不会因为和他的名字同字而犯忌讳。

颙琰这个人之所以被乾隆皇帝认可，主要原因就是听话。前面说过，他没有突出的能力，但也没有什么突出的缺点，基本属于那种四平八稳的人，最大的优点就是听老爹的话。父亲怎么说，他就怎么做。乾隆六十年（1795 年），乾隆帝把皇位禅让给了颙琰，自己当了三年多的太上皇。在这三年多的时间里，虽然颙琰是皇帝，但仍然对父亲毕恭毕敬、言听计从。任何国家大事他都不自己做主，都要请示太上皇，按太上皇的意思办。这样乾隆帝就对他更满意了，去世前把江山社稷放心地交给了他。

但事实证明，颙琰并不像他父亲想象的那么乖。乾隆帝一死，他立即逮捕了最受乾隆帝宠信的大臣和珅，并在短短几天后就将其处死。然后将乾隆朝的很多老臣、高官驱逐出朝廷，换上了一大批自己的亲信官员。嘉庆帝还对乾隆朝政治做了多方面的改革，并没有事事按父亲的路线走。由此可见，嘉庆帝在父亲当太上皇期间，其实一直在韬光养晦，事事小心谨慎，表面处处恭顺，但他内心一直有自己的想法。

嘉庆帝在咸福宫为父亲守孝那些日子，心情应该是很复杂的。

一方面，父亲生养了自己，把自己立为太子、扶上皇位，因此他对父亲不可能没有感情，父亲的去世让他确实感到深深的悲伤。另一方面，因为有父亲这位太上皇在，自己身为皇帝却只能规规矩矩听父亲的话，一切想法都受到压制，不能施展抱负，按自己的想法治理天下，因此又会感到深深的压抑。如今父亲去世了，自己不再是儿皇帝，终于能够乾纲独断、独掌乾坤了，所以他的心中，在悲伤的同时，恐怕还有一份轻松畅快。

嘉庆帝在咸福宫为父亲守孝长达九个月，直到十月才搬回养心殿。新皇帝如此用心地为老皇帝守孝，也是要给文武百官和天下百姓做出榜样：大清朝确实是以孝治天下。

半个世纪以后，咸福宫又一次成为皇帝的灵堂，这一次被供奉的是清宣宗道光皇帝，为他守孝的是他的皇四子爱新觉罗·奕詝，即清文宗咸丰皇帝。咸丰帝不仅在这里为父皇守孝数月，而且守孝期满后仍经常在这里居住。咸福宫在清代中后期，因多次用作皇帝为先皇守孝的灵堂（古代称为"苫次"），成为故宫中最能体现"以孝治天下"的宫殿。

二

咸福宫除了是故宫中的"孝道之宫"，还是故宫中的"艺术之宫"。宫中珍藏了许多经典艺术品，尤其是古琴和古画。

中国人自古以来视琴、棋、书、画为四大雅兴。抚琴绘画不仅是兴趣爱好，更是陶冶身心、提高道德的重要方式。古琴又称瑶琴、玉琴、七弦琴，是最具中国文化特色的传统乐器，有三千年以上历史。古琴的发明者已经无从考证了，根据古籍记载，有伏羲造琴、神农造琴、黄帝造琴、唐尧造琴等传说。后来，舜将琴弦数量定为五弦。周文王姬昌的儿子伯邑考是忠臣孝子、抚琴高手，不幸被纣王杀害，文王思念儿子，在琴上增加了一根弦，称为"文弦"。周武王姬发伐纣灭商，为了纪念胜利，又增加了一根弦，称为"武弦"，这样就确定了古琴的七弦之数。

这些传说虽然无法一一确切考证，但它们传达出一个重要信息：

发明和改进古琴的人，要么是部落首领，要么是古代贤王。这些人的职责是治理天下、抚育万民，他们为什么都对古琴这么感兴趣呢？原因就是，古琴也是他们治理天下的重要工具。他们用古琴演奏出传唱四方的歌谣，歌谣的内容要么是祈求上天赐福给百姓，要么是表达自己对百姓的挂念，要么是教导百姓诚实勤劳、和睦相处。相传上古贤王舜，就曾经创作了一首名叫《南风》的古琴曲，表达他对百姓快乐富足生活的期盼。曲中唱道：

> 南风之薰兮，可以解吾民之愠兮；南风之时兮，可以阜吾民之财兮。

古琴音域宽广，音色深沉，余音悠远。就像中华文明一样，博大厚重，源远流长。2003 年 11 月 7 日，联合国教科文组织世界遗产委员会宣布，中国古琴入选"世界非物质文化遗产"，成为全人类的共同财富，这是中华民族对人类音乐艺术做出的巨大贡献。

咸福宫内东侧间名叫"琴德簃"，就是收藏各种古琴的地方。"簃"的意思就是小屋，"琴德"寓意古琴象征着君子道德，是高尚情操的体现。宋代的鸣凤琴、明代的洞天仙籁琴等历代古琴在这里汇集。康熙帝、乾隆帝都喜欢来这里听琴，乾隆帝有时候还会亲手抚奏一曲，以此效仿先贤，展示情怀。

咸福宫内西侧间名叫"画禅室"，收藏着历代名画。唐代王维的《雪溪图》、宋代米元晖的《潇湘图》等作品都收藏于此。它们以优雅的韵味和深邃的意境，传达出中国画独特的审美意识和文化内涵。乾隆帝经常到这里翻阅画卷、欣赏佳作，有时候还会在古画上题字作诗、表达观感。有人说他附庸风雅，其实并不太懂艺术。我倒觉得，作为一位皇帝，附庸一下风雅，表达一下自己对中国文化的热爱，也未尝不可。真要成了专业艺术家，恐怕对国家不是什么好事。前面提到的陈后主、李后主、宋徽宗，都是专业水准的大艺术家，却也都是无能帝王、亡国之君。艺术家追求浪漫理想，政治家则必须务实严谨，二者很难统一于一人，历史上能把两方面都做到很好的人极少，曹操算一个个例。

雪后初晴琉璃瓦

三

　　咸福宫还是慈禧入宫当懿贵人时期居住过的宫殿，在这里居住过的还有明朝万历皇帝的敬妃李氏、清朝康熙皇帝的宣妃博尔济吉特氏、道光皇帝的庄顺皇贵妃乌雅氏等。

　　如今，每当走进咸福宫，似乎还会看到嘉庆帝、咸丰帝为父守孝的画面，还会听到深沉厚重、古朴悠扬的琴声，还会嗅到缕缕水墨丹青的气息。这座"孝道之宫""艺术之宫"，以其精神气质和艺术内涵，成为紫禁城后宫里独具魅力的文化殿堂。

长春宫：

永恒恋歌——乾隆皇帝与富察皇后

一

清乾隆十四年（1749 年）大年三十，又是一个除夕佳节。

紫禁城里到处张灯结彩、喜气洋洋，这是一个不同寻常的春节。不久前，乾隆帝刚刚平定了大小金川之乱，巩固了西南边陲的安定，"十全武功"由此拉开序幕。接下来的一年又正逢乾隆帝四十大寿，自然要普天同庆。所以，这个春节，无论是官员还是百姓，都视之为开启吉祥太平之年的好日子，大家自然会满怀喜悦地庆祝。

然而，就是这个除夕之夜，在咸福宫南边的长春宫里，一个中年男人却显得郁郁寡欢，与节庆氛围格格不入。他没有参加宫中的任何庆祝活动，独自一人来到了长春宫，在这里待了一整夜。他身边没有一个人陪伴，形单影只，显得很是孤独。他脸上流露着悲伤，眼中饱含着泪水，显得那么忧郁。他将长春宫里所有的家具、摆饰、生活用品默默观看了一遍，一边看，一边念叨着什么，好像在对谁轻声诉说。最后，他坐在宫中的床榻上，几乎彻夜未眠。

外面的声声爆竹、阵阵焰火、欢歌笑语，和屋内的孤寂静默形成了鲜明的对比。这个中年男人是谁？他为什么要在这样的喜庆日子独守这座宫殿？他在找寻什么？他在思念什么？

他就是清高宗乾隆皇帝爱新觉罗·弘历。他在除夕之夜来到长春宫，是想来陪伴自己最挚爱、最思念的人过节，是想来找寻她的气息、她的背影。这个人就是乾隆帝的结发妻子、正宫皇后——孝贤纯皇后富察氏。

二

长春宫是东西六宫中一座引人注目的宫殿，之所以引人注目，就是因为这里住过富察皇后。她是清朝乃至中国历史上有名的贤后。

富察皇后的家族属于镶黄旗满洲的沙济富察氏，这是清代三百年间地位最显赫、身份最尊贵的家族之一。富察家族名臣名将辈出，对于清朝入主中原、定鼎江山、开疆拓土、治理天下都做出了不可磨灭的贡献，因此而成为爱新觉罗皇族最为信赖和认可的臂膀和至亲，获得了其他家族难以企及的旷世尊荣。

富察皇后的曾祖父叫富察·哈什屯，在清太宗皇太极时期，因为屡立军功，被封为一等男爵，官居内大臣、内务府总管、太子太保。富察皇后的祖父富察·米思翰是哈什屯的长子。他承袭了父亲的爵位，在康熙年间任议政大臣，当过七年的户部尚书，掌管国家的财政大权，深受康熙帝的器重，去世后被追赠为"一等承恩公"，这是清代异姓贵族中的最高爵位。富察皇后的父亲富察·李荣保是米思翰的四儿子，官至察哈尔总管。三个伯父也都是官高位重的国家栋梁。大伯父富察·马思哈，任内大臣、都统，是八旗最高长官；二伯父富察·马齐，封二等伯，任大学士，相当于宰相；三伯父富察·马武任都统、领侍卫内大臣，直接负责皇帝的安全。

到富察皇后这一辈，她的兄弟们更是乾隆时期无与伦比的股肱之臣。尤其是她的弟弟傅恒，可以说是乾隆朝屈指可数的顶尖级名将。他二十四岁就进入了国家行政中枢——军机处任职，二十六岁任户部尚书，相当于现在的财政部部长；二十七岁拜保和殿大学士、领班军机大臣，身份相当于宰相。并被授予"一等忠勇公"爵，死后还被追授为"郡王"。乾隆帝给傅恒这种"超级"待遇，并不只是因为他是富察皇后的弟弟。傅恒一生南征北战，确实为大清王朝立下了赫赫功勋，后来他的儿子福康安也因功被封为郡王。乾隆帝在中南海紫光阁悬挂了一百位功臣画像，傅恒排在第一位。

富察皇后就诞生于这样一个豪门望族。童年时代，她就是一位聪明可爱、知书识礼的小姑娘。雍正五年（1727 年），十六岁的富察氏被雍正帝一眼看中，许配给自己的皇四子弘历为嫡福晋，也就是正妻。婚后，这对小夫妻相敬如宾，感情真挚，十分恩爱。八年后，弘历继位为乾隆皇帝，自然就立富察氏为正宫皇后。事实证明，富察皇后确实是一位可以母仪天下的优秀女性，我们可以用四个词形容她的品行：俭朴、勤劳、贤惠、孝顺。

虽然身为天底下最尊贵的女人，但富察皇后毕生朴素节俭。她经常将自然界的花草精心加工，做成项链、耳坠、头饰、手环等各种饰品，反而较少使用金银、宝石、珍珠、玛瑙、翡翠、珊瑚等名贵饰物。她为减少宫中支出，多次亲自为丈夫乾隆帝缝制衣物，乾隆帝赏赐给她各种美食珍宝，她总是毫不吝啬地与后宫妃嫔们共享。她在吃穿用度的各个方面都尽力节俭，甚至比很多普通妃嫔的标准还要低。富察皇后崇尚节俭，在后宫起到了良好的带头作用，乾隆朝虽然处于大清王朝最为富有的阶段，但后宫整体上保持着俭朴的风气。

富察皇后的勤劳也让乾隆帝颇为感动。"朕躬揽万几，勤劳宵旰，宫闱内政，全资孝贤皇后综理。皇后上侍圣母皇太后，承欢朝夕，纯孝性成。而治事精详，轻重得体，自妃嫔以至宫人，无不奉法感恩，心悦诚服。十余年来，朕之得以专心国事，有余暇以从容册府者，皇后之助也。"乾隆帝的这段话，言简意赅地表达了对皇后勤于后宫事务、成为自己贤内助的感激之情。乾隆帝性格自负甚至自恋，一生极少赞许他人，可对于富察皇后，却表达了由衷的感激，不由得让我们联想到那句家喻户晓的歌词："军功章啊，有我的一半，也有你的一半。"

富察皇后是典型的贤妻，关于她贤惠的故事很多。

有一年秋天，乾隆帝带着富察皇后去打猎，无意中说起了当年满族先祖艰苦创业时，袖子的边都是用鹿尾绒毛搓成线缝制的。现在风气日益奢侈，装饰衣物都用名贵丝线，令人担忧。这不过是一次随口闲聊，可富察皇后却记在了心里，回宫后就派人找来鹿尾绒毛，她亲自用这些绒毛做了一个荷包，送给乾隆帝。乾隆帝非常感动，终生佩戴在身。

至于富察皇后的孝顺，就不用多讲了。在前面那段乾隆帝评价她的话里，就专门谈到她对于太后，也就是富察皇后的婆婆，是多么地孝顺敬重。这位太后就是前文中讲述过的孝圣宪皇后，那位可以说是中国历史上最有福气的太后。而这福气，很大程度上就是来自儿媳的至敬至孝、侍奉照料。

<h1 style="text-align:center">三</h1>

孝贤纯皇后像

这样恩爱的夫妻，理应白头偕老，然而，造化弄人，天妒红颜，谁能想到，集万千宠爱于一身的富察皇后，生命却只有短暂的三十七年。

富察皇后的早逝，很大程度上是因为她的孩子接连夭折，给她造成了极大的心灵创伤。她生育过四个孩子，却只有一个女儿长大成人。每次遭逢孩子夭折，富察皇后虽然肝肠寸断、无比悲伤，可为了避免丈夫过度伤心，她要装作平静淡定，并反过来安慰丈夫。小儿子永琮夭折后的第二年，乾隆帝携太后南巡，富察皇后刚刚经历了丧子之痛，乾隆帝本想让她好好歇息，不打算带她同行。可富察皇后从来以丈夫和婆婆为重，还是强忍悲痛毅然同行了。一路上，她强撑着虚弱的身体，悉心照顾太后。回京的龙舟行进到山东德州时，富察皇后因风寒感冒一病不起，匆匆离开了人世，和自己的孩子们相聚去了。

乾隆皇帝五内俱焚、悲痛欲绝，甚至变得丧失理性、近乎疯狂。

他命令户部拨银三十万两为皇后大办丧事，命令天下所有臣民一律为皇后服丧戴孝，违者严惩。这些都是严重违背清朝礼法制度的行为。回到北京时，他命令将皇后乘坐的龙舟运进紫禁城，理由是龙舟上带着皇后的气息。龙舟体型巨大，根本不可能运进故宫，乾隆皇帝为此不惜拆毁城门。

皇子们到北京城外跪迎皇后灵枢，皇长子永璜和皇三子永璋因为表现得不够悲痛，引起乾隆帝大怒，狠狠训斥他们为"无德之人"，并且当场宣布取消他们继承皇位的资格。参与皇后葬礼工作的大臣中，有十多人被乾隆帝认为不够尽心尽力，居然遭到处死或贬官的惩处。

皇后是在山东得病去世的，乾隆帝从此毕生不再去济南、德州。皇后生前居住的长春宫，任何别的妃嫔都不得居住，所有布局陈设都保持皇后生前原貌，一保存就是二十多年。每到重要节日或皇后生日、祭日，乾隆帝都会来长春宫陪伴皇后，经常一待就是一天，仿佛皇后还住在这里。

……

不用再多列举了，以上事实已经足以证明，乾隆帝对富察皇后爱得有多深沉、恋得有多投入。

甚至，乾隆帝因为富察皇后去世，性情也发生了巨大变化。如果富察皇后一直活着，还能经常在乾隆帝身边规劝他、提醒他，乾隆朝中后期的局势是否会好一些？历史不能假设。我们也无法断定。但富察皇后的死，确实让乾隆皇帝的思维方式和行事风格发生了极大变化，而这种变化对于乾隆帝治国理政的负面影响，毫无疑问是存在的。

乾隆帝八十岁时，再次步履蹒跚地来到富察皇后墓前，酹酒祭奠已经离世四十二年的爱妻。一声呼唤，一阵悲风，老泪纵横的乾隆帝，再次写下深情诗句：

> 三秋别忽尔，一晌奠酸然。 追忆居中闱，深宜称孝贤。
> 平生难尽述，百岁妄希延。 夏日冬之夜，远期只廿年。

翻译成现代汉语，意思是：

> 虽然你离去多年，我祭奠你时还是满腹酸楚。
> 经常回忆起你位居中宫，始终那样孝顺良善。
> 我这半生的经历无法向你一一倾诉，我也不想活到百岁之年。

我只期待某个夏日或冬夜，与你在另一个世界里相聚，那一天为期不远……

三年后，乾隆帝病逝，与富察皇后合葬于清东陵中的裕陵，两人终于千古相随了。

虽说无情最是帝王家，可这两俩却用这穿越时空的爱恋，为刀光剑影、波诡云谲的中国古代宫廷，增加了一抹温情的色彩，谱写了一曲优美的旋律。

秋韵

太极殿：
持续三年之久的"亲爹名分之争"

一

在长春宫品读完乾隆皇帝和富察皇后的爱情故事，西六宫中就剩下太极殿没有讲述了。

太极殿位于西六宫西南角。建成于明朝永乐十八年（1420年），初名"未央宫"，明嘉靖十四年（1535年）更名为"启祥宫"，清朝后期改称"太极殿"，是紫禁城后宫里一座改名次数比较多的宫殿。之所以在嘉靖年间改名为"启祥宫"，是因为嘉靖皇帝的父亲是在这儿出生的，因此嘉靖皇帝认为这座宫殿对自己而言是"开启吉祥"之宫，故曰"启祥宫"。

嘉靖皇帝的皇位不是继承于父亲，而是继承于哥哥，准确地说

西六宫之太极殿

是堂哥，也就是他伯父的儿子。后来为了父亲的名分，嘉靖帝弄出了一个持续长达三年之久的"大礼议事件"，这个事件在历史上有一定影响，值得我们了解和思考。

二

嘉靖帝即明世宗，名叫朱厚熜。在前面讲"壬寅宫变"时我们提及过这个人，这是一位在历史上颇具知名度的皇帝，他的思维方式、行事风格、治国理念都非常特别。史学界对他的评价整体上非常负面，认为他迷信道教、不理朝政、秽乱后宫、奢侈腐败，总之是一位作恶多端的昏庸残暴之君，甚至认为他的统治是明朝走向衰落的重要原因。从前面"壬寅宫变"的故事里，我们也可以了解到不少这方面的情况。

其实，嘉靖帝在位早期还是有一定作为的。他也曾做过一些有利于国计民生的事情，比如严格考察官员、淘汰平庸之辈、减轻百姓赋役、整顿朝廷风气，一度被人们视为有革新进取之心的帝王。但他的性格因素，决定了他不可能真正理性宽容地对待臣民。那么，他究竟有什么样的个性特点呢？咱们从与他父亲相关的"大礼议事

件"中就可以大致了解。

嘉靖帝之前的皇帝是明武宗正德皇帝，名叫朱厚照。朱厚照和嘉靖帝朱厚熜是堂兄弟关系。朱厚照的父亲是明孝宗朱祐樘，朱厚熜的父亲是兴王朱祐杬，朱祐樘和朱祐杬都是明宪宗朱见深的儿子，朱祐樘是老三，朱祐杬是老四，两人同父异母。朱见深死后朱祐樘继位，朱祐樘死后朱厚照继位，朱厚照死后谁继位呢？因为他没有儿子，朝臣经过商议，决定让朱厚照的堂弟朱厚熜继位。

朱厚熜当时并不在北京，而是在湖北安陆（今湖北省钟祥市）的兴王府。他的父亲朱祐杬出生在紫禁城启祥宫，十二岁时被封为"兴王"，封地就在湖北安陆。朱祐杬十九岁那年，按照明朝制度，到自己的封地安陆正式就任藩王。十三年后的 1507 年，他的次子朱厚熜就出生在这里。

又过了十四年，明武宗朱厚照驾崩，朱厚熜被朝廷议定为新皇帝，从湖北安陆前往北京继位。正德十六年（1521 年）四月初一，朱厚熜拜别父亲陵墓，次日辞别母亲，启程赴京。二十一天后，朱厚熜抵达北京郊外，从大明门入紫禁城，随即在奉天殿即位，成为历史上的明世宗嘉靖皇帝。

继位几天后，嘉靖帝下了一道旨意，让群臣议定自己亲生父亲的称号。就是这道旨意，拉开了"大礼议事件"的序幕。

三

当时的内阁首辅（相当于宰相）杨廷和、礼部尚书毛澄等人认为，嘉靖帝是因为明武宗无子、按照"兄终弟及"的传统规则继承皇位的，其身份就应该算成是明武宗的亲弟弟，也就是先皇明孝宗朱祐樘的亲儿子。换句话说，嘉靖帝和明武宗一样，都是明孝宗的继承人，嘉靖帝继位，就相当于过继给了明孝宗当儿子。因此嘉靖帝就应该尊奉正统，从此以后以明孝宗为"皇考"（父亲），而他真正的亲生父母，则只能以"皇叔父""皇叔母"称呼。五月初七，礼部尚书毛澄和文武群臣六十余人将这个决议上奏给皇帝，并要求大臣们不得对此有任何异议，谁要敢持异议，格杀勿论。

前面说到过，嘉靖帝是一位非常有个性的皇帝。对他而言，杨廷和等人的这个决议绝对是不能接受的。他只认自己的亲生父母为父母，坚决不同意把自己过继给明孝宗。因此，他决定称呼自己的亲生父亲朱佑杬为"皇考"，以自己的亲生母亲蒋氏为太后，明孝宗仍然只是他的皇伯父。这样一来，嘉靖帝和杨廷和、毛澄等人发生争执，并且互不相让。

起初，少年天子嘉靖帝还试图安抚杨廷和，并向毛澄赠送了数量不菲的黄金，希望让他们改变主意，但两人都是传统礼法的坚守者，丝毫不为所动。于是，双方就这样针锋相对地僵持了下去。

虽然杨廷和等威胁诸臣不许对他们的决定持异议，但仍然有大臣旗帜鲜明地支持了嘉靖帝。比如新科进士张璁，就在七月初三上疏支持嘉靖帝，建议他仍以生父为皇考，并在北京为生父立庙。这让嘉靖帝非常开心，原大学士杨一清支持张璁的建议，另一位非常有名望的官员王守仁也对张璁的建议表示认可。

嘉靖帝坚持己见，在这一年的十月，以迎接皇太后的礼仪迎接自己的生母蒋氏进京。遭到杨廷和等人反对后，嘉靖帝痛哭流涕，并以"辞职"相威胁。他声称，如果不允许以皇太后礼仪迎接母亲，那么自己就不当皇帝了，陪母亲返回湖北安陆。杨廷和无奈之下只得让步，嘉靖帝成功地以皇太后之礼迎接母亲入宫，算是在"大礼议"之争中取得了阶段性的胜利。

此后两年多，"大礼议事件"一直悬而未决，没有一个明确的结果。嘉靖帝表面上暂时依从了杨廷和等人，但暗地里却仍在为实现自己的愿望而忙碌着。

首先是因为反对杨廷和、支持嘉靖帝而被贬官的张璁和同僚桂萼，在嘉靖二年（1523年）又上疏重提旧事，建议嘉靖帝还是要以自己的亲生父亲为皇考，并为其立庙、册封。嘉靖帝下旨诏两人入京，封为翰林学士，专门负责礼仪事项。

次年正月，嘉靖帝召集群臣，再次讨论此事。杨廷和见嘉靖帝态度坚决，也以"辞职"相威胁，表示如果嘉靖帝非要坚持己见，自己就退休不干了。其实嘉靖帝巴不得他辞职，因为两年多过去，嘉靖帝的皇帝之位早已稳固，他也早就对杨廷和的霸道强横深恶痛

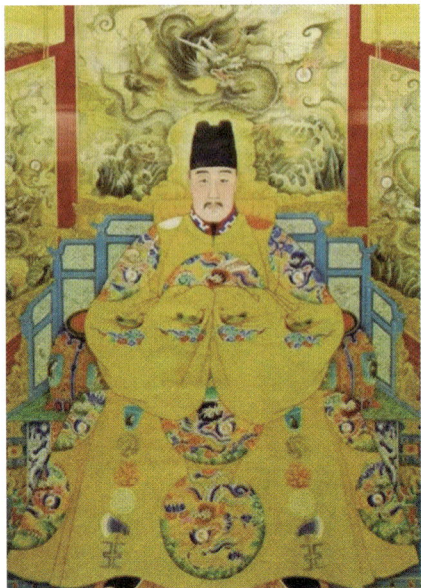

嘉靖帝朝服像

绝。于是，嘉靖帝就顺水推舟，同意杨廷和退休——你不干拉倒，朕早就不想用你了！

此后又经过了半年多的明争暗斗，到嘉靖三年（1524年）七月十二日，嘉靖帝感觉时机已经成熟，终于下了决心。他给礼部下旨，两天后为父母上册文，正式将父亲追尊为皇帝，将母亲册封为太后，并且要祭告天地、宗庙、社稷。

消息一出，那些支持杨廷和的大臣们全急了，他们决定举行声势浩大的抗议活动。两百余位朝廷大臣在左顺门集合，放声大哭，跪求嘉靖帝改变旨意。嘉靖帝在文华殿听到门外哭声震天，就知道这是群臣在"死谏"。他命令太监传谕大臣们都回家去，不许在这儿闹事。但群臣从清晨跪到中午仍然不起来，企图迫使嘉靖帝屈服。杨慎等人抱着宫门大哭，哭声震天。这下可把嘉靖帝惹怒了，下令逮捕为首者八人，全部关进监狱。可他这么做并没有吓退群臣，反而让他们更为激动，在左顺门前玩命地敲门大哭，嘉靖帝再下令将五品以下官员一百三十四人逮捕下狱，严刑拷问；将四品以上官员八十六人停职，等候审判。

七月十六日，嘉靖帝正式为母亲上尊号"章圣慈仁皇太后"。四天后，锦衣卫官员请示如何处理逮捕的大臣，嘉靖帝下令：四品以上官员停职，五品以下官员廷仗。咱们在介绍午门时，专门讲过廷仗是多么可怕的刑罚。这一百三十四名五品以下的官员就遭受了这种可怕的刑罚，当场被打死的共有十六人。这惨烈的情景终于让官员们胆战心惊，谁也不敢再和皇帝对着干了，持续三年的"大礼议事件"以嘉靖帝朱厚熜胜利告终。

此后，嘉靖帝为父亲上尊号"皇考恭穆献皇帝"，对母亲改称"圣母章圣皇太后",而对明孝宗称呼"皇伯考",明孝宗的张皇后被称为"皇伯母"。

"大礼议事件"体现的是明朝统治集团内部新旧势力的较量。

从"大礼议事件"可以清晰看到,明朝中后期,君主权力确实受到了一定的制约,群臣和皇帝对抗长达三年之久,并且敢于"死谏",嘉靖皇帝不得不多次退让。但并不能因此就说这个朝代在走向民主,嘉靖帝的退让,很大程度是因为他年少且初登皇位,力量还比较薄弱。一旦他地位稳固力量丰满了,就会对群臣痛下毒手,一声令下就让二百多位大臣受到严惩,甚至有十多人被廷杖致死,最终所有大臣只能屈服于皇帝。这说明皇帝的权力还是占有绝对优势的,群臣只能出于勇气和道义与皇帝抗争,这种抗争并没有法律或制度的保护,君叫臣死,臣仍然不得不死,君主专制制度并没有任何实质性改变。

重华宫：
乾隆帝的"新春茶话会"

一

在后宫西半部，还有一些宫殿，隐藏着不为人知的故事，蕴含着值得品读的传奇，比如重华宫。

重华宫位于西六宫正北，距离故宫北门神武门不远。它也是故宫最古老的建筑之一，在明成祖始建紫禁城时，重华宫就和中轴线、东西六宫的建筑一同拔地而起。但当时它的名字还不叫"重华宫"，而是叫"乾西五所"。"乾西五所"是西六宫以北五座院落的统称，与东六宫以北的"乾东五所"（就是现在的"北五所"）相对称。这五座院落由东向西分别称为头所、二所、三所、四所和五所，现在的重华宫当时是乾西五所中的二所。乾西五所都是专供皇子居住读书的地方。

乾隆帝爱新觉罗·弘历当皇子时，最初居住在东六宫以南的毓庆宫，雍正五年（1727年），弘历与富察氏结婚，婚后移居到乾西二所，也就是今天的重华宫。雍正十一年（1733年），弘历被封为"和硕宝亲王"，他的住地乾西二所被赐名"乐善堂"。两年后，弘历继位成为清高宗乾隆皇帝，搬进了养心殿。乐善堂被他视为给自己带来好运的吉祥之地，于是又赐予乐善堂一个更加美好的名字——重华宫。

了解中国历史的人都知道，"重华"其实是一个人名，这个人就是上古时期杰出的部落联盟首领——舜。舜姓姚名重华，自青少年时代就是一个德才兼备的好人，素有孝顺和智慧的美名，所以部落联盟首领尧年老之后，就将首领之位禅让给了舜。舜爱惜民众、以德治世，任用贤能，驱逐凶暴，开创了上古时代的太平盛世，成了贤君明主的代表。

乾隆帝继位之后，命大学士张廷玉、鄂尔泰给自己居住过的乐善堂拟一个富有吉祥内涵的新名字，二人决定用"重华宫"。意在希望乾隆帝成为舜那样的圣君，开创新的太平盛世。

<h2 style="text-align:center">二</h2>

乾隆帝对这个新名字很满意，把自己和上古贤君相提并论，自然很开心了。除此之外，乾隆帝喜欢这个名字还有一个重要原因，也和他心爱的富察皇后有关。乾隆帝和富察皇后的爱情故事，前文中已经讲述很多了。这份爱不仅记载在长春宫里，也镌刻在这重华宫中。

弘历和富察氏结婚后，就从毓庆宫搬到了这里，一直到他继位为君，他和富察氏在这里居住了八年之久。这八年是这对小两口最甜蜜、最温馨的八年，因为那时候弘历还没有当皇帝，还没有许多政务需要处理，也没有许多国事需要定夺。虽然他也协助父亲处理了一些朝廷事务，但毕竟还只是辅助。这八年，弘历主要的任务就是读书学习、练武强身，八年间，富察氏始终陪在他身边，和他一起成长。小两口从十五六岁的少年，成长到二十多岁的青年，这是人生中最美好的年华，青春勃发，激情洋溢。这是弘历的初恋时节，是他一生中感情最质朴、爱恋最真切的岁月，也是富察氏最美丽、最幸福的时光。小夫妻每天在一起读书学习、游玩享乐，如胶似漆形影不离，还孕育了爱情的结晶。虽然第一个女儿夭折了，但儿子永琏却正在健康成长。所以，乾隆帝一生对富察皇后深情厚爱，起点就在这重华宫，最美好的岁月和最深厚的积淀也都在这重华宫。

所以，乾隆帝特别喜欢"重华宫"这个名字。历史上，舜和自己的两个妃子娥皇、女英，也是最恩爱的"模范夫妻"。娥皇、女英是尧的两个女儿，尧看中了舜的贤德智慧，不仅把首领之位禅让给了他，还把自己的两个掌上明珠许配给了他。舜继承首领之位后，尽心竭力治理天下，娥皇、女英都是他的贤内助，对他的照料无微不至，而且协助他治理百姓、关爱民众。后来，舜南巡时走到今天的湖南洞庭湖一带，不幸染病去世。两位妻子悲痛欲绝，一路南下寻夫，在舜的陵墓前痛哭数日，眼泪洒在周围的竹林，竹子上留下斑斑点点的泪痕，成为"斑竹"。斑竹一支千滴泪，最终娥皇、女英泪尽而亡。

这是多么感天动地的爱情传说啊！乾隆帝觉得，用舜的名字来命名自己和心上人富察氏住过的宫殿，不仅寓意着自己将成为舜那样的贤君，还寓意着自己和富察皇后的爱情，也会像舜和娥皇、女英那样天长地久、生死不移。

后来富察皇后英年早逝，乾隆帝确实是洒下了无数泪滴，写下了无数诗篇，倾尽了一生的思念……

乾隆帝晚年时，将重华宫打造成了一个"小型博物馆"。他命人按照当年自己与富察氏一起居住时的原貌布置这里，将自己和富察氏一起住时使用过的各种家具、装饰品、生活用品摆回原位。尤其是富察氏嫁给弘历时带进宫中的红木雕花大嫁妆柜，至今还摆放在重华宫里。

三

乾隆皇帝是一个喜欢排场的帝王，总要把自己的日子过得热热闹闹、旺旺腾腾。他曾效仿祖父康熙帝，举办过"博学鸿儒科"考试，并设宴邀请天下读书人。除此之外，他还经常召集各种庆典、朝会、活动，向天下人大炫特炫他作为盛世帝王的文韬武略。

乾隆八年（1743 年）春节期间，乾隆帝就召开了一次人数虽然不多但也堪称隆重的"新春茶话会"，时间是正月初二，地点就在这重华宫。从这个开会地点的选择，我们不难看出乾隆帝对这次会议的重视。受到皇帝邀请参加这次重华宫茶话会的人，包括王公贵族、内阁大学士、内廷翰林等，都是皇帝最为亲近信任的皇族成员和朝廷重臣，共计十二人。

新春茶话会开始，乾隆皇帝坐在重华宫正殿宝座上，王公亲贵坐在西配殿，翰林大臣坐在东配殿。会议内容包括行礼、读诗、品茶、吃点心、赏赐等。首先是参会人员给乾隆帝叩拜行礼，礼毕后，大家回到自己的座位上坐好。乾隆皇帝便拿出最近写的几首御制诗，请王公大臣一边欣赏，一边品味茶果。旁边有懋勤殿太监为王公大臣们准备笔墨纸砚，方便他们随时挥毫创作诗句。

王公大臣欣赏完御制诗后，便要根据御制诗的主题和意境作诗，相当于对御制诗进行唱和。无论怎么写，都必须要符合乾隆帝讲排场爱热闹的审美习惯，诗的风格要大气高贵、富丽堂皇，烘托出太平盛世的喜庆氛围。王公大臣作完诗后，乾隆帝会对这些诗句一一点评。在场之人大都曾饱读诗书，写这样的诗句易如反掌。因此乾隆皇帝基本上都会表示赞赏，并赏赐贵重礼物。一时间，君臣同乐，祥和满屋，皆大欢喜。

宴席上的点心主要是各种"满洲饽饽"——萨其马、芙蓉糕、喇嘛糕、豌豆黄、苏叶饽饽等，还有一些果品。最讲究的是每人一杯的"三清茶"，这可是乾隆皇帝自己发明的"独家饮料"，从泡茶之水到所泡之物都是上档次的佳品——将当年收集的洁白积雪加热融化后，泡煮新摘的梅花、佛手、松子这"一花两果"而成。此茶味道甘洌、清幽，为了衬托它的不同凡响，后来乾隆皇帝还专门设计了一款"三清茶杯"，命令景德镇专门烧制。三清茶杯的内底描绘梅枝、苍松与佛手树的花纹，外壁是乾隆皇帝题写的《三清茶》诗，茶杯底部还有"乾""隆"二字的圆方印。

按照宫廷礼仪，在新春茶话会结束后，参会的王公大臣都可以将自己使用过的三清茶杯和果盒携带回家，以此作为乾隆皇帝的赏赐。对于他们来说，这可是莫大的荣誉，意味着乾隆皇帝对自己文化素养和工作能力的双重肯定。

乾隆帝觉得这种形式的新春茶话会很不错，于是每年都在重华宫举行。1746年邀请人数增加到十八人，正符合盛唐时期唐太宗李世民"十八学士登瀛洲"的典故。1766年，邀请人数增加到二十八人，乾隆帝将他们比喻为"二十八星宿"。从这些数字，我们就很容易感受到乾隆帝的内心世界——永远自比明君。

能受邀参加重华宫新春茶话会的人，不是王公亲贵，就是饱学大儒。张廷玉、和珅、纪昀、刘墉等人，都是新春茶话会的常客。由此，重华宫又成为乾隆朝紫禁城里的文化圣殿，成了众多读书人

乾隆帝朝服像

梦寐以求的地方。乾隆帝去世后，新春茶话会在嘉庆、道光年间还得到了延续。直到咸丰时期，内忧外患让咸丰帝实在没有心情在这儿"普天同庆"，于是才将它取消。

一转眼二百年过去，那轰轰烈烈的青春爱情，那热闹喜庆的皇家盛宴，都已随历史的烟云远去。人们只能通过至今还珍藏在重华宫里的嫁妆大柜和三清茶杯，来想象曾经有过的浪漫与盛大，来品味乾隆这位千古帝王的传奇故事、功过是非……

景仁宫（上）：
"三好学生"玄烨的人生答卷

一

逛完了后宫西半部，我们横向越过中轴线，来到后宫东半部，走进东六宫，继续聆听故事、感悟历史。

我们的东六宫之行，从位于西南角的景仁宫开始。之所以首先选择景仁宫，是因为从这里走出了一位了不起的人物，在历史上写下了浓墨重彩的篇章，让这座宫殿格外引人注目。这个人物在清代历史上是首屈一指的杰出帝王，在中国历史上也是政绩最为卓著、声名最为显赫的帝王之一。他八岁登基，十四岁亲政，在位长达六十一年，一生文治武功业绩斐然，让一个建立不久、危机四伏的异族王朝发展为疆域辽阔、声名远播的强盛帝国。他就是前文中多次讲述过的清圣祖仁皇帝爱新觉罗·玄烨，我们熟悉的康熙大帝。

景仁宫

下面咱们用简历的形式，再简单回顾一下康熙帝的一生（简历中的年龄都是虚岁）。

少年（出生至十六岁）

1654 年 5 月——出生在紫禁城东六宫之景仁宫，是清世祖顺治皇帝第三子，生母是孝康章皇后佟佳氏。

1658 年，五岁——入南书房读书。

1661 年，八岁——继位成为皇帝。

1665 年，十二岁——大婚，立辅政大臣赫舍里·索尼孙女赫舍里氏为皇后。

1667 年，十四岁——名义上亲政，但并未掌握实权。

1669 年，十六岁——擒鳌拜，开始真正主政。

青年（十六岁至三十岁）

1670 年，十七岁——颁布上谕，尊孔重儒，以汉族传统儒学治理天下。

1678 年，二十五岁——开"博学鸿儒科"考试选拔人才，收揽天下读书人之心。

1681 年，二十八岁——平定了长达八年之久的"三藩之乱"，实现了国内局势的稳定。

1683 年，三十岁——收降台湾郑氏政权，完成中华一统之大业。

中年（三十岁至五十岁）

1684 年，三十一岁——首次南巡，考察黄河，在曲阜祭孔子，在南京祭明太祖。

1685 年，三十二岁——第一次雅克萨之战，驱逐沙俄侵扰。

1689 年，三十六岁——第二次雅克萨之战，与沙俄签订《尼布楚条约》，扼制了沙俄的东扩企图，并由此维护东北边陲一百六十多年的安定和平。

1691 年，三十八岁——多伦会盟，拉拢漠南、漠北蒙古各部成为大清王朝的忠诚臣属、北疆卫士。

1696 年，四十三岁——剿灭噶尔丹，平定漠西蒙古准噶尔部。

1703 年，五十岁——基本完成治河大业，淮河、黄河水患得以显著改善。

晚年（五十岁至六十九岁）

　　1706 年，五十三岁——建避暑山庄，开创"木兰秋狝"制度，领导编纂完成《全唐诗》《古今图书集成》等文化典籍。

　　1712 年，五十九岁——改革赋税制度，实行"地丁银"，免除在中国实行了两千多年的"人头税"，极大促进了人口增长和经济发展。

　　1713 年，六十岁——册封西藏班禅额尔德尼。

　　1716 年，六十三岁——领导编修完成中国古代规模最大的辞书《康熙字典》。

　　1718 年，六十五岁——领导绘制完成中国古代最为翔实的全国地图《皇舆全览图》。

　　1720 年，六十七岁——派军队进入西藏，驱逐蒙古准噶尔部分裂势力，安定西藏局势。

　　1722 年，六十九岁——11 月 13 日，病逝于畅春园。

　　这份简历比较简要清晰地展示了康熙帝的人生业绩，笔者写了一首诗，用八句五十六个字，集中概括了康熙帝一生中最重要的事迹：

　　计擒鳌拜在少年，智勇兼备平三藩。博学鸿儒揽才俊，剿抚并用收台湾。

　　驱逐沙俄绥蒙古，安定青藏修经典。治河免赋绘皇舆，开启盛世美名传。

　　康熙帝一生的伟业就是从这景仁宫开始的。在这里，他度过了美好的童年时代，奠定了一生的事业之基。尤其是他早年的读书学习经历，对他后来的成长和成功至关重要。康熙帝之所以能成为一位优秀的帝王，首先就因为他曾经是一位优秀的学子。

　　从五岁（实际是四周岁）起，每天凌晨三点半左右，正在景仁宫中熟睡的玄烨就会被叫醒，迷迷瞪瞪地穿衣起床、下地洗漱，然后在朦胧夜色中哈欠连天地离开景仁宫，前往自己的教室——南书房。之所以起这么早，是为了保证在寅正时分（凌晨四点整）赶到南书房，开始一天的学习。

　　到南书房后，师傅已经等候在这里了，双方行礼完毕，就开始了今天的授课。

首先，玄烨要用一个小时温习昨天的课程，经过师傅考核满意后，进入新课程。一天的学习时间从清晨五点到下午三点，中间有少量休息时间，整体长达近十个小时。学习的内容非常多，主要课程包括：

语言文字：包括满语满文、汉语汉文和蒙古语文，每种语言文字都有专门的老师，大家熟悉的苏麻喇姑，即孝庄太后的侍女，就曾经担任过玄烨的满蒙语文老师。

治国之道：即历朝历代杰出帝王的治国经验、治国圣训，各种史书典籍里的贤君明主事迹，本朝前辈君主的实录、名言等。

儒家经典：孔孟之道，四书五经，程朱理学，先贤文章……玄烨从中吸取丰厚的思想和广博的学识，使自己成为一个既有修身齐家之素养、又具治国平天下之才能的卓越人才。

历史掌故：以史为鉴，可以知兴替。阅览史籍，熟读掌故，总结经验，借古资今，辨忠奸善恶，明是非美丑，为自己将来治理天下、造福臣民奠定基础。

骑射武功：满族以弓马骑射得天下，"国语骑射"始终被视为立国之基、治世之本。一位优秀的帝王不仅要学识渊博、通达治道，还要身强体健、精骑善射。典雅高贵的精神、广博深邃的学问和强健剽悍的体魄相结合，才能造就文韬武略的一代帝王。

在讲述养心殿时，我们还曾了解到，玄烨年长一些后，还积极向西方传教士学习自然科学知识、西方文化艺术。

二

面对堆积如山的书卷、浩如烟海的学问，玄烨的学习态度就是十六个字——日积月累，锲而不舍，废寝忘食，精益求精。

每个新学的生字，他都要习写百遍；每篇经典文章，他都要在理解的基础上背诵一百二十遍，直到滚瓜烂熟、出口成诵。每天学习的功课，他都要在当天熟练掌握，哪怕深夜不眠，也绝不拖沓至明日。少年玄烨曾因为读书过于勤苦而导致咳血，让孝庄太后不胜心疼。练习骑射，常常持续一两个时辰，人马俱是汗流浃背，甚至出现过马因过于疲劳而倒地之事。

如此苦学，一年到头却只有五天可以休息，即元旦（正月初一）、端午、中秋、皇帝生日、自己生日。除此之外，连除夕都不放假。

康熙帝向欧洲传教士学习自然科学，虽然是出于个人爱好，每每也是深夜不眠。

孝庄太后曾经问玄烨：哪有你这样的人？贵为天子，却像赶考书生一样苦读。其实，年少的康熙皇帝，正是把自己作为赶考书生来要求。考场就是大清王朝的广袤土地，

康熙帝读书像

考题就是如何治理这万里江山，而考官就是天下臣民，尤其是那些一直视清朝统治者为"蛮夷"的汉族读书人。自己能否交上一份合格的答卷，让他们心悦诚服。

这是康熙帝的远见卓识、格局智慧，也是他的治国之道、成功之源。总之，经过许多年的博学苦读，玄烨成为一位名副其实的三好学生。一位杰出帝王必备的品德、学识、智慧、体魄，他都集于一身。他用宽容善意赢得臣民爱戴，用学识智慧获得士子敬仰，用骑射武功取得各族臣服。

在朝堂之上，他励精图治、事事躬亲；在黄河大堤，他不辞辛劳、亲历治水；在南巡途中，他奖廉惩贪、减免赋税；在孔府圣地，他纵论儒学、语惊四座；在塞外蒙古，他跃马弯弓、亲征朔漠；在雪域高原，他护送活佛、进兵安藏；在白山黑水，他驱逐侵略、捍卫疆土……

当他在曲阜祭拜孔子、纵论儒学时，一个尊孔重儒、弘扬道统的贤君形象，在广大汉族读书人心中树立起来了；当他在南京祭祀明太祖并赞誉其"治隆唐宋"时，一个礼敬前朝、宽容大度的明君形象，在许多仇视清廷的明朝遗民心中树立起来了。甚至连黄宗羲这样的前明大儒、反清志士，都称呼他为"圣天子"。

当他在木兰围场宴请蒙古王公、展示骑射技艺时，一个成吉思

汗般的马背英雄、天骄可汗形象，在剽悍的蒙古各部民众心中树立起来了，于是他们称他为"恩赫阿木古朗汗"，意为"安宁祥和的可汗"。

当他尊重雪域宗教、驱逐分裂势力、护送活佛进藏时，一个慈悲仁善、普度众生的大德尊者形象，在藏族僧俗民众心中树立起来了。于是他们称他为"文殊师利大菩萨"。

当他礼敬欧洲传教士、以他们为师学习西方科学文化时，这些欧洲人将他视为东方的基督教保护者，将他的形象画进了圣人群像。乃至举世闻名的法王路易十四，都主动和他通信，希望与他交好。

这位三好学生玄烨，从精神上、心理上征服了他统治下的众多民族，在大清王朝这幅员辽阔的考场上，向臣民，向祖先也向自己交出了一份精彩的答卷。

三

每次来到景仁宫，我似乎还能看见那个勤奋的孩子，每天顶着星星去上课，回来时已是红日西垂、夕阳余晖。

康熙帝对于学习的热爱，对于各领域知识如饥似渴的吸收，展现出的是他开放的心态。他渴望不断给自己注入新鲜血液，让自己获得更多见识和能量。这不仅是为了治理国家，更是他作为马背民族后代的天性使然。

这就像他喜欢巡南走北一样，不愿把自己锁闭在深宫大院之中，每天只通过奏章题本了解这片辽阔的土地，而是要把生命挥洒出来，在森林草原、大江南北尽情释放，走出小小的书斋庭院，亲自去阅读和了解那无比广阔的天地。有这种生命热度的人，才可能获得丰富精彩的人生；有这种志向情怀的帝王，才可能开创出不一样的崭新时代。历史上开创时代的有为之君，如秦始皇、汉武帝、唐太宗、元太祖、明成祖等，均是如此。

所以，康熙帝虽然不是开国皇帝，但庙号却是"圣祖"，类似于明成祖朱棣。"虽曰守成，实同开创"，从景仁宫走出的这位"三好学生"，开创了一个新的时代，奠定了清王朝的长治久安。

景仁宫（下）：
珍妃悲剧命运背后的真相

一

康熙皇帝的文韬武略让人敬仰，但人无完人，一代明君也有缺陷和失误。比如我们熟悉的"文字狱"，比如为了收复台湾而搞的"迁界禁海"，比如没在社会上普及科学、推动技术进步，等等。

康熙帝晚年，政局出现了不少问题。大臣结党，官员营私，国库空虚，诸子夺嫡……之所以出现这种情况，很大的原因，就在于康熙帝太过于重视自己的"圣君"之名。因为自己一生的业绩，成为臣民心中仁爱宽容的圣明之君，所以对于臣僚、官员、皇子们的不法行为，康熙帝开始疏忽放纵。他害怕严惩他们，会让别人说自己刻薄狠毒，批评自己不够仁慈宽厚，有损于自己的圣君美名。所以对于各种不良现象、不法行为睁一只眼闭一只眼，导致日益严重的朝政危机。幸亏他去世后继位的是以铁面无情著称的雍正皇帝，雍正帝以雷厉风行的手段，扭转了康熙晚年的弊端危局，"康乾盛世"得以顺利延续。

可见，再有作为的皇帝，也是有弱点、有缺陷的人。康熙帝晚年过于珍爱自己的羽毛，导致再也难以搏击风暴、展翅高飞。

我们评价历史人物，就应该立体多面、公正客观，不能掺杂太多的主观好恶。还是那句话：每一个在历史上留名的人物，往往是天使和魔鬼的结合体。

康熙帝是如此，清末在景仁宫居住过的一位皇妃也是如此。她就是光绪皇帝的一生挚爱——珍妃他他拉氏。

二

珍妃像

很多人都对珍妃不陌生，在大家的印象中，这是一位个性鲜明、开朗活泼、喜爱新鲜事物的女子。她在政治上支持光绪皇帝变法维新，得罪了慈禧太后，故而被慈禧贬为贵人、打入冷宫。在八国联军打进北京、慈禧携光绪出逃之前，被慈禧派太监推入井中惨死。现在故宫东北角的倦勤斋前，还保留着那口珍妃井。

很多历史故事，虽然众口传诵、世人皆知，但并不一定是事实。我们评判历史人物，很容易脸谱化——正面人物就绝对正义，反面人物则一无是处。其实，是非善恶从来不会这样黑白分明。

珍妃是镶红旗满洲人，出生于光绪二年（1876年）二月初三，父亲他他拉·长叙是户部右侍郎，相当于财政部副部长。珍妃与姐姐瑾妃都是光绪皇帝的妃子，姐妹俩从小跟随伯父长善在广州长大。长善虽然身为武将，却喜欢结交文人墨客，他曾聘当时的知名学者文廷式当家庭教师，教两位侄女读书，这让珍妃从小就具备了一定的文化基础。

广州这座城市，对珍妃性格的塑造起到了较大的作用。广州是鸦片战争后清政府设置的五个通商口岸之一，是中国对外开放最早、与西方世界接触最多的城市。广州的社会风气、思想文化比起中国其他地区来开放许多，再加上长善本人广泛结交名人雅士，其中有不少是思想先进的进步人物，这些都对珍妃思想个性的形成产生了很大影响。珍妃的母亲、两位哥哥也都是思想开明的人士，家庭对她的熏陶也非常显著。在这种环境中长大的珍妃，形成了开朗活泼、好动爱玩、敢想敢做、冒险心强的性格，比较推崇独立自主、男女平等。

十岁时，姐妹俩回到北京。四年后，两人都被入选宫中，成为光绪皇帝的妃嫔。光绪帝对于相貌平平、性格死板的姐姐瑾妃没什么好感，对于五官清秀、皮肤白皙、聪明伶俐、开朗活泼的妹妹珍妃非常喜爱，天天和她在一起，把皇后叶赫那拉氏（慈禧太后的侄女）

也冷落到了一边。

在后宫这种尔虞我诈、钩心斗角的地方，这样独享皇宠本来就容易成为众矢之的，如果珍妃的性格能够收敛一些，或许还能获得一份平安，但她从小形成的鲜明个性使自己锋芒毕露。

珍妃喜欢无拘无束、自由潇洒的生活，对皇宫中的繁文缛节非常反感，对后宫死气沉沉、枯燥无味的生活也十分厌恶。她处处和传统礼法作对，常常有"违规"举动。比如，后妃的衣着打扮都有严格的规范，珍妃偏偏不按规矩来，特别喜欢在后宫穿西式男装，一身西装领带。这是她小时候长期在广州生活的影响，广州作为通商口岸，外国人士很多，珍妃从小就对西式男装很熟悉，也很喜欢。

又如，珍妃喜欢照相，就命令人从宫外弄了一台照相机进来，经常让人给自己和周围的人照相。按照朝廷制度，后宫妃嫔未经许可，不得和外界联系接触，更不允许私下从外面带东西进来。可珍妃偏偏敢"冒天下之大不韪"，经常让手下人从外面给她弄各种珍奇玩物过来。她甚至派一名太监，秘密地在北京城里开了一家照相馆，这在当时可是要掉脑袋的罪过。

珍妃敢这样做，一方面是依仗光绪帝对她的宠爱，另一方面也是因为她从小在广州长大，受西方思想文化的熏陶较深，骨子里追求男女平等、人人独立。她不知道朝廷制度是何等森严残酷，延续几千年的上下尊卑、规矩礼法是何等不可侵犯。

珍妃刚入宫时，因为长相俊美、聪明伶俐，慈禧太后很喜欢她，还曾经手把手地教她书法。后来因为她的这些出格行为，遭到越来越多的人反感嫉恨，作为实际统治者的慈禧太后，对于这些目无规矩、我行我素的行为也日益无法容忍。再加上光绪皇帝因为宠爱她而冷落作为正宫皇后的慈禧侄女，更让慈禧太后愤怒。终于，光绪二十年（1894年）10月，慈禧太后以"忤逆""习尚浮华""不尊家法"等罪名，对珍妃施行了"廷仗"，打得她满身是伤，并且牵连了她的姐姐瑾妃，在第二天将她们姐妹俩一起从妃降为贵人，珍妃手下的多位太监、宫女也遭到严惩。直到一年后，在光绪帝的努力争取下，慈禧太后才同意恢复了姐妹俩的妃号。

三

如果珍妃受惩罚仅仅是因为性格过于张扬、不守宫廷规矩，那还比较值得同情。但事实并非这么简单，珍妃的另外一个行为，确确实实严重违背了国家法度，带动了不良风气。

珍妃不仅购置各种珍奇玩物，在宫外开办产业，而且平时还是个"购物狂"，特别喜欢购买各种名贵衣物首饰、上等珠宝胭脂，并且经常大手大脚地赏赐给身边的太监宫女。这样的巨额花销，她作为妃的那点月钱完全不够用，又不好老让皇帝破例赏赐。于是，她想出了一个荒唐透顶的"致富之道"——卖官。

花钱买官历朝历代都有，专业术语叫"捐官"，但这多是朝廷出于特殊需要不得已而为之，任何时代在一般情况下都不可能允许这种腐败行为的存在。即使是捐官，也必须由朝廷专门机构按规则进行，绝对不允许后宫妃嫔擅自这样做，可珍妃却再一次"作"出了天际。

为了方便卖官，珍妃居然暗中组建了一个卖官小集团，将自己的堂兄志锐和一些手下的太监拉下了水，在皇宫中偷偷干起了买卖官职的勾当。珍妃在这方面似乎很有天赋，经过她的谋划，"买官一条龙"服务迅速在宫中展开。

首先，想买官的人要联系珍妃指定的太监，从太监那里得知哪些官职可以用钱买到，分别需要多少钱。这个过程中珍妃与买家并不接触，从而巧妙地避开了朝廷的监督。如果没有主动买官者，珍妃就会派出能说会道的堂兄志锐，去说动人们前来买官。这样一来，太监们和志锐的"订单"就会源源不断地送到珍妃的手中。而珍妃只需找准时机，在光绪皇帝枕头边上说几句话，这卖官赚大钱的事就办成了。

当时有个叫鲁伯阳的文盲土豪，联系上珍妃的堂兄志锐，斥巨资从珍妃手里买到了"上海道台"这一官职。道台职位不仅要管理通商海关，还涉及同列强的外交，珍妃不会不知道这个官职的重要性，居然敢把它卖给一个文盲，可见她已是几乎没有底线了。

没过多久，鲁伯阳被两江总督刘坤一弹劾罢免。可珍妃丝毫不加收敛，又将"四川盐法道"的官职卖给大字不识一个的玉铭。这样的要职在上任前必须由皇帝亲自召见，光绪帝召见玉铭时才知道真相，也意识到了问题的严重性，但并未追究珍妃的责任。后来慈禧太后得知此事，下令彻查，在景仁宫中发现了珍妃的卖官账本。不看不知道，一看吓一跳，原来上面这两位只不过是冰山一角，珍妃的卖官问题已经非常严重了。

对此，任何一位统治者都不会容忍，这不是拿江山社稷当儿戏吗？慈禧严惩珍妃，这是一个重要原因。1898年戊戌变法失败后，慈禧太后将光绪皇帝囚禁在中南海瀛台，将珍妃打入冷宫，囚禁于北三所。慈禧与光绪帝、珍妃之间固然有权力之争，惩罚珍妃也确实有她支持光绪帝主导变法、对抗太后的原因。但单就珍妃严重的卖官劣迹而言，这样的惩罚并不过分。

两年后的夏天，二十五岁的珍妃离开了这个世界。关于她的死因，史学界至今仍有争议。一种观点认为，八国联军打进北京，慈禧太后携光绪帝逃离北京前，命太监将幽禁于北三所寿药房中的珍妃唤出，推入位于贞顺门的井中溺亡。另一种观点认为，珍妃反对皇帝离京，和慈禧太后发生激烈争执，自己跳井而亡。

1908年光绪帝和慈禧太后去世后，清廷将珍妃追封为"恪顺皇贵妃"。1915年，珍妃的姐姐瑾妃将珍妃迁葬至光绪帝陵，并在珍妃井北侧的门房中为她布置了一个小灵堂，供奉珍妃的牌位，灵堂上方的纸匾书写着"精卫通诚"四字，颂扬珍妃对光绪帝的一片真情。

珍妃之死，是她个人行为与朝廷政治斗争交织的结果，她个人行为固然有过，但过不致死，毕竟她是皇妃，当众廷仗、打入冷宫已经是相当严酷的惩罚。但她挑战慈禧太后权威，甚至鼓动光绪皇帝与慈禧对抗，这对于任何一个手握大权的封建统治者而言，都是不可容忍之事。其实，珍妃身处后宫却不懂政治，身处险境却不知收敛，是造成她悲剧命运的根本原因。

承乾宫：
生死恋人——顺治帝与董鄂妃

一

清朝历史留下了许多谜团，其中人们最关注的谜团之一就是顺治出家。传说，顺治皇帝深爱的皇贵妃董鄂氏去世后，他悲痛欲绝，看破红尘，执意出家为僧。茆溪森和尚为他剃度，引他遁入空门。康熙帝后来登临五台山礼佛，其实也是为了看望在这里修行的父皇。

另一种说法是，在顺治帝即将出家之时，茆溪森的师父高僧玉琳琇赶到，以自焚相威胁，逼得顺治帝放弃了出家之念。但他仍然不愿再留恋凡尘俗世，不久就因病去世，与董鄂氏在天上相聚。

史学界比较正统的说法是，顺治帝在董鄂妃去世后极度悲伤，连续五天不上朝，茶饭不思，万念俱灰，身体很快就垮了。过了短短四个多月，顺治帝因患天花而驾崩。

无论哪种说法，起因都是董鄂氏之死。她的去世改变了顺治帝，一定程度上也影响了清王朝的历史。这位董鄂氏就居住在景仁宫北侧的承乾宫。这里曾上演一出充满悲情的历史活剧。

二

董鄂妃本身就有谜团，她到底是谁，二百多年来一直有争议。

按照正史记载，她出身于地位显赫的正白旗满洲董鄂氏家族，父亲是身居高位的内大臣鄂硕，弟弟是大将军费扬古。

民间传说则赋予她另外两个身份。一种说法，她是江南秦淮名妓，名叫董小宛，因为才貌俱佳被选入宫中，成为顺治帝宠妃，这显然是无稽之谈。董小宛在历史上确有其人，也确实是秦淮名妓。但她比顺治帝大十四岁，后来嫁给了江南名士冒辟疆，二十八岁就去世了。她去世时顺治帝才十四岁，二人怎么可能是共同生活多年的恩爱夫妻？而且，董鄂是满族姓氏，在清初时满人还没有使用汉姓，董鄂氏也不可能有"董小宛"这种汉名。这样的故事，不过是民间文人为了博取关注而编造的风花雪月，完全没有事实依据。

另一种说法，她是顺治帝的弟媳妇，皇太极幼子博穆博果尔之妻。因为顺治帝与皇后博尔济吉特氏不和睦，董鄂氏的美丽善良、知书识礼让顺治帝特别着迷，后来就将她从弟弟身边抢了过来，成为自己的爱妃。这种说法也没有任何历史依据，纯属戏说。

这两种说法，都赋予了董鄂妃美丽的容貌和贤惠的性格，都承认顺治帝对她的深情厚爱。董鄂家族，从努尔哈赤开基立业的时代起，就是爱新觉罗皇族的得力臂膀，努尔哈赤开国五大臣之一的何和理就出自这个家族。董鄂氏的父亲鄂硕，曾长期率军队驻扎在苏州、杭州一带，董鄂氏虽是满洲格格，却自幼在江南生活，深受汉族传统文化的熏陶。她天资聪慧，好读诗书，勤练书法，在姣好的面容之下，又有温润儒雅的气质和落落大方的性格。她知书识礼，敦厚娴静，善解人意，温柔宽容，其容貌、气质、才学在当时入关不久的八旗贵族世家女儿中，可谓佼佼者。同时，她又不乏满族姑娘的真诚直率、淳朴活泼，可以说兼具了满汉女性之美。

顺治十三年（1656年）八月二十五日，董鄂氏被选入宫中，册封为"贤妃"。当时的八旗女子，选秀入宫后很多都是从底层的常在、答应开始，一步步升迁。即使是豪门望族之家的千金，进宫后一般也只能封为贵人或嫔。董鄂氏入宫即成为妃，已经实属罕见，更令人难以置信的是，短短一个月后，顺治帝以"敏慧端良未有出董鄂氏之上者"为理由，跳过贵妃一级，直接晋封她为皇贵妃，从而使她成为整个清朝历史上第一位皇贵妃。这样的升迁速度，在清代仅此一例，在整个中国历史上也是凤毛麟角。由此可见，十九岁的顺治皇帝，对于这位比自己小一岁的媳妇，已经爱恋得无以复加，在他眼中，整个后宫中的光彩夺目者，仅董鄂妃一人。

顺治帝绝对是宠妻狂魔，一旦爱上一个人，就会不顾一切地表达自己的衷肠，甚至不惜严重破坏朝廷的制度规矩。董鄂氏晋封皇贵妃后一个月，顺治帝赏赐皇贵妃父母金一百六十两、银八千两、金茶筒一个、银筒一个、银盆一个、缎八百匹、布一千六百匹、马十六匹、鞍十六副、甲胄十六副，这样的赏赐已经远远超过了对皇后父母的赏赐级别，属于严重的僭越。

举办盛大隆重的册封皇贵妃典礼时，顺治帝还颁诏大赦天下。按照清朝制度，只有在册立皇后的典礼上，皇帝才会颁布诏书公告天下；而且即使是册封皇后，也不能轻易大赦天下。

次年，董鄂妃生下皇四子，顺治帝高兴至极，为此祭告天地，接受群臣朝贺，并再次颁行大赦天下的诏书。这完全是按照嫡长子出生的级别行事，又一次严重违背祖制。

但是，这个孩子生下后几个月就夭折了，顺治帝居然又一次破坏制度，下令追封他为和硕荣亲王，还耗巨资为他修建了陵寝，在亲笔为他书写的墓志铭中直接称他为"朕之第一子"。在安葬荣亲王时，两位大臣迟到，顺治帝居然要判处他们死刑，后来在大臣们的一致反对劝说下，才改为各戴枷两个月、鞭责一百，并流放宁古塔。

三

当然，顺治皇帝能够这样不顾一切地爱恋董鄂妃，也是因为董鄂妃是一位值得深爱的优秀女人。

前文介绍了董鄂妃的不少闪光之处，她的才华智慧、学识气质在当时后宫的满蒙女人中鹤立鸡群，让从小也喜欢读书的顺治皇帝如遇知音。更可贵的是，董鄂妃天性仁爱宽厚、与人为善，总是见识过人、顾全大局，很多事情都能做得恰到好处。

比如，顺治帝阅看奏章时，经常草草看过后就随手扔在一边；董鄂妃提醒他应该仔细看，避免疏忽遗漏。可每当顺治帝邀她一起批阅奏章，她又连忙拜谢拒绝，并强调"后宫不能干政"是祖制。

每当顺治帝批阅奏章至深夜，她总是不辞劳苦地陪伴左右，为丈夫铺纸磨墨、端茶送水。每当顺治帝下朝回宫，她总是亲自安排饮食，斟酒布菜，嘘寒问暖。每当顺治帝听翰林院官员们讲完课回到寝宫，她一定会请教讲课内容，和丈夫分享学习心得。她还经常劝说，处理政务要以德服人，审判案件要公正谨慎。宫女太监犯错受罚，董鄂妃总是为他们说情。

因为顺治帝笃信佛教，原本并不信佛的董鄂妃也渐渐对此产生了兴趣。顺治为她讲解佛教教义，她总是认真聆听、细心理解。

对于后宫中的其他妃嫔，董鄂妃始终与她们和睦相处。别人对她有造谣中伤之举，她得知后也往往一笑了之、宽容对待，从来不会凭借自己的受宠地位加以报复。

我们在前面讲述了顺治帝正宫皇后博尔济吉特氏的故事，顺治帝特别不喜欢她，甚至可以说是厌恶反感，最终还废了她的后位。对于这位废后，董鄂妃也一直敬重有加。

顺治十四年（1657年）冬，孝庄太后身体不适，身为孝庄太后亲侄女的皇后却一直没有前去照顾，董鄂妃便前去朝夕侍奉，废寝忘食地照看太后。次年正月，顺治帝以皇后不讲孝道为理由，打算废了她，改立董鄂妃为皇后。董鄂妃得知此事后，长跪在顺治帝面前，求顺治帝不可废后。因为董鄂妃和孝庄太后的劝阻，皇后才暂时保住了后位。

不幸的是，红颜薄命的故事，又一次在承乾宫上演。

董鄂妃本来就体弱多病，儿子又不幸夭折，这种打击使她一病不起。顺治十七年（1660年）八月十九日，董鄂妃香消玉殒，病逝于承乾宫，年仅二十二岁。

顺治哀痛至极，传谕亲王以下、满汉四品官员以上的所有宗室贵族、朝廷命官以及他们的夫人，全部到景运门内外集合，集体为董鄂妃哭丧。自己则连续五天不上朝，在后宫为董鄂妃守灵。董鄂妃临终曾嘱咐后事一定要从简，顺治帝这次没有听心爱之人的话，对她以皇后之礼厚葬，并追封她为"孝献庄和至德宣仁温惠端敬皇后"。

顺治帝还想将三十名太监、宫女赐死，让他们在阴间继续服侍董鄂妃，经过众臣的一再劝阻方才作罢。为董鄂妃抬棺的都是官居二三品的朝中重臣，整个清代，这种情况不仅在皇贵妃丧礼中绝无仅有，就是皇后丧礼中也从未出现过。顺治帝还请了一百零八名僧人为董鄂妃诵经祈福、超度亡魂。

按清朝制度，平时皇帝批奏章用朱笔，遇有皇帝或者太后去世时改用蓝笔二十七天，然后再恢复用朱笔。董鄂妃去世，顺治帝竟完全不顾祖制，用蓝笔批奏章长达四个月之久。他还命令大学士金之俊撰写《孝献皇后传》，又命内阁学士胡兆龙、王熙编写《孝献皇后语录》。最后顺治帝亲自动笔，饱含深情地撰写了《孝献皇后行状》，用洋洋洒洒四千多字大书特书董鄂妃的美德善行。

这些画面，我们在富察皇后去世时又再见到了。乾隆帝作为顺治帝的曾孙，确实遗传了先辈的爱妻基因。顺治帝的父亲清太宗皇太极对于宸妃海兰珠也有过类似的浓情挚爱，也曾因为海兰珠的离世而身体状况急转直下，在不到两年后就猝然去世。顺治帝的儿子康熙帝玄烨对于赫舍里皇后也是眷恋了一生，四十多年后仍然魂牵梦绕。或许，爱新觉罗家族的皇帝们，基因中确有这份痴情。

董鄂妃病逝后仅半年，顺治帝染上当时的不治之症——天花，于次年正月初七半夜驾崩，时年二十四岁。两年后，根据孝庄太后的指令，孝献章皇后董鄂氏、孝康章皇后佟佳氏（即康熙生母）与顺治皇帝合葬于清东陵中的孝陵。在清东陵的诸陵中，孝陵是唯一没有被盗过的，顺治帝和董鄂妃这对生死相随的恋人，在另一个世界里，终于获得了长久的安宁。

承乾宫

钟粹宫的玉器，景阳宫的藏书

一

　　紫禁城后宫中的很多宫殿，都不仅仅是妃嫔寝宫，还具有一些其他功能。比如前文提到的重华宫，是乾隆帝的私人博物馆和新春茶话会厅。东六宫里的钟粹宫、景阳宫也都是如此，它们都蕴含着丰厚的中国传统文化，是故宫里重要的藏宝之所。

　　钟粹宫位于承乾宫以北，东六宫西北角。建成于明朝永乐十八年（1420 年），最初名字叫"咸阳宫"，嘉靖十四年（1535 年）改名为"钟粹宫"。"钟粹"的意思是"精华荟萃"，寓意这座宫殿里汇集了紫禁城的众多珍宝。明代前期，钟粹宫是嫔妃们的居所，到明穆宗隆庆年间，改为太子居所，明末崇祯帝的太子朱慈烺就曾在这里居住。清代以后，这里又成了后妃们的住处。雍正帝的孝敬宪皇后、乾隆帝的慧贤皇贵妃、道光帝的孝全成皇后及孝静成皇后、咸丰帝的孝贞显皇后（即慈安太后）、光绪帝的孝定景皇后（即隆裕太后）都曾在这里居住，末代皇帝溥仪入宫前也曾在此宫生活。故宫博物院成立后，钟粹宫成为"玉器馆"，到现在还是故宫馆藏玉器类文物的汇聚之地。

　　景阳宫位于钟粹宫东侧，东六宫东北部，"景阳"就是向往光明、景仰光明的意思。景阳宫在明代是嫔妃居住之地，还曾经被用作冷宫，明万历帝太子朱常洛的母亲孝靖皇后就曾被打入这座冷宫，在此居住了三十年。清朝康熙二十五年（1686 年），景阳宫重修，被改造为收藏图书之所，从此以后几乎没有再住过人。所以景阳宫在东西六宫里比较特殊，既当过冷宫，后来又长期不住人，被人们视为东西六宫里最冷清、僻静的院落。

　　钟粹宫的玉器，景阳宫的藏书，都不只是明清两代的遗存，而是中华数千年文明的积淀。这两处在故宫里似乎不太起眼的院落，因其典雅的玉韵、浓郁的书香，同样是我们探访紫禁城时不可错过的宝地。

中国是一个玉的国度，光是这个"玉"字，就有好多内涵。

和"玉"字形最相近的汉字是"王"字。其实在古文字中，"玉"字并没有右下角那一点，和"王"字的写法相同，都是三横一竖。二者的区别在于，"玉"字的三横一样长，"王"字的中间一横稍短且靠上。清代段玉裁批注的《说文解字》中解释玉的字形为"三玉之连贯也"——三横一竖象征着用一根丝线把三块美玉连缀在一起。咱们现代汉字偏旁部首中的"斜王旁"其实是"斜玉旁"，大家可以查一下字典，凡是斜王旁的字词，一般都有"美玉""宝石""首饰"的含义，比如珍珠、玛瑙、珐琅、玳瑁、琥珀、璎珞、琼、珏、珰、琮、璋、璇、玦等。

"玉"和"王"很多时候是通用的，玉本身就是石中之王、礼器之王、珍宝之王。《周礼·大宗伯》记载："以玉作'六器'，以礼天地四方。"说明自古以来，玉在中国人心目中就是能代表天地四方的王者之符、礼仪重器，人们能够通过它与天地神灵沟通，表达人的愿望和祈盼，因此玉也被认为是影响人间福祸的利器。所以，战国时代的赵国名臣蔺相如，才会不畏艰险，千方百计从秦王那里夺回和氏璧，因为这是国家尊严的象征。历朝历代的帝王都用玉做印章，称为"玉玺"，也体现着玉的至高地位，它是王者身份的象征。

除了代表王者外，玉还代表着君子，是君子道德的体现。古代人家有男孩降生，父母会给孩子一块玉，让他把玩，这叫"弄璋之喜"，璋就是玉器的一种。之所以给孩子玉，是希望他从降生就身沾玉气，将来具备君子之德。孩子读书时，老师一定会教他一句千古名言："玉不琢，不成器。"让孩子从小以千琢百镂而成的玉器为人生的奋斗方向。长大成人后，男子都喜欢在身上佩戴一块玉作为饰物，这叫"君子怀玉"，佩玉是中华民族道德君子的习俗，是知书识礼的象征。

另外，在中国人的传统观念中，玉还有驱凶辟邪、延年益寿的力量。古人相信，玉具有超自然之力，佩戴或使用玉制成的各种物品，可以让人在精神上和心理上更强大，防御邪祟妖魔，扫除魑魅魍魉，保障安全吉祥。所以古代帝王后妃、王侯贵族死后，后人会给他们的遗体穿上制作精美的"金缕玉衣"，目的就是让他们的灵魂不受干扰，获得安息。当然，从科学的角度看，这些传统习俗肯定是缺乏科学依据的；但从文化的角度看，它们都展示着玉在中华民族精神世界里的特殊地位，玉文化在中国传统文化中的特殊分量。

中国人对玉的开采和打磨始于遥远的石器时代，至晚在一万年前的新石器时代，我们的祖先已经能够制作各种精美的玉器了。红山文化遗址出土的"三星塔拉玉龙""玉猪龙"被称为"中华龙祖"；仰韶文化、半坡文化出土的玉璧、玉环、玉玦、玉钺、玉琮精美绝伦，至今仍然光泽鲜亮、晶莹温润；河姆渡遗址出土的"双鸟朝阳"玉璧雕琢细腻、造型灵动，穿越六千年岁月后仍然栩栩如生。大江南北，长城内外，东海之滨，黄土高原，广袤的中华大地上，到处都留下了玉的足迹、玉的魅力。

所以，钟粹宫成为紫禁城的"玉器馆"，真是一件非常幸运的事。王者之风，君子之德，吉祥之气，永恒之梦，都在这里汇聚、融合，让这座宫殿充满了神圣与美好。

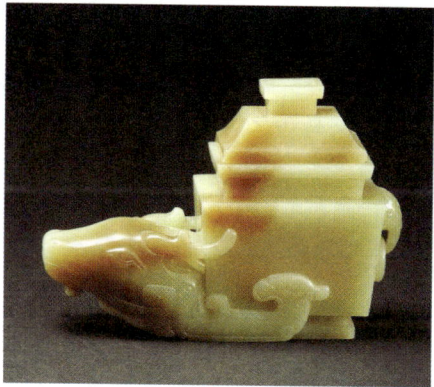

清代黄玉鹿首壶

二

说景阳宫是后宫里最冷清的院落，其实是不对的。因为这里是藏书的地方，而好的书籍本身就会给人温暖、安宁、祥和、典雅的感觉。读一本好书，就像在和先贤大德们对话，每一本书都不只是书，而是有灵魂、有血肉的文化载体，是书籍作者的情感抒发与心灵倾诉。书籍汇聚的地方，就是思想荟萃的文化殿堂。这样的地方，怎么会冷清荒凉呢？

康熙帝将景阳宫改造为藏书地深有用意。前面介绍过，康熙帝从小爱读书，手不释卷废寝忘食。他希望入关才四十多年的大清王朝，后妃皇子公主们都能读书明理，像自己一样用知识文化去面对天下苍生，修身齐家，建功立业。所以他才破例将原供妃嫔皇子居住的后宫宫殿改为藏书室。

在康熙、雍正、乾隆时代，清廷大兴修书编书之风，完成了多项浩大的文化工程。《康熙字典》《佩文韵府》《古今图书集成》《大清一统志》《八旗通志》《八旗满洲氏族通谱》《五体清文鉴》《四库全书》等众多典籍巨制在这一时期完成。其中很多书籍的编纂，都曾将景阳宫藏书作为重要的基础资料、参考书目，因此，这座"最冷清的宫殿"对于清代乃至整个中国古代的文化建设、学术发展，做出了卓越的贡献。

景阳宫后院正殿，还被钦定为后宫里的御书房，成为历代帝王读书的地方。乾隆年间，这里收藏了宋高宗亲笔手书的《毛诗》、南宋画家马和之的名作《诗经图》等书画珍品，乾隆帝亲自为之题写匾额"学诗堂"。

景阳宫大门上的楹联写道"古香披拂图书润，元气冲融物象和"，让人读来就觉得书香拂面、万物和谐。因为没有人居住，所以这里没有宫斗，没有仇恨，没有尔虞我诈，没有刀光剑影。只有那一本本厚厚的书籍，在这里安卧二百年，向一代代人传递着知识、散播着智慧。这里，成为后宫里的一片净土。

除了藏书以外，景阳宫还收藏了不少珐琅器，至今仍向游人们展出。珐琅工艺原产于中东、阿拉伯，元代传入中国，和本土制器工艺相结合，逐渐成为极具中国特色的精美工艺品。明清时期，中国的珐琅器工艺达到鼎盛，明代还成立了专门制作珐琅器的"御用间"，咱们熟悉的珐琅器代表"景泰蓝"就是因盛产于明代宗景泰年间而得名。清代初期，清政府成立了最大的"皇家工厂"——造办处，下设几十个作坊，珐琅作是其中规模较大的作坊之一。明代的宣德、万历年间和清代的乾隆年间，都是珐琅器的繁荣时代，留下了无数令后人惊叹的珍品。

三

　　钟粹宫与景阳宫，虽然居住的人不像其他一些宫殿那样万众瞩目，发生的故事也不那么引人入胜，但因为它们的收藏，使之具备了很多宫殿无法比肩的文化底蕴、思想内涵。

　　它们是故宫里"收藏类宫殿"的代表，故宫不仅是历史人物的住所，还是传统文化的殿堂，里面珍藏的无数玉器、瓷器、漆器、陶器、木器、青铜器、金银器、珐琅器、书画作品、传统家具……它们也是故宫的主人，而且它们比帝王后妃生命更长久。岁月流逝，多少丰功伟绩、爱恨情仇都化作了岁月长河里的浪花，多少至高无上的人物都变成了历史时空中的烟尘，只有它们，依然默默守护着这座宫殿，注视着这片土地，向一代代后人讲述着那些远去的故事。

扫码领取
· 作 者 说
· 解读紫禁城
· 紫禁城趣闻

永和宫：
"胖娘娘"的不幸与幸运

一

前文中，我们提到过，和珍妃一同嫁给光绪皇帝为妃的，还有珍妃的亲姐姐——瑾妃。红颜薄命的珍妃后来被打入冷宫，在八国联军打进紫禁城前夕死去。那么，他姐姐瑾妃的命运如何呢？历史上，她虽然受到了妹妹的牵连，但后来得到了慈禧太后的谅解，一直在故宫里平安地生活。她比妹妹多活了二十多年，虽然寿命也不算长，但还是得到了善终，一辈子也算安宁。

这位瑾妃是清末比较重要的一位嫔妃，她之所以能享受安宁并且得善终，一个重要原因是她的相貌太不漂亮了。她身材肥胖，五官臃肿，看她的照片，让人无论如何也无法把眼前这位"胖娘娘"和后宫佳丽联系在一起。但就是这位胖娘娘，在清末及民国初期的后宫里，经历了非凡的人生蜕变，从谨言慎行的老实人变成了颇有霸气的"大姐大""女汉子"。

二

永和宫是东六宫之一，位于承乾宫以东、景阳宫以南。明朝永乐十八年（1420 年）建成，初名"永安宫"，嘉靖十四年（1535 年）改名为"永和宫"。明清时期，这里都是后妃居所。清康熙帝的孝恭仁皇后在永和宫居住多年，并在这里生下了皇四子胤禛，就是后来的雍正皇帝。后来，乾隆帝的愉贵妃、道光帝的静贵妃，咸丰帝的庄静皇贵妃等先后在此居住。

光绪十五年（1889 年）一月五日，光绪皇帝大婚，同时娶了三个媳妇——皇后、瑾嫔和珍嫔。皇后叶赫那拉氏即慈禧太后的亲侄女，史称隆裕皇后；瑾嫔和珍嫔是亲姐妹，都属镶红旗满洲他他拉氏，五年后，为庆祝慈禧太后六十大寿，二人晋封为妃，成为瑾妃和珍妃。珍妃居住在景仁宫，瑾妃居住在永和宫。

瑾妃和珍妃虽然是亲姐妹，但从相貌到性格都大不相同。珍妃长相清秀漂亮，性格开朗活泼，喜爱新鲜事物，勇于挑战规则。比珍妃大两岁的瑾妃则恰恰相反，长相极为普通，性格也非常安稳内敛，成天老老实实在宫里待着，从来不惹事，特别守规矩，完全没有妹妹的锋芒毕露、张扬性格。她容貌不好看，性格又平淡无奇，也没有什么过人的才艺，自然很难得到皇帝的欢心。所以，入宫以后，她几乎没有得到光绪帝的任何宠爱，和皇后一样，完全被冷落了。但正是这种平淡无奇和被冷落，让她成为一个有福之人，在后来珍妃被慈禧太后严惩的时候，她没有受到太多牵连，得以"平安着陆"。

如前文所述，光绪二十年（1894年）十月，慈禧太后以"忤逆""习尚浮华""不尊家法"等罪名，对珍妃施行了廷杖，并且牵连她的姐姐瑾妃，在第二天将她们姐妹俩一起从妃降为贵人，这是瑾妃一生中唯一的一次受妹妹牵连而被罚。一年后，在光绪皇帝的请求下，慈禧太后恢复了两人的妃位。但后来珍妃不加收敛，仍然我行我素，屡屡违反宫廷规制和朝廷法度，最终在1898年戊戌变法结束后被慈禧太后逐出景仁宫，迁居北三所"冷宫"，并在两年后八国联军打进北京前夕死去，二十四岁的短暂生命就这样终结了。

这一次瑾妃没有被妹妹牵连，珍妃被贬居北三所后，瑾妃仍一直住在永和宫，过着自己平平静静的生活。当然，妹妹被打入冷宫，她内心自然也会担忧难过，但因为她的内敛性格，使她不敢越雷池半步，去为得罪了太后的妹妹说情。她对慈禧太后不仅没有流露出半点怨恨，反而更加忠心尽力地对待慈禧太后和隆裕皇后，似乎在以妹妹的悲惨命运为戒，格外谨慎小心。

八国联军攻入北京后，慈禧太后携光绪皇帝和后妃们逃出紫禁城，前往西安避难。原本慈禧太后没想带上瑾妃，但后来瑾妃追上了太后车驾，慈禧也就同意带上她了，并且派人告知了她珍妃之事。按理来说，珍妃刚刚惨死，瑾妃作为她的亲姐姐，对于造成妹妹悲惨结局的慈禧太后，肯定多少会怀有怨恨。慈禧太后心思何等精明缜密，不可能想不到这一层，在这种情况下，她居然还敢让瑾妃跟她同行，足以看出瑾妃在她心中是何等听话守规矩的老实人。

瑾妃确实让人挑不出毛病来，此后的几年中，她一直对慈禧太后和隆裕皇后礼敬有加，对自己则自律甚严。比如日常花销，瑾妃除去必要的少许支出外，大部分的月供银子都用在了太后和皇后身上，经常为她们置办上等的衣物、首饰、脂粉、玩物，有什么好吃的好喝的，她都会第一时间命人给太后和皇后送过去，以此表达自己的孝心和忠心。因此，瑾妃也得到了太后和皇后的认可和喜爱，慈禧太后经常借着各种由头赏赐银两给瑾妃作为补贴，少则百八十两，多则上千两；隆裕皇后则常在自己的月供银中拨出一部分赏给瑾妃。

可以看出，瑾妃表面平庸，其实有很高的情商。珍妃得罪了慈禧太后，并且也因为独受皇宠而间接得罪了隆裕皇后；可瑾妃作为珍妃的亲姐姐，却成为太后和皇后的贴心人，这种为人处世的艺术实在高明。另外，慈禧和隆裕喜欢瑾妃的另一个原因，就是因为瑾妃相貌不扬，一直受到光绪皇帝的冷落。这就让长相同样不好看的隆裕皇后有同病相怜之感，也会让慈禧太后对她抱有同情，把她看成老实本分的可怜女人，和她妹妹珍妃那个迷惑皇上的"狐狸精"形成鲜明对照，由此对她多一分关心和照顾。

另外，瑾妃被慈禧善待，也许还有一个原因就是珍妃惨死，让慈禧太后多少对瑾妃有一份愧疚，希望通过对她的包容照顾，弥补一些她的丧妹之痛。

三

光绪三十四年十月（1908 年 11 月），慈禧太后和光绪皇帝先后去世。次年元旦溥仪登基后，尊封瑾妃为皇贵妃，继续居住在永和宫。1912 年初溥仪退位后，根据清廷与民国政府达成的协议，宗室后妃仍然居住在后宫，保持皇室生活，享受特殊优待。瑾妃曾经抚养过溥仪多年，二人关系亲密。1913 年 3 月，瑾妃被上徽号为"端康皇贵太妃"（简称端康太妃），此时隆裕太后已经去世，四十岁的端康太妃成为紫禁城后宫地位最高、最受敬重的女人之一。

端康太妃在永和宫里过着很有品位的舒适生活。她从小和妹妹都受到了良好的教育，有一定的文化修养。她每天写字画画，还擅长工艺品鉴赏。在永和宫的摆设中，有不少瓶盘盆景，上头都镶嵌着精美的钟表和花鸟人物，这些盆景大都是她亲自选定的。同时她也是一位美食家，虽然身材圆滚滚的，但从来不考虑减肥。她经常派人到京城有名的老字号——天福号买酱肘子，当作早餐。由于她喜爱美食，永和宫小膳房厨师的烹饪技术相当出色，王公旧臣们都爱吃她赏的饭菜。

随着年龄的增长和地位的提升，端康太妃性格也有了一些变化。她不再像年轻时那么谨小慎微、内敛规矩，开始以老一辈贵妃的身份参与一些内廷事务，并且还有一些比较惊人的举动。比如1921年，端康太妃对醇亲王载沣的正妻瓜尔佳氏（溥仪生母）不满，当众训斥了她，竟导致瓜尔佳氏不堪受辱而吞下鸦片烟自尽。或许，端康太妃压抑了多年，在进入中老年阶段后，需要释放情绪。这件事让一直对她很亲近的溥仪非常不满，端康太妃反思了自己的行为，主动向溥仪表达了歉意，两人关系得以恢复。此后她的言行有所收敛，和皇族始终保持着和睦的关系。由此也可以看出她与妹妹珍妃相比也有过人之处。

端康太妃也有她政治方面的理想和手段，溥仪退位后，她曾积极和宫外各方势力联系沟通，谋求清王朝复辟。同时将亲弟弟志锜的次女唐怡莹嫁给了溥仪的弟弟溥杰，巩固他他拉家族和爱新觉罗家族的关系。从小跟着父亲在通商口岸广州生活过，她的思想也较为开明。所以，1922年，清廷为溥仪筹划大婚，端康太妃支持受过西方新式教育的郭布罗·婉容成为皇后。

1924年中秋节庆典结束后，端康太妃患了"胀病"，按今天的医学理论看，应该是因为长期饮食不节制，导致严重的脂肪肝、肝硬化。不到一个月，她便因病情恶化在永和宫病逝，享年五十一岁。按照清代制度，她的遗体被盛殓进了金丝楠木的棺椁，但还没来得及下葬，冯玉祥就将溥仪赶出了紫禁城，从此民国政府优待清室的

瑾妃像

协议作废，瑾妃棺材也只得移出，暂时停放在地安门外鸦儿胡同的广化寺内。一年多以后，一列火车从西直门火车站出发，将端康太妃的棺材运送到清西陵，葬入光绪帝崇陵的后妃墓园内。端康太妃也因此成为清西陵内最后一位入葬的皇妃。

纵观瑾妃的一生，我的感觉是，她既是不幸的，又是幸运的。

说她不幸，是因为她天生没有靓丽的容貌、迷人的身材，虽然入宫为妃，却从来没有得到过皇帝的宠爱，也没有生下一儿半女，前半生过得孤独平淡、谨慎压抑，还遭受了丧妹之痛，失去了自己在后宫中唯一的亲人。

说她幸运，是因为她那平凡的外表和平静的性格，让她没有成为妹妹悲剧命运的牺牲品，反而得到了慈禧太后、隆裕皇后、末代皇帝溥仪等众多清廷核心人物的认可喜爱，平平安安度过了一生。在人生最后十多年享受到皇贵太妃之尊，生活优越广受敬重，并且在清廷内部事务中还能有所作为、产生影响，在特殊的历史环境中留下了自己的名字和故事。

早年的压抑与晚年的安详，这或许就是后宫里相貌不出众的女人们必然的命运吧。比起在宫斗中惨死或扭曲的后妃们，可能，她们才是真正幸运的。

延禧宫：
没有魏璎珞的"烂尾楼"

一

几年前的一部《延禧攻略》，让很多人到故宫必看延禧宫。当然，看完以后的反应主要是失望——在电视剧里那么光彩夺目的延禧宫，现实中居然是一座破旧残损的"烂尾楼"。东西六宫中的所有宫殿，至少都还有一座主殿、几间侧屋留存，而延禧宫里的"宫"已经完全不存在了，就剩了这么一座烂尾楼，堪称紫禁城后宫里最破烂的宫殿。

为什么延禧宫会是这般模样？它一直是这样吗？这里真的住过魏璎珞吗？这座宫有没有什么特别之处？解密历史，探寻真相，咱们一起走进东西六宫里的最后一座——延禧宫。

二

首先，说说这位魏璎珞。

在电视剧里，她富有心机，充满智慧，兼具勇气和胸怀，在险象环生的后宫里左右逢迎、纵横捭阖，在激烈残酷的宫斗中脱颖而出，由宫女一步步晋升为贵妃，深得乾隆帝宠爱；成为乾隆后期实际上的后宫之主，辅佐乾隆帝治理天下、开创盛世。

这是一个很励志的故事，也是一个戏说出来的故事，很多地方不符合真实的历史。

"魏璎珞"这个名字，就是编剧杜撰出来的。她的原型是乾隆皇帝的令妃魏佳氏，史料上从未出现过她的名字，人们只知道她姓"魏佳氏"。

她的宫廷生活也并非从宫女开始。她入宫后即被册封为贵人，很快就被晋封为令嫔，短短三年之后，刚二十出头的她就又被晋升为令妃。也就是说，她一入宫就成为皇帝的嫔妃，从来没当过宫女或秀女。

她也并未在延禧宫居住过，她的寝宫在西六宫的储秀宫，也就是后来慈禧居住的宫殿。

所以，再一次提醒大家，千万别把电视剧当历史。

当然，这部电视剧也不是完全杜撰，还是有一定的历史依据。历史上的令妃魏佳氏，确实有一定的容貌、智慧和胸怀，深得乾隆帝宠爱。虽然生前没被封为皇后，但在乾隆帝的第二位皇后乌喇纳拉氏被贬之后，她成为事实上的后宫之主。她为乾隆帝生下了皇十五子爱新觉罗·颙琰，后来颙琰继位成为嘉庆皇帝后，她被追封为"孝仪纯皇后"。

值得一提的是，这位孝仪纯皇后是清朝历史上唯一一位出身汉族的皇后。他的儿子嘉庆皇帝，是清朝历史上第一位有汉族血统的皇帝。

有人认为康熙帝的母亲孝康章皇后是汉人，并因此说康熙帝有满、汉、蒙古（康熙帝的奶奶孝庄太后是蒙古人）三族血统，这是错误的。康熙的生母孝康章皇后的家族是世居辽东地区的佟佳氏女真人，后来改称满洲人，属于清代"满洲八大姓"之首。孝康章皇后祖上是明初投奔明朝的女真人达尔哈齐（明朝史料记载为"佟答刺哈"，又称"佟达礼"），后来就姓了佟，定居抚顺。明末清初，后金国汗努尔哈赤攻占抚顺后，孝康章皇后的父亲佟养真、叔父佟养性都投降了后金国，成为努尔哈赤、皇太极手下的得力干将。后来这个家族名臣名将辈出，成为清代最显赫的贵族官宦世家之一。

皇太极创立八旗汉军后，这个家族被划归汉军正蓝旗，后来又被抬入汉军镶黄旗、镶黄旗满洲。因为这个家族曾长期隶属于八旗汉军，所以一些人会认为他们是汉族人。这里普及一个清代历史知识——清朝的八旗系统包括八旗满洲、八旗蒙古、八旗汉军三个组成部分，但每部分成员的民族并不一定和他们所属旗相对应。简单地说，八旗满洲的成员大部分是满洲人，但也有蒙古人、汉人；八旗蒙古的成员里也有满洲人、汉人；同样，八旗汉军的成员里也有满人、蒙古人。

因此，孝康章皇后的家族是曾经隶属八旗汉军的满洲人，康熙皇帝的身上没有汉族血统。

孝仪纯皇后魏佳氏，确实是汉族出身。她的家族属于内务府三旗，内务府是清代新创立的机构，专门负责管理皇帝的家庭事务，照顾皇帝家族成员的饮食起居，相当于皇家的管家、奴仆，用满语说就是"包衣"。"内务府三旗"指内务府镶黄旗、内务府正黄旗和内务府正白旗，这三旗属于清代八旗体系之外的机构，三旗成员都是皇帝的奴仆，并且身份世代延续。

奴仆的身份虽然卑微，但皇帝的奴仆不一样，属于奴仆中的佼佼者。他们直接为皇帝的各项生活事务服务，虽然品级不高，但因为是皇帝的贴身人，受到皇帝的信任宠爱，因此实际地位往往超过很多朝廷大员。皇帝经常派遣他们管理一些非常重要的皇家事务，这使他们得以大富大贵、尽享荣华。比如赫赫有名的曹雪芹家族，也是内务府包衣出身，世代担任"江宁织造"，为皇家提供名贵丝织品，相当于"皇家专用丝绸供货商"，所以才能成为富甲一方的"钟鸣鼎食之家"，曹雪芹早年经历过这样的生活，才能在《红楼梦》里将宁荣二府的奢华生活写得那样栩栩如生。

魏佳氏的父亲魏清泰担任过内管领，正五品官。魏佳氏十九岁入宫，封贵人，后晋封为令嫔、令妃、令贵妃，三十九岁成为皇贵妃。前面的文章中说到过，皇贵妃基本就等于"副皇后"了。有学者认为，乾隆帝第二位皇后乌喇纳拉氏遭受残酷惩处，原因就是乌喇纳拉氏反对乾隆帝立魏佳氏为皇贵妃，感觉这样会对自己的皇后之位造成威胁。

魏佳氏后来成为实际上的后宫之主。她与乾隆帝三十年的夫妻生活也算恩爱，她为乾隆帝生下了四个儿子、两个女儿，属于"高产"后妃。她的二儿子颙琰，通过秘密立储制度被乾隆帝确立为继承人，成为后来的嘉庆皇帝，由此也可以看出乾隆帝对她的认可和喜爱。

乾隆四十年（1775年）正月二十九日，魏佳氏病逝，享年四十九岁。乾隆皇帝为其赐谥号"令懿皇贵妃"，嘉庆帝继位后追封母亲为"孝仪纯皇后"。"令""懿""仪"都是美好的字眼，含有贤德、宽容、端庄、智慧等含义。

乾隆帝曾为孝贤纯皇后富察氏写下许多真情诗篇，魏佳氏去世后，乾隆帝也写下了《令懿皇贵妃挽诗》《憩承光殿作》等诗作，表达对魏佳氏的思念。富察皇后在乾隆帝心中的地位是不可替代、至高无上的，能在富察皇后之后，赢得乾隆帝的喜爱，是非常不容易的事，魏佳氏绝对是一个智商情商皆高的女子，她的故事值得我们去了解和品读。

三

讲完了历史上真实的"魏璎珞"，咱们该回到延禧宫，聊聊这座"烂尾楼"了。

说到这座烂尾楼，又会引出上一篇文章里介绍过的两个人物——一位是隆裕太后，另一位是瑾妃他他拉氏，也就是那位"胖娘娘"。

延禧宫建于明朝永乐十八年（1420 年），初名长寿宫。嘉靖年间改称延祺宫，清朝定都北京后改名为延禧宫。这里在明清两朝均为妃嫔住所，康熙帝的惠妃乌喇那拉氏、乾隆帝的婉贵妃陈氏都曾在此居住。

从道光时起，这座延禧宫成为一所"凶宅"，屡次发生火灾。道光二十五年（1845 年），延禧宫大火，烧毁正殿、后殿及东西配殿等建筑共二十五间，仅剩一座宫门。道光帝的恬嫔富察氏当时就住在延禧宫，在这次火灾中被烧死。

此后的咸丰年间，尚未重建完成的延禧宫再次起火，化为一片焦土。当时清王朝内忧外患，国力衰弱，也就一直没有重建。一直到宣统元年（1909 年），隆裕太后听从太监小德张的建议，决定在延禧宫原址上建一座西洋风格的"水殿"，用水来镇住火灾。隆裕太后还专门为这座新建的水殿题名"灵沼轩"。水殿的建设工作，隆裕太后就交给了"胖娘娘"瑾妃（这时她已经是端康皇太贵妃）主持。

当时对这座西洋宫殿的设想是：整座建筑都以汉白玉砌成，分为三部分，中间是四角形主殿，主殿两边各接一座三层六角亭。水

"百年烂尾楼" 延禧宫

殿的墙壁上安放两层玻璃，两层玻璃之间的夹层里注水养鱼。整个建筑矗立在一个圆形大水池里，水池里也养鱼，周围再用围廊假山装点。水殿的造型、色调、雕刻、纹饰都是西洋风格，但主殿内也造四根蟠龙纹柱，融入了中国元素。

如果真能造出这么一座"水晶宫"，也算是给紫禁城注入了不一样的风景。然而因为清朝国库空虚、资金紧张，所以建设进度很慢。水殿还未完工，就爆发了辛亥革命，末代皇帝溥仪被迫退位，水殿工程也只能停止。于是就留下了这座残缺不全的"西洋烂尾楼"。

延禧宫这座"烂尾楼"，也是历史的见证，是王朝衰亡、时代变迁的记录者。

最后值得一提的是，延禧宫还是故宫里最先实现"电气化"的宫殿之一。

宣统二年（1910年）六月，隆裕太后下令西苑电灯公所给延禧宫安装电暖炉、电风扇并添安电灯。甚至还给长春宫、建福宫、储秀宫安装了六部内线电话，成立了我国最早的也是唯一的"皇家电话局"。

虽然早在十九世纪中后期，欧美就发生了第二次工业革命，人类由此进入电气时代。然而，古老的紫禁城却迟迟不愿向这个新时代敞开大门。慈禧太后并不是一个思想保守的人,她执政期间,也支持过引进西方先进技术的洋务运动,并且对于照相等西方技术还很感兴趣。但中国传统的风水观念对她的影响还是很大的,她认为在皇宫里立电杆架电线会破坏皇宫风水,不利于统治,所以一直禁止在皇宫安装电气用品。

无论怎么禁止,功能强大、使用便捷的现代电气设备最终还是被清朝统治者所接受。隆裕太后在慈禧太后去世两年后,大清王朝结束统治前夕,终于让古老的故宫和世界接轨,步入了电气时代。这也说明,隆裕太后是一个能够顺应时代变迁、接受新鲜事物的人。

所以,延禧宫虽然没有"魏璎珞",但也是一座有着特殊历史价值的宫殿。"水殿烂尾楼"镌刻着末世王朝的悲哀与无奈,电灯电扇则记录着一个古老国家迈向新时代的蹒跚步履。

毓庆宫：
末代皇帝的"洋师父"

一

　　故宫还有一座宫殿，虽然没有对游客开放，但里面也有不寻常的故事，也记载着一段特别的历史。这座宫殿就是和延禧宫一墙之隔的毓庆宫，位于延禧宫南侧、奉先殿和斋宫之间。

　　清朝康熙十八年（1679 年），康熙帝下令，在明代奉慈殿基址上修建毓庆宫。乾隆、嘉庆年间继续扩建，光绪年间两次修缮，形成了现在的格局。毓庆宫共三进院落，第一进院的主殿叫"惇本殿"，第二进院是毓庆宫主殿，第三进院的主殿叫"继德堂"。"惇本"的含义为"敦厚本分"，"继德堂"含义为"承继德行"，"毓"的含义则是"从地下生长出的幼苗"；把这三者联系起来解读，毓庆宫的内涵似乎与养育后代有关，希望他们如幼苗般茁壮成长，祈盼他们继承先辈厚德，成长为敦厚本分的有德之人。

　　毓庆宫确实有这样的含义，这座宫殿就是康熙皇帝特地为太子胤礽建造的，希望太子在这里健康成长、读书学习，最后成为江山社稷的合格接班人。

　　不幸的是，太子胤礽很不争气，最终成为一个被宠坏了的孩子，骄纵跋扈，性情暴戾。康熙皇帝对他两立两废，最终没有把天下交给他。

　　雍正皇帝创立"秘密立储"制度后，皇帝不再在生前册立皇太子，毓庆宫改为皇子居所。此后清朝的历代君主，大多青少年时代在毓庆宫生活、学习过。比如，乾隆帝十二岁到十七岁一直住在这里，嘉庆帝童年时曾与兄弟们在此居住，同治、光绪、宣统（也就是末代皇帝爱新觉罗·溥仪）三位皇帝都曾在这里读书学习，光绪帝也曾在此居住。

所以，毓庆宫也是紫禁城里的一座重要宫殿，因为这里是雍正以后历代清朝皇帝成长的地方，记录了他们的早年岁月、学生时光，自然也成为他们充满眷恋、经常回忆的地方。

末代皇帝溥仪，在毓庆宫度过了一段特殊的学习时光。之所以特殊，是因为这段学习时光里，溥仪遇到了一位特殊的老师，这位老师对他的人生产生了不小的影响，让他一生都情牵梦系；而紫禁城和溥仪，也让这位老师惦念了一辈子、深爱了一辈子。最特殊的是，这位老师不是中国人，而是一位"外教"。他就是溥仪的英文教师、近代中国的真诚朋友——Reginald Fleming Johnston，音译成汉语是"瑞吉纳德·弗莱明·约翰斯顿"，他来到中国后，入乡随俗，将自己的姓氏"约翰斯顿"翻译成了一个颇具中国特色的名字——庄士敦。从此，大家就都叫他"庄士敦""庄先生"或"庄老夫子"了。

二

庄士敦 1874 出生于英国的苏格兰爱丁堡，先后毕业于爱丁堡大学、牛津大学，主修历史、文学和法学。二十二岁时，庄士敦希望能到英国以外的世界开开眼界，经过激烈的竞争，他考入了英国"殖民部"。当时英国的殖民地遍布全世界，殖民部就是英国政府管理各殖民地的机构。同年，庄士敦以"东方见习生"的身份，被派往英国殖民地香港，开始了在中国长达三十多年的官员兼学者生涯。

由于庄士敦汉语水平很高，对中国文化又深有研究，因此在香港的英国殖民政府中很受重视，他职位不断升迁，担任了英国香港总督的私人秘书。在香港工作八年后，庄士敦被殖民部派往英国租借地威海卫（今山东省威海市）担任要职，不久还获得了英国政府授予的"高级英帝国勋爵士"勋章。刚过而立之年的庄士敦，已经成为最知名的在华英国人之一。

来华之后，庄士敦在工作之余，还不断深入学习中国各领域的知识。他本来汉语基础就好，再加上多年勤学，具备了相当深厚的中国传统文化功底。他深深地迷恋上了中国的历史文化、文学艺术、风土

人情、民俗生活，对于儒、释、道、墨等学说以及中国历史地理、唐诗宋词都有了深入研究和独到见解。他还践行了中国知识分子"读万卷书行万里路"的人生理想，足迹遍及各地的名山大川、名胜古迹，成为一名真正的"中国通"。

特别值得我们感动和敬重的，是庄士敦对中国儒家文化的推崇和敬仰。在当时大多数西方人眼中，中国文化低级落后，中国人愚昧粗俗，

庄士敦像

他们对中国和中国人充满了鄙视。庄士敦的观点却和他们完全不同，他通过自己的长期研究，认为中国文化几千年来一脉相承，其博大精深、包罗万象的内涵远远超过西方大多数国家。尤其是儒家文化，对一个国家的道德建设和社会治理至关重要，是和西方哲学同样伟大的思想文化体系。他还认为中国人是勤劳勇敢、善良宽容的民族，充满人情味和责任心，这点更是超越了很多西方民族。

所以，他认为东方文化、中华文明和西方文明、欧美文化不应该有高下之分，都是伟大的人类精神财富。他曾在书中写道："无论东方还是西方，都处在各自社会发展的试验阶段，因此不管对哪个半球而言，把自己的意志和理想强加给另一方都是不明智的。"他在中国各地考察的过程中，写成了《从北京到瓦城》《佛教中国》等书籍，提出：中国的儒家思想与佛教思想相结合，就能成为中华文化之精髓，成为"拯救未来世界之良方"。

作为土生土长的欧洲人，还是当时最强大的大英帝国人，能够这样看待当时惨遭侵略、备受歧视的中国和中国人，是难能可贵的。

三

　　1912 年，清王朝退出了历史舞台，这时末代皇帝溥仪只有七岁。新成立的中华民国政府允许他和清朝皇族继续住在紫禁城，享受各种优待。因此，外面虽然已经改朝换代，但紫禁城里的"小朝廷"依然存在，溥仪仍然享受着"大清皇帝"的待遇。

　　1918 年，溥仪的老师徐世昌因为要出任民国大总统而辞去帝师之职。经李鸿章的儿子李经迈推荐，学贯中西、名闻天下的庄士敦走进故宫，担任溥仪的新老师。1919 年 2 月，庄士敦赶赴京城，开启了自己长达五年的帝师生涯。这一年溥仪十四岁，庄士敦四十六岁。这位"洋师父"带着先进的西方思想与现代科学步入紫禁城，也带着自己对中华文明的深厚情感来到中国末代皇帝身边，为这个古老的皇宫带来了崭新的气象。

　　五年间，庄士敦在毓庆宫为溥仪讲授了英语、数学、地理、历史等课程，师生之间结下了深厚的情谊。这位"庄老师"让溥仪眼界大开、学问猛涨，而且生活充满了新鲜和快乐。溥仪在自传《我的前半生》中回忆，自己当时正值求知欲旺盛的青春年华，对这位"苏格兰老夫子"特别喜欢，对他带来的各种西方"新鲜玩意儿"充满好奇，对他讲授的各种西方知识也极感兴趣。庄士敦则对这位特殊的学生充满了关爱，尽心竭力地教育他、培养他，帮助他健康快乐地成长。

　　在毓庆宫，庄士敦为溥仪展现了一个无比新奇也无比精彩的世界。他经常绘声绘色地为溥仪描述西方的历史、生活和风俗，荷马史诗的传说、莎士比亚的戏剧、凡尔赛宫的盛宴、威尼斯城的风光，还有西班牙的斗牛、奥地利的音乐、德意志的汽车、丹麦的美人鱼、荷兰的风车……"苏格兰老夫子"带着溥仪"周游世界"，毓庆宫里每天传出喜悦的欢笑声，庄士敦还给溥仪起了个英文名字——亨利。这段时光是溥仪一生中难得的温馨美好岁月。在他眼中，庄士敦是老师，更是朋友、亲人，是深爱着自己、深爱着故宫、深爱着中国的人。

　　1922 年，溥仪在自己的大婚之日，赏赐给庄士敦"一品顶戴"，这是清朝官员的最高荣誉。尽管这时清朝结束已经十年了，但庄士敦仍然兴奋异常。他恭敬地戴上官帽、穿上大臣朝服，在北京的居住地拍了照片寄送给英国的众多亲友。后来，溥仪还加封他为御书房行走、颐和园总管。所以，他留下的许多照片都是一身大清官员的打扮。

此后的岁月里，庄士敦向溥仪传授西方君主立宪思想，并提议溥仪到欧洲留学。他由衷期盼，溥仪将来能成为优秀的国家元首，并拥有英国绅士般的非凡气度。在庄士敦的引导下，溥仪剪掉了辫子，戴上了墨镜，在宫里骑起了自行车。在庄士敦的介绍下，溥仪会见了外国使节，还和胡适等中国先进人士通了电话。

就这样，溥仪在庄士敦的陪伴下，度过了紫禁城里的最后岁月。庄士敦成为中国历史上的最后一位帝师，也是中国历史上极少数的外籍高级大臣。1924年，溥仪被冯玉祥赶出紫禁城后，又是在庄士敦的帮助下，借道英国使馆逃往日本辖区。而庄士敦就此结束帝师生涯，返回英国租界地工作。

1930年，庄士敦回国，当年来中国时，他是二十出头的翩翩少年，如今已成为年过半百的慈祥长者。回国后，庄士敦在伦敦大学任中文教授，兼任外交部顾问。1934年，庄士敦又回到了朝思暮想的中国，把自己写的书《紫禁城的黄昏》送给当时住在天津的溥仪，请溥仪作序。1935年，庄士敦第三次来到中国，到长春觐见当时已成为"伪满洲国"皇帝的溥仪。溥仪设下家宴招待庄士敦，希望他能留下辅佐自己，但庄士敦婉拒了，这也是他最后一次来中国。此后他一直在伦敦大学教授汉学，矢志不移地向西方人传播着中华文化。

庄士敦一生未婚，他晚年在苏格兰买了个小岛，给自己岛上别墅的各个房间起了一堆中国名字，如松竹厅、威海卫厅、皇帝厅等，并每天在家中升起大清朝的黄龙旗。他还在别墅里办了个陈列馆，展览溥仪赏赐给他的朝服、顶戴、饰品等物件。年迈的庄士敦，每天在这里端详和抚摸着这些物件，深情地追忆着自己的紫禁城岁月。

1938年3月6日，庄士敦带着对溥仪、对紫禁城和对中国的无尽思念，在家乡爱丁堡逝世，享年六十五岁。

庄士敦与溥仪的师生故事令人感动。溥仪的一生，是一场让人哀叹的悲剧。然而，有了庄士敦这位洋师父，他的悲剧人生中，增添了一段美好的岁月、一份温馨的回忆、一抹亮丽的色彩。从十四岁到十九岁，这段人生中最应珍惜的金色年华，是庄士敦陪他度过的。毓庆宫里那缕缕书香、阵阵笑声，是溥仪心中永恒的珍藏。

人生就是这样，得一知己足矣。短暂的幸福，足以成为一生的财富。

第四部分

千姿百态

百态

故宫的其他建筑

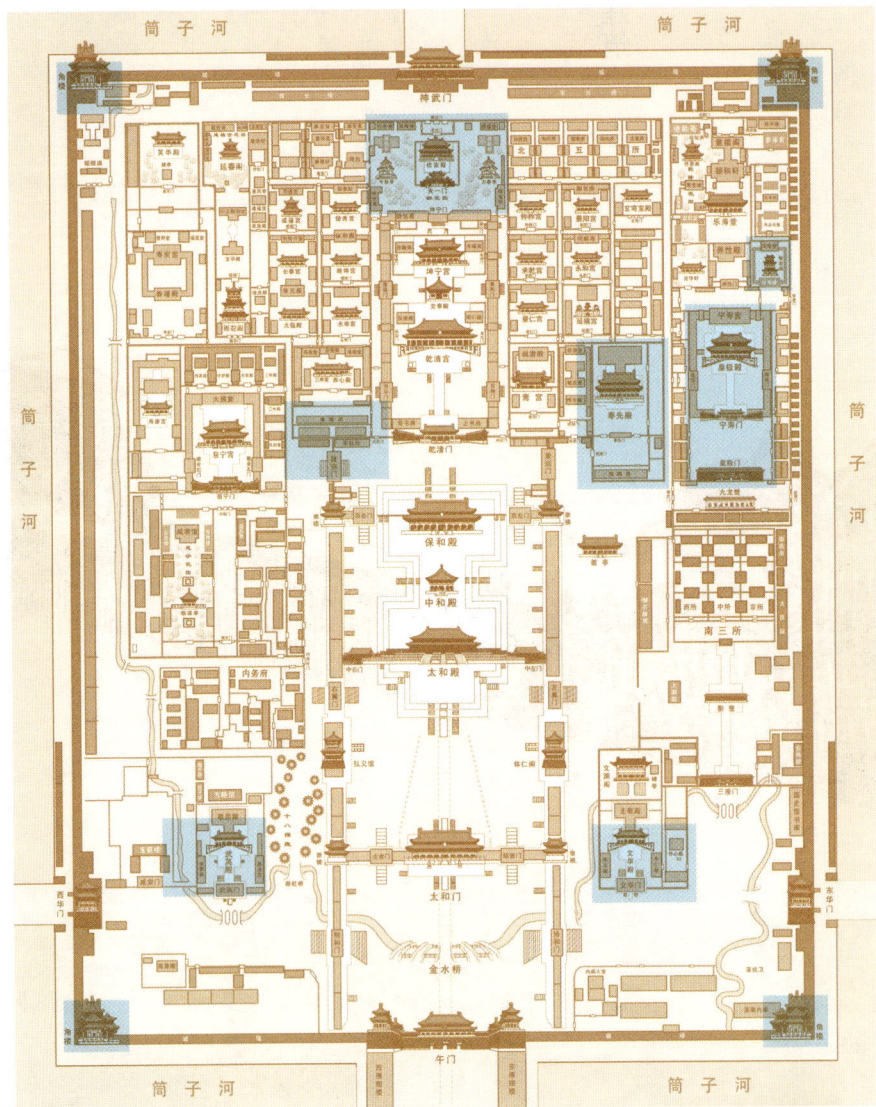

北京故宫博物院平面图

文华殿：
紫禁城中的"文化净土"

一

　　演绎盛衰沉浮的中轴之线，注满爱恨情仇的后寝各宫，紫禁城的主体部分，咱们已经一一探访、细细品读。除了它们，故宫还有一些建筑值得我们关注。它们各具职能、各有特色，都演绎着历史、积淀着文化，都是故宫这部"百科大书"中不可或缺的组成部分。本书的最后一部分，就要带领大家走进它们。这部分讲述的一些宫殿建筑，目前尚未对游客开放，因此更有"深宫内院"的神秘色彩，它们模糊的面容和隐蔽的身影，会在咱们的文字中清晰起来，让大家看到故宫里那个"藏着"的世界。

　　还是先从故宫的前朝部分说起，除了三大殿外，这个区域还隐藏着两个重要宫殿，那就是中轴线上太和门两侧的文华殿和武英殿。这两个宫殿是故宫里最"靠外"的宫殿，也就是位于故宫最南端、距离午门最近的宫殿。它们一东一西，沿中轴线对称。不仅位置、格局对称，而且名字也是对称的——"文"对"武"，代表着封建王朝的文治武功、帝王将相的文韬武略；"华"对"英"，"华"为华彩、华丽、华贵，"英"为英明、英杰、英雄，皆有出类拔萃、独领风骚之意。因此，文华武英，体现着建立至高无上之功业、成就登峰造极之伟绩的美好梦想、豪迈气象。二者的格局体现着中华文化里和谐对称的美学追求。

　　除了位置、格局、名称外，文华殿与武英殿在功能上也是对称的。二者都是明清时代最重要的学术教育中心和文化传播机构。简单地说，文华殿是国家顶级的教育殿堂，是皇帝召集学术文化大咖们为自己讲学授课的地方；武英殿是国家顶级的出版机构，是皇帝组织学者们编纂和收藏经典图书的地方。

因此，故宫不仅是国家的行政中心，也是国家的文化学术中心。文华殿与武英殿从两侧拱卫着前朝三大殿，这样的布局体现了在封建帝王心目中，尊师重学、编书读书是国家大政中不可或缺的重要组成部分，是帝王治理天下、成就大业的前提和基础。

咱们首先走进文华殿，看看皇帝召集了哪些"大咖"，在这里为自己讲授什么课程。

二

文华殿始建于明朝永乐十八年（1420 年），位于太和门正东。它和武英殿都是故宫中为数很少的从未改过名字的宫殿。明朝天顺、成化年间，文华殿曾经作为太子居住的东宫，同时也是太子学习治理国家的地方。除此之外的漫长岁月里，文华殿的主要功能就是前面说的——皇帝召集学术文化大咖为自己讲课之处，当时这种课程叫"经筵日讲"。"经"就是儒家经典，"筵"指的是古人席地而坐时铺在地上的座席，"日讲"的意思是日常讲授课程，连起来就可以理解为"大家坐在一起，每天讲授儒家经典"。

经筵日讲在中国有着悠久的历史，体现的是自古以来封建帝王们尊师重教、重视学习的传统风尚。

汉武帝时，儒家学者董仲舒提出了"罢黜百家，独尊儒术"的建议，得到汉武帝的采纳。从此儒家学说成为中国历代封建王朝的正统思想，儒家经典"四书五经"成为历代王朝最为重视的文化典籍，不仅普通读书人要阅读学习，皇帝也必须学习。因为这些著作里蕴含着丰富的思想和广博的知识，都是孔子、孟子这样的古代圣贤留下的精神财富，对于帝王治理天下、统御万民、开创盛世具有重要的指导意义，是皇帝治国平天下最重要的"教科书"。因此，从汉代起，皇帝就经常邀请"五经博士"等大学者进入宫廷，为自己和皇族成员、文武官员讲课，学习修身之学、治国之道。

皇帝的示范带头作用，有利于在整个朝廷和社会上兴起重视教育、重视学习的风气，人人求知，人人读书，人人懂道理讲礼仪，自然有利于社会的和谐、天下的安定。这是符合统治者和民众共同利益的事情，皇帝们自然会高度重视。

汉末天下大乱，分裂的局势持续了三百七十年。隋唐再度实现大一统后，皇帝们继承了汉代传统，高度重视经筵。到了宋朝，经筵活动形成了比较完善的制度。每年的经筵日讲活动分为两个阶段：第一个阶段是农历的二月至五月，叫"春讲"；第二个阶段是农历的八月至冬至，叫"秋讲"。这几个月里的"单日"（也就是每月的一日、三日、五日、七日、九日、十一日……）举行经筵日讲，皇帝召集知名的大学者作为讲官，轮流进宫讲课。

经筵日讲的时间段，正好对应如今上学的学期。宋朝之后的元、明、清三朝，经筵日讲制度一直延续了下来。尤其是明清两朝，对于经筵日讲特别重视，是帝王、太子不可缺少的"必修课"。明朝时经筵日讲有过短期中断，大部分时间都在施行，日程安排一般是"每日一小讲，每旬一大讲"。但明朝皇帝们的学习态度是有差异的，一些皇帝非常重视，如明英宗、明孝宗。也有不少皇帝不爱学习、懒惰贪玩，比如前文提到过的明武宗、明世宗、明神宗等，他们经常以身体不好、天气不好、心情不好、啥啥都不好等各种理由请假，不参加学习，和咱们现在很多贪玩的学生非常相似。

清朝是坚持经筵日讲时间最长的朝代，从清太宗皇太极于1636年改国号为"大清"起，到宣统三年（1911年）辛亥革命清帝退位为止，经筵日讲几乎贯穿始终，持续两百六十多年。其中规模最为隆重的"经筵典礼"也从顺治十四年（1657年）持续举办到咸丰十年（1860年），长达二百年之久。

清朝皇帝重视经筵日讲，是这个朝代高度重视学习汉文化的突出体现。清朝帝王大多要努力学习中国传统文化，熟悉源远流长的圣贤之道、历朝历代的治世宝典。他们对于经筵日讲的重视，可以说超越了历朝历代。清代经筵日讲的讲官一般由学识渊博、德高望重的朝廷重臣兼任，如大学士、翰林、各部尚书、左都御史、通政使等。他们既精通儒学、文化深厚，又参与治理天下，可以说是既有理论修养又有实践经验，担任皇帝经筵日讲的老师是再合适不过了。

三

明清时期每次经筵日讲具体讲些什么内容呢？咱们还是通过情景再现的方式给大家展示一下。

早朝之后，大约上午八点左右，皇帝在御前侍卫的护送下，首先走进文华殿，在殿中央的宝座上坐好。赞礼官（其实就是经筵日讲的主持人）面对殿门高声传谕，让参加今日经筵活动的官员们入内；既包括讲课的官员，也包括来听课的官员，大家入殿后给皇帝行大礼，然后分左右站好。

紧接着，两位官员将一张书案摆在皇帝面前，这就是皇帝听课的课桌；另一张书案摆设在两三米之外，这是讲官的讲桌。书案上摆放着讲义，这是讲官们提前一天用规范的楷书写成的。

在赞礼官的宣布声中，从站立在两边的官员中走出了四个人，两位身穿红袍的是今天的讲官，也就是讲课的老师；两位身穿蓝袍的是"展书官"——专门帮皇帝翻书的官员。讲官面对皇帝，在讲桌前一左一右站好，展书官则在讲桌两侧面对面站好。都站好后，讲官跪下给皇帝磕头，磕完头后，左边的讲官站到中间位置，拿起讲桌上的讲义，面对皇帝准备开讲。与此同时，左边的展书官跪下膝行，来到皇帝的课桌旁，打开课桌上的讲义，翻到今天要讲的内容，用铜尺压在上面，便于皇帝观看。

接下来，左边的讲书官开始了今天的讲授，时间一般在一小时左右。他讲到哪，展书官就给皇帝翻到哪。讲完后，把讲义放回原处，讲官及展书官都退回原位。右边的讲官和展书官开始工作，工作内容、时间都基本和左边的两位一样。

为什么要分左右两位讲官和展书官呢，因为两位讲官讲授的课程内容不同，皇帝课桌上的讲义也有两本。一般情况下，左边的讲官讲授的是"经"，也就是"四书五经"这些儒家经典；右边的讲官讲授的是"史"，也就是历朝历代的历史故事、历代帝王的成败得失。明朝的时候，两位讲官都是汉人，清朝则经常是一满一汉。

"经"和"史"就是经筵日讲的主要内容、皇帝学习的核心课程。通过学习儒家经典，懂得道德伦理，学会为人处世，树立正确的三观，掌握广博的知识，成为一个合格的"君子"。通过学习历史，了解历朝历代的兴亡盛衰，熟悉以往帝王的功过得失，总结出正确的为君之道、治国之策，成为一位合格的皇帝。

学生平时听课，可以提问题、和老师交流。经筵日讲可不是这样，整个过程中只有讲官一个人滔滔不绝地讲解，其他所有人都要凝神静听，皇帝也不能例外。只有等讲官讲完之后，大家才能发表意见、提出问题、相互交流。

而且，听讲过程中，所有人必须坐有坐相站有站相，以体现对学者的尊重和对知识的敬畏。即使是高高在上的皇帝，也必须端端正正坐好。如果坐得东倒西歪、前仰后合，或者出现跷二郎腿之类的不雅动作，讲官就会停止讲授，对皇帝说："为人君者，可不敬哉？"意思是您作为万民敬仰的皇帝，怎么能有如此不礼貌的举动？

这其实体现着经筵讲官的一个重要职责——教导皇帝，使他成为一个有规矩讲礼数的人，成为天下人的表率。这是讲官不可推卸的神圣职责。如果讲官只顾讲课，或者出于对皇帝的畏惧而不敢指出其不当行为，就属于严重失职，甚至可能因此而被罢免。

皇帝听完课后，可以和讲官交流，谈自己的感受和想法。还要对讲官表示感谢，赐茶给讲官喝。后面还要完成"作业"——写一篇御论，也就是听完课的心得感想；清朝皇帝还必须写两篇御论，一篇满文一篇汉文。

当然，如果遇到特别不爱学习、不守规矩的皇帝，听课时坐没坐相，听完课不完成作业，经筵讲官也不可能去惩罚他。因此，经筵日讲虽然有教育约束皇帝的职责，但在君主专制的时代，真正能约束皇帝的，恐怕只有皇帝的自律之心、责任意识、道德修养。

从汉代到清朝，经筵日讲延续了近两千年。无论中间发生了多少战乱、多少动荡、多少灾祸，一旦安定下来，经筵日讲就会恢复举行。这体现的，是历朝历代不变的原则——统治者对知识、对学问的敬畏，对学者大儒们的敬重。

我们常自豪地说，世界各大文明古国之中，只有中国的文明不曾中断、一脉相承。经筵日讲的两千年传承，就是这种说法一个有力的佐证。中华文明一脉相承，经筵日讲活动就可以作为这根"脉"的集中体现。

武英殿：
"皇家出版社"和它背后的重要人物

一

在太和门正西侧，与文华殿遥相呼应的，是武英殿。文华殿是故宫里的学术教育殿堂，武英殿是故宫里的文化典藏之所。

与文华殿不同的是，武英殿作为文化典藏之所，是从康熙朝开始的。此前的二百多年里，它还扮演过不少别的角色。武英殿与文华殿基本在同一时期落成，建成之初，它是明朝皇帝斋居之所，也就是吃斋修行或为前代皇帝守孝的地方，同时也在这里接见大臣、商议国事。明朝还曾经将全国各地的优秀画家集中到武英殿居住，随时待命为皇帝后妃画像。

到明末崇祯年间，武英殿成为举办皇后生日庆典的地方。崇祯十七年（1644年）春，崇祯帝自缢，明朝灭亡。李自成占领紫禁城后，曾在武英殿办理军务，后来李自成兵败山海关，退回北京后于6月3日在武英殿仓促举行登基典礼。第二天凌晨，李自成就匆忙撤离北京，离开前下令火烧紫禁城，武英殿幸免于难。清朝入关定都北京后，摄政王多尔衮就把武英殿作为处理国事的地方。后来顺治皇帝从沈阳来到北京，也曾在武英殿住过一段时间。

康熙八年（1669年）二月，清朝政府开工重建被李自成烧毁的太和殿、乾清宫，当时十六岁的康熙皇帝玄烨住在保和殿，离喧闹的工地很近。为了获得一个安静的居住环境，康熙皇帝搬到了武英殿暂住。三个月后，发生了历史上著名的"擒鳌拜"事件，这时康熙帝正好居住在武英殿。所以，武英殿是康熙帝真正亲政的开始之处，是他一生帝王基业的起点。

正因为此，康熙帝一直对武英殿有特殊的亲切感。十一年后，他亲手将武英殿打造成了大清王朝最重要的文化典藏之所——修撰和收藏最重要、最经典的书籍的地方，也就是国家顶级的"出版社"和"图书馆"。

二

康熙十九年（1680年），在平定三藩的战争即将取得胜利之时，二十七岁的康熙帝下令，将武英殿的左右廊房改造为"修书处"，专门负责重要书籍的设计、修撰、印刷、装潢。康熙帝对武英殿修书处高度重视，专门委派亲王大臣担任总负责人，下面设置了三十多人的修书工作团队，每位工作人员都由翰林院推荐、皇帝批准，都是学问精深、饱读诗书的专家学者。这样的工作团队，能够保证修书工作的圆满完成，保障修出的每本书都具备高品质、高水准。

从此以后，武英殿成为清王朝顶尖级的出版社和"图书馆"，两百多年间，儒家经典、诸子文集、史籍会要、方志丛刊、文学艺术、科学技术等各类图书从这里源源不断地被打造出来，很多成为清代乃至整个中国历史上优秀的文化成果、精神财富。

尤其是康熙四十年（1701年）以后，武英殿刊刻书籍的数量高速增长，质量也获得了极大提升。使用特制的开化纸和先进的铜版雕刻活字印刷技术，字体秀丽典雅，绘图生动细腻，印制了既有深厚内涵又有精美外观的书籍精品。《康熙字典》《佩文韵府》《古今图书集成》等中国古代重量级的典籍巨著，都是这一时期在武英殿修撰印制的。

乾隆时代是清王朝的鼎盛阶段，国力强盛，政权稳定，经济繁荣，文化昌盛，修书藏书活动也进入高潮。乾隆三十八年（1773年），乾隆帝下令从《永乐大典》中摘出珍本一百三十八种，在武英殿印制出版，并御赐书名《武英殿聚珍版丛书》。中国历史上规模最大的百科全书《四库全书》，也刻印了武英殿版本，这个版本的《四库全书》有多大规模？仅它的目录《武英殿本四库全书总目》居然就达到了六十册、一万七千五百三十六页，重二十公斤！

散发着缕缕书香的武英殿

武英殿刻书印书活动以康熙、雍正、乾隆三朝最为兴盛，因为纸墨优良、校勘精准、品质上乘，这一时期武英殿刻印的各类书籍，都成为这些书籍古往今来最优质的版本，专业术语称之为"殿本"——武英殿的版本、殿堂级的版本。

到了道光、咸丰年间，随着清朝国力的衰落，内忧外患日益加剧，武英殿的出书活动走向了低谷，印刻收藏的书籍量锐减。同治八年（1869年），武英殿遭遇火灾，正殿、后殿、殿门、东配殿、浴德堂等建筑共三十七间被烧毁，这些地方贮存的大量书籍也被焚烧殆尽，这是中国古代图书事业、文化事业的巨大损失。同年，武英殿开始重建，虽然宫殿建筑能够修复，但损毁的书籍再也无法复原。

武英殿两百年来的修书史，也可称是一部清王朝的兴衰史。

清王朝终结之后，武英殿继续发挥着文化典藏的功能。1913年，故宫古物陈列所成立，整个陈列活动就是以武英殿为中心展开的。1914年，经过德国罗克格公司的设计，武英殿和敬思殿连接在一起，被改造成为"工"字形结构的展览馆，陈列展览故宫珍藏的各类古物典籍，同年十月对公众开放。

历经岁月洗礼、时代变迁，武英殿依然散发着缕缕书香。王朝会覆灭，江山会易主，琼楼玉宇会化为灰烬，功名利禄会成为过往，只有书卷中包含的那些学问、典籍中孕育的那些智慧，永远不会凋零，永远珍贵无比。

三

说到武英殿的修书藏书，我们就应该再讲讲与之相关的重要人物。

武英殿修书活动的负责人叫"修书总裁"，在武英殿众多的修书总裁中，最知名的当属清代著名文学家、桐城派古文的代表人物方苞。

方苞生于康熙七年（1668年），死于乾隆十四年（1749年），历经康、雍、乾三代，正赶上清朝走向强盛的时代。他的一生既有令人艳羡的辉煌，也有不少坎坷艰辛，他的经历正是那个时代的写照。

方苞字灵皋，又字凤九，晚年号望溪。是安徽桐城人，出生在南京。江淮的灵山秀水赋予他过人的聪明才智，四五岁就能对对子、背诗词，七岁读《史记》，十岁开始读写古文，成为当地有名的小才子。

一天，年幼的方苞在野外玩耍，当时正值五月农忙时节，男女老少都在田间拔秧、插秧。一个拔秧的农夫一边用稻草捆秧，一边念道："稻草扎秧父抱子。"一语双关，稻草是秧苗长大后变化而成的，稻草捆秧苗不就相当于父亲抱儿子吗？真可以说是充满乡野智慧的一句话。

方苞听了这句话，觉得颇有意味，于是就站在田头呆呆地思考。农夫看见是一个农家小孩，看样子似乎听懂了自己的话，于是想考考他，就把这句话又念了一遍，然后笑着问方苞："你能对出下联吗？"方苞一边想一边自言自语地说："稻草，父也；秧，子也。"他举目遥望，见不远处的竹林里，几个妇女正把竹笋投入竹篮里，他顿时有了主意，眉毛一扬，自信地点点头，高声对道："竹篮装笋母搂儿。"

对啊，竹篮就是用竹子编的，而竹子不就是竹笋长大后变化而成的吗？所以竹篮装竹笋，不就相当于母亲把孩子搂在怀中吗？这可真是天衣无缝的完美"绝对"啊！出题的农夫惊喜不已，夸方苞是个"神童"。

"神童"后来果然不负众望，在科举考试中先后中秀才、举人、贡士。在即将参加最高级别的殿试前夕，传来了母亲病重的消息。方苞是个大孝子，急于回家照顾母亲，故而未能参加殿试，也就没有机会中进士，这成了他一生的遗憾。虽然如此，但他的才华早已名闻四方，爱惜人才的康熙皇帝将他召到身边，让他"入直南书房"，成为皇帝的贴身文秘人员。后来又派他去畅春园编写音乐、数学等领域的教科书。康熙六十一年（1722年），方苞被任命为武英殿修书总裁，成为皇家出版机构的总负责人。

康熙帝之后的雍正、乾隆皇帝，同样对方苞信任有加。雍正时期，方苞开始有了实实在在的官职，他担任过翰林院侍讲学士、内阁学士，成为国家高层的文化教育官员。雍正皇帝还任命他在武英殿给庶吉士们讲课，相当于担任皇家的博士生导师。乾隆时期，方苞升任礼部右侍郎，相当于今天教育部、文化和旅游部、外交部的副部长，他还担任过其他要职。乾隆七年（1742年），七十五岁的方苞因年老体衰而辞官归家。七年后在家乡病逝，享年八十二岁。

方苞文学成就很高，他的文风质朴简约、严谨求实、细腻生动，文章写得自然流畅、清新典雅、富有哲理，具有极强的感染力，在清代前期的文坛独树一帜，其作品大多成为当时众口传颂的佳作。他所开创的"桐城派"，是明清时期影响最大的文学流派之一，文体成为此后众多文人写作文章的模板圭臬。清末赫赫有名的曾国藩，就极为推崇桐城派古文。方苞的代表作《狱中杂记》《左忠毅公逸事》等都被选入了当代中学语文教材，被一代代后人学习传诵。

看到这里，你一定觉得方苞这辈子顺风顺水、名利双收，皇帝是他的"伯乐"，让他身居高位，成为一代文化宗师，还享有那么高的年寿，实在太让人羡慕了。

其实，方苞生命中经历的坎坷艰险，也非常多。在他科举连连高中、春风得意之时，一场文字狱就曾险些让他丢了性命。

康熙五十年（1711年），著名学者戴名世被人告发，说他的著作《南山集》里有大逆不道的话，戴名世因此被逮捕入狱，两年后被处死，这就是历史上著名的文字狱"《南山集》案"。戴名世也是桐城人，和方苞是同乡，并且也擅长古文，和方苞是至交好友，方苞还曾经为戴名世的文集作序。如今戴名世犯了"谋逆"大罪，方苞也遭到株连，被关进监狱长达两年多。后来被押解到京城，经过审判后被定为死刑。

其实，戴名世并没有谋逆行为，只是在书中记录了一些明末军民抗清的史实。至于方苞，只不过和戴名世交情深厚，以前为他的书写过序言，说他参与戴名世的"谋反"，纯属无稽之谈。戴名世被杀后，深受康熙帝信任的朝中重臣李光地爱惜方苞的才华，对他极力营救。最终，方苞幸运地与死神擦肩而过——他得到了康熙帝的亲笔批示"方苞学问天下莫不闻"，于是被免除死刑、释放出狱。

方苞的幸运，在于他得遇"明主贤臣"。康熙皇帝珍视人才、求贤若渴，李光地本身就是饱读诗书、学富五车的大儒，所以能够为皇帝发现和推荐方苞这样的人才。然而，戴名世则没有这样的幸运，他成为清朝文字狱的牺牲品。

戴名世和方苞的遭遇，正是那个时代的真实写照。文字狱历朝历代都有，清朝最为严重。康熙、雍正、乾隆时期，清王朝疆域辽阔、国力强盛、经济繁荣，文化上有很多建树。但与此同时，这个时期也是文字狱最严酷的时代，政府既重视和培养文化人，又监督和压制文化人。尤其是乾隆时期，文字狱达到极点，很多书籍文章被禁被毁，很多文人惨遭杀戮。如果方苞生活在乾隆时代，无论他有多么卓越的才华，恐怕都不会有这样的幸运了。

或许，正因为方苞有过这样的经历，才使他对于政治的险恶残酷深有体会，所以他一辈子不愿意做官。虽然后期也担任过一些职务，但他始终将精力与心血投入到文学创作、书籍修撰领域，曾多次辞官。这是方苞本人的幸运，更是中国文化的幸运。如果方苞贪图权势、醉心官场，整天琢磨着怎么升官发财，他就不可能取得那么多的文化成就，写成那么多的经典文章，更不可能成为开创桐城派古文的一代宗师。

方苞最值得我们敬佩的，是他在狱中那两年，虽然蒙受冤屈、身临死境，但仍然坚持写作，著成《礼记析疑》和《丧礼或问》两部书。在那样的绝境之中，是什么在支撑他？我想，是中国一代代知识分子的人格风骨、信念精神。司马迁在惨遭宫刑之后写成《史记》，苏东坡在流放之地写成《念奴娇·赤壁怀古》《前赤壁赋》，方苞和他们一样，传承着崇高的风骨、伟大的情怀。

如今，武英殿已对游人开放，主要展出历代陶瓷制品。但每当我走进这座文化圣殿，眼前出现的，还是两百年间忙忙碌碌的修书场景；鼻子闻到的，还是一部部经典书籍修成后的阵阵墨香；耳边听到的，还是文人们翻阅书籍时的纸张响动；脑海中浮现的，还是方苞这样的杰出文人那令人回味、令人思考的悲喜人生。

文华殿的经筵日讲，武英殿的图书典藏，让作为政治中心的紫禁城，平添了深厚的文化底蕴、饱满的文人情怀。文华殿是紫禁城里的文化净土，武英殿是紫禁城里的智慧宝库。看惯了官场里的争名夺利、深宫内的纷纷扰扰，在这里，能收获一份内心的祥和与安宁。

📱扫码领取
· 作　者　说
· 解读紫禁城
· 紫禁城趣闻

军机处：
看似不起眼的行政中枢

一

我们在历史书上经常看到的一句话是"清承明制"，意思是清朝全面继承了明朝制度。其实，清朝在继承明朝以及以往朝代制度的同时，也有不少创新。比如，成立了一些历朝历代没有过的新政府机构，以应对新的统治需要。其中最典型的就是理藩院，专门用于处理蒙古、西藏、新疆等边疆民族地区的事务。这些区域在以前的历朝历代，很少成为中央政府直接管辖的统治范围，清王朝疆域空前辽阔，将它们通通纳入版图，所以必须成立专门管理这些地区和民族的机构，理藩院就这样应时而生。

另一个较有代表性的清代新机构，就是军机处。我们在清朝历史剧里经常听到这个机构的名字，军机大臣给我们的感觉是地位很高，权力很大，大都是皇帝身边的红人。我们熟悉的清中期名臣张廷玉、傅恒、阿桂、福康安、和珅等，清晚期名臣奕䜣、左宗棠、翁同龢、载沣、张之洞、袁世凯等，都曾担任过军机大臣。

那么，军机处究竟是一个什么样的机构？军机大臣到底扮演着什么样的角色？清朝皇帝又为什么要成立这么一个前所未有的机构？

二

在故宫里，军机处是一个不太起眼的处所。走过前朝三大殿，在进入乾清门之前，往西边一拐，走上二十米，可以看到一排既不高大又不华丽的小平房，高度不过两米多，总面积也就百八十平方米，看起来似乎和故宫中轴线两边那种太监宫女居住的房屋差不多，这里就是大名鼎鼎的军机处。

别看它不起眼，这可是故宫里最重要的建筑之一。如果要评选出故宫成千上万间房屋里最重要的几处，我认为是这三处：一是太和殿，国家盛典举办地；二是乾清宫，真龙天子居住地；三就是军机处，政府中枢机要之地。皇上的圣旨、朝廷的政策都是从这儿出来的，国家的一切最重要的方针决策都是在这儿制定的。

其实，这样的机构在中国历朝历代都有，只不过名称不同。如隋唐的"三省六部"、宋朝的"枢密院"、明朝的"内阁"等。既然前代已经有这种机构了，为什么清朝还要专门设置军机处呢？

这还要从我们已经多次聊到的雍正皇帝爱新觉罗·胤禛说起。

前文中多次谈到，雍正帝是一个"不走寻常路"的皇帝，喜欢搞改革搞创新，这军机处，也是这位改革爱好者创造出来的一个新玩意儿。军机处，顾名思义，可以理解为处理军事机要的地方；军机处成立之初，确实是出于军事目的。

清朝从康熙时起，一直有一个强大的敌人，虎视眈眈地盘踞在西北边陲，这就是世代生息于天山以北地区的漠西蒙古准噶尔部。康熙时期，准噶尔部首领噶尔丹汗统一了漠西蒙古各部，进兵漠北喀尔喀蒙古（今蒙古国区域），并欲图与清王朝争夺天下，康熙帝三次亲征，噶尔丹汗兵败身死，准噶尔之乱基本得以平定。可到了康熙晚年，噶尔丹的侄子、准噶尔部新的汗王策妄阿拉布坦再度起兵作乱，侵入西藏，康熙帝派自己的十四儿子胤禵、大将军富宁安、副将阿喇纳等人率军入藏，粉碎了策妄阿拉布坦侵占西藏、扩张准噶尔部势力的图谋。

可这准噶尔部就是这么剽悍，真是"生命不息折腾不止"。策妄阿拉布坦死后，儿子噶尔丹策零继位为汗，继续与清朝为敌，他还组织了千人炮兵部队，为战争做准备。

面对这种情况，继位不久的雍正帝毫不退缩，准备继承父亲坚决捍卫国家统一的政策，对准噶尔部用兵。雍正七年（1729年），雍正帝采纳大学士张廷玉的意见，任命傅尔丹为靖边大将军，从新疆北部进兵；任命岳钟琪为宁远大将军，从新疆西部进兵。两路夹击，消灭噶尔丹策零的军队。在漠北蒙古土谢图汗部的配合下，噶尔丹策零被打得丢盔弃甲、狼狈逃窜。此后，清朝政府和准噶尔部开始和谈，西北进入了十年和平时期。雍正帝之后的乾隆时代，准噶尔部首领达瓦齐、阿睦尔撒纳又先后发动叛乱，都被清王朝平息。准噶尔部最终被消灭，整个漠西蒙古都被纳入大清版图。

正是在准备与准噶尔部作战的情况下，雍正帝决定设立军机处，专门协助他处理军事要务。因此，军机处是在清王朝平定边患、统一疆土的过程中应运而生的，建立的初衷是军事需要。

军机处的工作人员有军机大臣和军机章京两类，军机大臣是军机处的首要官员，俗称"大军机"，军机章京则属于副职，俗称"小军机"。军机大臣是皇帝从大学士、尚书、侍郎以及皇族亲贵中选拔出来的，都是深受皇帝信赖倚重的优秀人士。比如最早的三位军机大臣，一位是雍正皇帝最喜爱和信任的弟弟——康熙帝的皇十三子胤祥，当时被封为"怡亲王"；另外两位是汉人，一位是德高望重的大学士张廷玉，另一位是深受康熙帝、雍正帝认可的户部尚书蒋廷锡。军机章京也都由内阁、翰林院、六部、理藩院等机要衙门中的优秀官员担任。由此可见，军机处从成立之日起，就是皇帝特别重视的核心机构，处理至关重要的国家军政要务。在这里工作的人，自然也必须是皇帝特别信赖的亲信重臣，不仅要有能力，还要德才兼备、忠心勤勉，皇帝才能把关乎国家命运、朝廷安危的军政要事交给他们处理。

值得注意的是，军机处设立之初，没有专门的官员。无论军机大臣还是军机章京，都是临时性职务，是这些官员的"兼职"，他们的"组织关系"还是在他们原来工作的衙门。因此，军机处也没有自己的衙门官署，只有乾清门西侧那一排小小的"值班房"，所以，这样重要的机构，办公地点才会这么不起眼。

之所以设置在这个位置，是因为这里靠近雍正帝的寝宫养心殿，便于他召见军机大臣议事。军机处紧靠养心殿，似乎象征着它在皇帝心目中特殊的亲近地位，象征着军机大臣都是皇帝的贴身人、贴心人。

后来，雍正帝逐渐感受到，军机处真是个好东西。它好就好在听皇帝的话，说白了，就是"好使"。

过去的政务机构，虽然要执行皇帝的命令，但常常会不听皇帝的话。比如"三公"中的丞相，对皇帝的权力有一定的制衡作用。皇帝出台决策，很多时候都要和丞相商议，不能独断专行。皇帝做得不对，丞相有批评的权力，厉害的丞相几乎和皇帝平起平坐。"三省六部"中的中书令、尚书令，枢密院中的枢密使，内阁中的首辅大臣，也都有类似的权力。而军机处不一样，它本身就是皇帝亲手设立的机构，相当于皇帝的机要秘书处，在这里工作的大臣不仅职务高地位重，而且都是皇帝的亲信、心腹，并且相当一部分是满蒙亲贵、皇族成员，比如前文中提到胤祥、奕䜣、载沣等人，他们忠心侍奉皇帝、服从皇帝命令，基本不会和皇帝对着干，只会一丝不苟地执行皇帝的指令。即使皇帝向他们询问情况，请他们提出建议，他们也一定会站在维护皇帝权威、皇家利益的立场上处理这些问题。

所以，军机处和军机大臣们，可以成为皇帝乾纲独断、治理天下的有效工具。从军机处设立以后，皇帝处理任何问题、下达任何谕旨、出台任何政策，都可以以军机处的名义完成，而不需要再和内阁大臣等官员们商议，这实际上都是按照皇帝本人的意愿完成的。就这样，通过军机处，皇帝的君主集权大大加强。

为此，军机处的职能，从军事拓展向各个领域，天下大事的决策都从这里开始，大政方针的制定都在这里完成。军机大臣的角色，其实就是忠实执行皇帝决策、完成皇帝意愿的"秘书"，是皇帝的心腹亲信。

这样一来，前面的问题咱们就可以回答了。历朝历代都有中枢政务机构，清朝之所以要专门设置军机处，起因是军事战争的需要，后来则是为了加强君主专制，打造一个直接由皇帝领导、忠实执行皇帝意愿的统治工具。

三

雍正之后的乾隆时代，军机处权力进一步扩大，渗透到了中央和地方的各个政府部门，远至黑龙江、新疆等边陲地区的事务，军机处也要管。军机大臣人数也有增加，仍然都是皇帝的亲信大臣，并且满蒙人的数量超过汉人。与此同时，军机处处理的事务日益增多，

清朝的特殊权力机构——军机处

各项制度不断健全，它已超出内阁，成为大清王朝的政治中枢机构。

但不管军机处的地位怎样扩展和完善，它仍然只是皇帝的秘书班子，军机大臣本身的权力并没有扩大，角色身份也没有变化。

到清末的宣统三年（1911年），清王朝行将结束之际。在清末新政的改革浪潮中，军机处被"责任内阁"取代。存在了近二百年的军机处，成为了历史的陈迹。

该如何评价军机处呢？我想，还是应该辩证地看。一方面，军机处与君主专制密不可分。中国的君主专制，从秦始皇发端，经过历朝的加强，到清代达于高峰，而军机处的设立和发展，就是清代君主专制空前强化的主要标志。专制独裁的加强，皇帝的权力没有人能制约，他的错误决策也没有人能抵制和改变，这显然不利于社会的进步、国家的发展。另一方面，军机处确实也有利于提高行政效率，中央的任何指令方针都能不受干扰地实施推行，避免了扯皮和拖延，也有它的积极作用。

不管怎样，军机处对于清王朝的兴衰，都起到了不可替代的重要作用。所以，大家来到故宫，除了欣赏那些宏伟华丽的殿宇宫室，也别忘了来看看这外观虽然不起眼、背后却大有深意的军机处。

奉先殿：

祭祀祖先，敬畏历史

一

"国之大事，在祀与戎。"这是中国自古以来流传下来的一句名言，也是历朝历代统治者认可和传承的重要原则。"祀"就是祭祀，"戎"就是打仗。这句话的意思是，一个国家最重要的大事有两件，一件是祭祀，一件是战争。

战争的重要性很好理解，国家通过战争驱逐侵扰、开疆拓土、威震四方，捍卫领土和主权，获得安定和声望。这对于一个国家肯定是最重要的大事。

为什么祭祀也这么重要呢？

因为在古人心目中，祭祀是最神圣、最隆重的祈福活动。祭祀天地，祭祀神灵、祭祀祖先，祭祀英雄……所有祭祀活动的共同目的，就是要表达对这些祭祀对象的敬仰和崇拜，从而获得他们的庇护和保佑。古人认为，他们降下的福祉，能护佑帝王建功立业，护佑百姓安居乐业，护佑天下国泰民安。

所以，在古代统治者心目中，祭祀和战争，都是王朝长治久安、国家繁荣富强最重要的保障。不同的是，战争是通过武力方式达到目的，祭祀则是通过祈祷方式达到目的。二者殊途同归，都在帮助君王实现治国平天下的宏伟目标，自然也都是他们心中最重要的事情。

在远古时代，我们的祖先就开始了丰富的祭祀活动。原始部落中人们的自然崇拜、图腾崇拜、巫师献祭、萨满跳神，都是最早的祭祀行为。夏商周时代，祭祀活动几乎无时不有、无处不在。祭祀所使用的祭品，既有各种酒肉饮食、布帛绸缎、珠宝玉器、钟鼎尊彝，

奉先殿

也有猪、牛、羊等牲畜；甚至还有人，比如殷商时代残酷的"人殉"，就是将奴隶杀死祭祀。秦汉之后，中国人开始大量使用人偶、人俑，取代活人作为祭品或陪葬品，比如咱们熟悉的兵马俑就是这种目的的产物。

　　经过漫长的传承，中国形成了博大丰厚的祭祀文化。祭祀对象越来越丰富，祭祀程序越来越复杂，祭祀制度和祭祀礼仪也随之越来越完善。在前面，我们介绍中国古代最高级别的国家礼仪、朝廷礼仪有五类：吉礼、嘉礼、军礼、宾礼和凶礼。其中排在第一的"吉礼"就是祭祀礼仪。它是五礼之首，最受皇帝重视。明清时期，朝廷专门设置了"太常寺"掌管吉礼。吉礼内容非常多，清朝时有一百二十三项具体礼仪。重要的有祭天、祭地、祭日、祭月、祭祖先、祭孔子、祭关帝、祭农神、祭萨满等。北京的天坛、地坛、日坛、月坛、太庙、社稷坛、先农坛、孔庙、关帝庙等都是古代宫廷举行吉礼的地方。

　　在故宫里，举行祭祀、施行吉礼的地方，是奉先殿。

二

　　奉先殿位于东六宫外的东南位置，前文介绍过的毓庆宫正东。它始建于明朝初期，清代顺治、康熙、乾隆年间三次重修，嘉庆年间又进行了改造，形成了今天的格局。前后两重宫殿用穿堂连接起来，平面呈"工"字形，整体坐落在白石须弥座上。奉先殿的多次重修和改造，充分说明了它在故宫中所受到的特殊重视和礼遇。

奉先殿和太庙的功能相似，但祭祀的对象，不是天地神灵，而是本朝的历代皇帝后妃，因此奉先殿又被称为"内太庙"——紫禁城内的太庙。

按清代制度，每逢元旦、除夕、冬至、万寿圣节（当朝皇帝生日）、国家大庆日等吉祥日子，以及每月的初一（朔日）、十五（望日），皇帝都会率宗室亲贵在奉先殿前殿举行大型祭祀活动。遇到历代皇帝皇后的诞辰、忌辰，以及元宵、清明、中元、霜降等节日节气，皇帝会率领众人在奉先殿后殿上香行礼。凡是皇帝举行册立太子、册封皇后、为太后上徽号、经筵大典、外出耕地狩猎、拜谒祖陵、巡游天下等活动，也都要先在后殿举行"告祭"仪式。

为什么所有重要节庆、重要活动前都要到奉先殿祭祀呢？其实就是要在这些时候，由皇帝率领皇亲国戚向列祖列宗汇报。首先是感谢列祖列宗的保佑护持，然后告诉列祖列宗我们准备干什么，最后祈求列祖列宗继续降福保佑，让我们的这些大事都能顺利圆满，让我们未来的生活都能吉祥安康，让普天下的人们都能雨露均沾、享受列祖列宗的赐福。

不同的时间，在奉先殿祭祀时供奉的祭品是不一样的。说白了，给老祖宗上的贡品也得是"应时当令"的。一说到贡品，一般会认为都是非常名贵的山珍海味、琼浆美酒，至少也得是上等的牛羊猪头、鸡鸭鱼肉，其实这是一种误解。清代宫廷提倡节俭，各种用度都比较节约，祭品也不例外。奉先殿日常祭祀的贡品，正月是鲤鱼、青韭、鸭蛋，二月是鳜鱼、莴苣、菠菜、小葱、芹菜等。其他各月也都是这些类型的东西，怎么样，是不是很接地气？

每到四月初八"佛诞日"（就是佛祖释迦牟尼诞生的日子）、七月十五中元节，还要在奉先殿陈设素斋，以此表示对佛道神鬼的敬畏。

奉先殿的祭祀活动一般都是和太庙"配套举行"的。皇帝在太庙祭祀完毕后，就到奉先殿举行祭祀活动，内容程序有很多相似之处。

太庙祭祀是面对天下臣民举行的，是"国祭"；奉先殿祭祀则是在皇族内部举行的，相当于皇帝的"家祭"。但在"家天下"的封建王朝时代，家国一体，皇帝家的事就是国家大事，所以奉先殿的祭祀虽然是皇帝家祭，但也是国家最高级别的祭祀活动。

三

对祖先的崇拜和祭祀，体现了中华民族的重要精神信仰，也是中华文化中值得研究的现象。

自古以来，上至帝王，下至百姓，中国人社会生活、为人行事的最高原则就是"敬天法祖"——崇敬上天、效法祖先。祖先和上天一样，是神圣不可侵犯的信仰敬畏对象。"数典忘祖"是对一个人最严厉的斥责，"辱没祖宗"是不可饶恕的严重罪过，"祖宗十八代"是最狠的骂人语汇，"刨祖坟"则是最恶毒的诅咒行为。一个人取得了重大成就，家里人和外人都会说他"祖上积德""祖宗保佑"。

在传统中国人的家庭生活中，逢年过节、婚丧嫁娶，重要的日子或家里有大事都要祭拜祖先。家庭条件稍微好一点的，就要编修族谱、修建祠堂，都是为了记住祖先、供奉祖先。家里的所有房屋中，祠堂永远是最重要最神圣的，大家族里有全族参与的议事活动，也大多在祠堂举行。因为这里是安放列祖列宗牌位的地方，是这个家族里最具"神性"的地方，是护佑整个家族延续繁衍、吉祥安康的福地。

还有一个很有意思的现象，可以看出中国人对祖先的高度重视，那就是攀龙附凤。很多人为了提升自己的身份、引起人们的关注、获得更多人的支持帮助，都会给自己"设计"一个了不起的祖先，说明自己根正苗红。最典型的就是刘备刘玄德，明明是个经营凉席、草鞋生意的小商人，非要说自己是"中山靖王之后、汉孝景帝玄孙"，一下子从小商人变成了汉室宗亲、皇族后裔。这样一来，他称王称帝就有了合法性，曹丕当皇帝就是"篡汉"，他当皇帝就是延续大汉江山。那时候没有 DNA 检测，刘备给自己编织的神圣光环，还真忽悠了不少人，认为支持他就是忠于汉朝，就是正义。其实，"天下唯有德有能者居之"，你姓刘的能当皇帝，姓曹姓孙的怎么就不能当呢？但整部《三国演义》都以刘备建立的蜀汉政权为正统，由此足以看出祖宗的重要性，哪怕是自己编出来的祖宗。

中国历代王朝的统治者，虽然贵为帝王，也不能免俗，也会借祖先来神化自己，说明自己统治天下是合理合法的。夏商周秦的国君，都宣称自己是"三皇五帝"的后代。夏朝君王的祖先是"五帝"之一的颛顼，而颛顼的爷爷就是中华民族的文明始祖黄帝。商朝君王的始祖叫"契"，契的父亲就是"五帝"之一的帝喾（他也是黄帝的曾孙），契的同父异母弟弟就是尧。周朝天子的始祖"后稷"也是帝喾的儿子。秦始皇的祖先，也是颛顼的后裔，被舜赐姓"嬴"。说来说去，这几个最早的世袭制王朝的君主都自称是黄帝的后代，是名正言顺的国君天子。

此后诸朝，开国皇帝的出身既有贵族官僚，也有平民黎庶，但他们的继承者都会或多或少编织一些祖先神话。比如唐朝皇帝姓李，就对外宣称自己是春秋时期思想家、道家学派创始人老子的后代，因为老子原名叫李耳；传说老子后来成仙，成为我们熟悉的"太上老君"，这样一来，唐朝皇帝就成了神仙的后代了。更有意思的是宋朝，北宋第三位皇帝宋真宗赵恒，因为自己笃信道教，居然亲自为玉皇大帝塑造雕像，并将他尊为老赵家的祖先祭祀，宋朝皇帝成了玉皇大帝的后代。汉朝的开国皇帝刘邦起兵前的身份是"泗水亭长"，相当于现在乡镇一级的干部，可他的后人却给他编造出了"斩白蛇起义"的神话，说他其实是传说中上古帝王"赤帝"（也就是炎帝）的儿子，还说他出生时金光满屋，一条巨龙在他母亲肚子上盘旋，所以他就是真龙天子下凡……这些显然都是无稽之谈，是封建帝王为了神化自己编造的故事。

不管怎么样，有信仰总比没有信仰好，有信仰有崇拜，就会有敬畏，就会约束自己的行为。皇帝有了这样的信仰崇拜，就不敢为所欲为、胡作非为，因为，虽然现实中几乎没有人能管得了皇帝，但列祖列宗在天上看着呢！要是昏庸暴虐，他们就会降下灾祸，施以惩罚。

每当出现了大的社会问题，比如自然灾害、动荡战乱、贪腐大案、民变起义等，皇帝会来到奉天殿，向列祖列宗谢罪，沉痛地承认自己无能或失误，没有治理好天下，希望列祖列宗原谅。

因此，奉天殿在紫禁城的宫殿里，体现着一种敬畏。这种敬畏鞭策着皇帝，让他们更加勤政爱民、兢兢业业，让他们在关键时刻能够反思自省、自我检讨，这对于天下的治理、国家的兴旺、朝廷的安定、民众的福祉，显然是有积极意义的。

高墙深院锁清秋

宁寿宫区：
紫禁城的"城中之城"

一

从东六宫再往东去，故宫的东北角区域，矗立着一片宫殿建筑群。它们在故宫中的角色很特殊，既不和前朝部分的任何宫殿对称，也不和后寝中轴线西侧的任何宫殿对称，完全是独立存在的一个区域。虽然位于故宫的角落地带，但却宫阙巍峨、殿宇林立，还附带一个花园，感觉好像是在故宫内部开辟出的一个隐蔽的"独立王国"。

这里还真是一个"独立王国"，或者叫紫禁城的"城中之城"。它是故宫建成三百五十多年后才设计打造的，是故宫里非常特殊的一个区域。特殊就特殊在，这个区域的格局设计和整个故宫的格局设计一致，只是面积缩小了许多，可以算是"微缩版""迷你版"的故宫。那么，这个城中之城是谁打造的？建造它的目的是什么？这里又发生过哪些故事呢？

二

这个"独立王国"就是宁寿宫区，位于故宫东北角，占地面积约四点八万平方米，在故宫总面积中约占百分之七。宁寿宫区的宫殿、楼阁建筑有二十多座，以皇极殿、宁寿宫、乐寿堂等为核心，建筑布局整体模仿故宫设计完成。

故宫有中轴线，宁寿宫区也有一条中轴线，中轴线前半部分的建筑包括九龙壁、皇极门、宁寿门、皇极殿、宁寿宫等，风格样式则大都对照模仿故宫中轴线前半部分午门、太和殿、中和殿、保和殿等建筑。

241

第四部分 千姿百态

　　宁寿宫区后半部分也和故宫一样，分为中、东、西三路。中路也就是中轴线后半部分有养性门、养性殿、乐寿堂、颐和轩、景祺阁等建筑，对照模仿故宫后寝部分中轴线上的乾清门、乾清宫、交泰殿、坤宁宫等建筑。东路有扮戏楼、畅音阁、阅是楼、寻沿书屋、庆寿堂、景福宫、梵华楼、佛日楼等建筑；西路是一个大花园，即宁寿宫花园，俗称"乾隆花园"，里面古树参天、花草繁茂、假山堆绣、池塘清澈，还有古华轩、遂初堂、符望阁、倦勤斋等建筑，都是中国园林宫苑建筑的精品。

　　所以，宁寿宫区就是"微缩版"的紫禁城，相当于把故宫整体缩小到原来面积十四分之一，再挪移到故宫的东北角，成为紫禁城中别具一格的"城中之城"。

　　它的设计打造者是谁呢？宁寿宫花园的俗称给了我们答案。宁寿宫花园俗称"乾隆花园"，整个宁寿宫区的设计打造者，就是我们已经许多次讲到过的乾隆皇帝爱新觉罗·弘历。

　　在乾隆帝之前的三百五十年间，这片区域一直是故宫里非常不起眼的犄角旮旯。明朝时，这里只有稀稀疏疏的几座宫殿，是供太后、太妃养老的地方。到了清朝康熙年间，康熙皇帝为了让皇太后（不是康熙帝的亲妈，康熙帝亲妈孝康章皇后早已去世，而是顺治帝的第二任皇后孝惠章皇后，康熙帝继位后尊奉其为"嫡母皇太后"）颐养天年，于康熙二十二年（1683年）在这里建造了宁寿宫。又过了九十年，康熙帝的孙子乾隆皇帝下令扩建、改造宁寿宫，用了五年时间，发动了众多工匠，将单独的一座宁寿宫打造成了涵盖二十余座主要建筑和一个大花园的宁寿宫区。

乾隆帝明明拥有整个故宫，为什么还要在这里打造一个"微缩版"故宫呢？他是为了给自己建造一个"退休"后的养老所。

当时，乾隆皇帝在位已经近四十年，年龄也已经六十多岁。但他仍然身体强健、精力旺盛，他坚信自己再活个二三十年肯定不成问题。但真活到那个时候，他就得按照自己继位时的承诺"退休"——退位当太上皇。

乾隆帝一生最崇拜的，是爷爷康熙帝，他继位后也处处以爷爷为榜样。他年轻时曾定下规矩，因为自己敬仰康熙帝，所以自己的在位时间不能超过康熙帝，康熙帝在位六十一年，自己在位最多六十年。到乾隆六十年，也就是自己八十五岁时，就要让位给儿子，自己当太上皇，安度晚年。

通往皇极殿的甬路

到六十多岁时，乾隆帝开始为"退休生活"做准备了，首先就要新建一处宫殿，作为自己退位后居住的"豪宅"。他看中了宁寿宫这片地方，宁寿宫本身就是他爷爷康熙帝时建造的，这更让他情有独钟，于是，他下令扩建这片区域，打造出了今天的宁寿宫区、乾隆花园。

乾隆帝之所以按照故宫的格局设计宁寿宫区，寓意也很明显，就是咱们前面说的，他要把这里打造成紫禁城的城中之城，故宫里的独立王国。说明我虽然退位当太上皇了，但是我仍然拥有整个故宫，仍然是故宫的主人，我这一亩三分地就是独立王国，只属于我自己，新皇帝也管不了我。

此时的乾隆皇帝，已经做完了很多大事。平定大小金川，平定准噶尔部，平定大小和卓，平定缅甸……在他的赫赫武功之下，新疆、西藏两块辽阔广袤的大地被完整纳入中华版图，大清王朝的疆域，东北到外兴安岭、库页岛，西北到巴尔喀什湖、帕米尔高原，西南到喜马拉雅、云贵高原，南包南海诸岛，东到台湾澎湖，总面积一千三百多万平方公里，达到中国历朝历代的巅峰。过去有观点认为元朝是中国古代疆域最辽阔的王朝，其实元朝的疆域更多是军队所及的势力范围，并非有效管辖的朝廷领土。

与辽阔疆域相匹配的，是这一时期清王朝的强大国力。人口超过三亿，占当时世界总人口的三分之一；GDP 总量也是地球上的No.1，占到全世界的三分之一，是当时英国的十倍、俄国的八倍。可能有人会问，为什么不跟当时的美国比？因为当时美国尚未存在。

疆土世界第一，人口世界第一，经济总量世界第一，综合国力世界第一……在乾隆皇帝心目中，自己已经成为前无古人、后无来者的"十全老人"，成为中国空前绝后的"第一皇帝"。所以，他认为自己应该好好新建一处宫殿，安享退位后的幸福生活。

三

盛世之下隐藏着危机。乾隆皇帝不知道的是，此时此刻，欧洲已经开始了工业革命，英国则早已建立了资本主义君主立宪制度，美国独立战争和法国大革命也正在酝酿之中，思想启蒙运动早已将西方世界推进到自由平等、天赋人权的新时代。可他统治下的大清帝国，却已经在传统意义的强大中，与浩浩荡荡的世界潮流渐行渐远。

这并不完全是乾隆皇帝的个人失误。近两千年的封建专制，根深蒂固的传统思想，再加上明代就已经开始的闭关锁国、八股取士，中华民族背负的思想负担太过沉重，很难轻松前行。在自古以来"天朝上国"的观念中，乾隆皇帝沉浸在自己的丰功伟绩里，满怀期待地向往着退休后在宁寿宫里的幸福生活。

宁寿宫区建成后二十年，即嘉庆元年（1796 年）正月初一，八十六岁的乾隆皇帝在太和殿举行"禅位大典"，在隆重庄严的鼓乐声中，他将代表皇帝权力的玉玺亲手交给了自己的十五儿子爱新觉罗·颙琰，由此兑现了自己当年的诺言，退位成为太上皇帝。

大典之后，礼部官员登上天安门城楼，向天下臣民宣布了乾隆帝的传位诏书。从这一天开始，长达六十年的乾隆时代结束，历时百年之久的"康乾盛世"也走进了尾声，历史进入了新的阶段。

然而，乾隆帝退位后，并没有搬到自己精心打造、心仪已久的宁寿宫区居住，仍然住在皇帝寝宫养心殿，本来应该住进养心殿的嘉庆皇帝，则只能继续住在太子居住的毓庆宫。这又是怎么回事呢？

原因很简单，乾隆爷不想放权，他名义上成了太上皇，实际上仍然是大清朝的统治者。而嘉庆帝虽然名义上成了皇帝，在老爹面前不过是个傀儡，是个名副其实的"儿皇帝"。"嘉庆"这个新年号只对外使用，朝廷里仍然使用"乾隆"年号；批阅奏折、任免官员等重要权力仍掌握在太上皇手中。嘉庆元年（1796 年）正月十九日，太上皇在圆明园召见外国使臣时告诉他们："朕虽然归政于皇帝，大事还是我办。"

在皇帝宝座上指点江山长达六十年，乾隆帝早已"无法自拔"。对于他而言，如果真的放弃了皇帝的权力，那活着还有什么意义？此时的乾隆爷，早已成为了权力的奴隶，再也无法回归一个正常的老人。

所以，他不可能搬出养心殿，搬进宁寿宫。如果他这么做，就意味着他真的告别了皇帝生涯、放弃了至高权力，真的去故宫的角落里安度晚年了。这是他做不到的，他当皇帝时为自己构想的宁寿宫退休生活，只是当时的一厢情愿，他实在是高估了自己，以为自己对于皇权真的能拿得起放得下。

虽然乾隆帝退位后没有搬进宁寿宫区，但他还是没有让这里闲置，还是会时不时来到这里，搞点活动，办点典礼。乾隆帝成为太上皇之后干的第一件事，就是在宁寿宫区的核心宫殿——皇极殿举行"千叟宴"。

前文中介绍过，康熙皇帝晚年曾在乾清宫举办"千叟宴"，宴请天下老人。乾隆帝作为康熙帝的"超级粉丝"，处处要效仿爷爷。他在皇极殿举办的千叟宴，规模比康熙帝当年的千叟宴大得多，出席宴会的老人达五千多位，而且几乎都是九十岁以上的老人。太上皇坐在高高的宝座上，看着满堂白发苍苍的老爷子们，回想自己这波澜壮阔、功业无数的人生，露出了欣慰的笑容。

然而，"千叟宴"的盛典还没有结束，就传来了白莲教起义爆发的消息。短短几个月间，起义遍布四川、陕西、湖北、河南、甘肃五省，烽烟四起，杀声震天，大清王朝的"盛世"落下帷幕，开始面对血与火的考验……

夕阳西下看故宫

畅音阁：
演不尽的悲欢离合

一

　　"这一封书信来得巧，天助黄忠成功劳。站立在营门高声叫，大小儿郎听根苗：

　　头通鼓、战饭造；二通鼓、紧战袍；三通鼓、刀出鞘；四通鼓、把兵交。

　　上前个个俱有赏，退后难免吃一刀。就此与爷归营号，到明天午时三刻成功劳。"

　　高亢悠扬的唱腔，铿锵顿挫的鼓点，潇洒俊朗的表演，浓墨重彩的装饰。台上精彩纷呈，台下喝彩不断，技艺精湛的演员，将三国名将黄忠的英姿惟妙惟肖地展示了出来，令所有观者叹服。

　　台下观众席里，一位年过六旬、衣着华丽的老太太稳坐C位，一边吃着点心果脯，一边喝着茶，笑眯眯地欣赏着台上的表演。一边看，还一边用手轻轻打着节拍，她已经完全被戏里的故事所吸引，而且节拍打得特别到位，一看就是老戏迷了。演出结束后，在观众的叫好声中，她也高兴地喊了一嗓子："赏！"旁边站着的那位满脸笑容地回话："喳！"然后冲着台上高喊："太后老佛爷有赏！"台上的演员们赶紧跪下："谢老佛爷恩赏！老佛爷万寿无疆，万寿无疆！"跪在前排中间的是本场领衔主演，当时最红最火的京剧演员谭鑫培，艺名"小叫天"。刚演完的这出戏，是京剧老生名段《定军山》。

　　就这样，一场精彩的演出结束，台上的老戏骨和台下的老戏迷各得所需，皆大欢喜。

　　这一幕发生在十九世纪末，地点在紫禁城西北角，宁寿宫区的"畅音阁"。那些年，这里经常举办这样的演出，经常出现这样的情景。

二

畅音阁是宁寿宫区的一座高大楼阁，也属于乾隆帝为自己准备的退休生活区域。它位于宁寿宫东侧中间位置，紧挨着紫禁城的城墙。它是整个故宫里最大也最重要的"演艺活动中心"，也就是紫禁城里的"大戏楼"。它和整个宁寿宫区一样，从乾隆三十七年（1772年）到乾隆四十一年（1776年），用了五年时间建成，又经过了嘉庆七年（1802年）、光绪十七年（1891年）两次较大规模的维修，最终成了我们现在看到的样子。

畅音阁大戏楼有三层，坐落在一点二米高的台基之上，通高近二十一米，相当于今天的七层楼高，总面积达六百八十六平方米。不要说那个时代，就是现在，这样高大宽敞的剧场也不多。

它坐南朝北、巍峨宏伟，每一层都是雕梁画栋、精镂细刻。上层叫"福台"，中层叫"禄台"，下层叫"寿台"，福禄寿占齐了，满是吉祥寓意。一、二层屋檐上覆盖着象征皇家的黄琉璃瓦，三层屋檐上覆盖绿琉璃瓦，但也有黄琉璃瓦装饰边缘，看上去也覆盖着黄琉璃瓦。每一层还都悬挂着饱含吉祥含义的匾额和对联。

三层戏楼的每一层都可以作为表演的舞台，大多数的表演都在寿台（也就是最下层的戏台），以便观众观看。各层之间还安装了当时颇为先进的升降装置，演员可以在三层楼之间飞上飞下，还能从地底下冒出莲花和观音菩萨，堪称那个时代的特技效果。

这样一座修造最精湛、装饰最奢华、设备最先进、规模最宏大的大戏楼，上演的肯定也必须是全国最顶尖级的演出，演员必须是最豪华的阵容，而台下看戏的观众，自然也是身份最高贵、地位最尊崇的人。

这里是皇家专用的大戏楼，是供太后皇帝、皇后妃嫔、皇亲国戚们看戏的地方。慈禧太后执政的四十多年里，每逢节庆日子，总是要到畅音阁看戏，并由皇帝、皇后、妃嫔、命妇以及王公大臣等陪同。光绪十年（1884年）慈禧太后五十岁生日时，畅音阁大戏楼举办了前所未有的大型系列演出，为老佛爷庆寿，当时仅购置戏服和道具的支出，就达到了十一万两白银。

看戏的时候，慈禧太后坐在观众席第一排最中间，两边坐着皇帝和皇后，再往两边是王公大臣和妃嫔命妇们，那些伺候他们的宫女、太监一般都站在后面和两边的过道走廊，也可以沾主子的光，欣赏到殿堂级的表演。

现在咱们的娱乐活动很丰富，网络时代的到来，把我们带入了"全民娱乐"时代。在之前的封建王朝，帝王家的主要娱乐活动就是看戏。每逢各种节日，如元旦、立春、上元、端午、七夕、中秋、重阳、冬至、除夕以及皇帝登基、帝后生日等重大庆典，畅音阁都会鼓乐齐鸣，有时候会连演几天几夜，这是宫中最喜庆、最快乐的时候。对于演员来说，能登上这座戏楼，为帝王后妃表演，也是人生巅峰、荣耀顶点。在中国古代传统观念中，戏子属于地位卑微的"下九流"，但一旦得到了太后皇帝的赏识，就能大富大贵、光宗耀祖，成为万众瞩目的明星大腕。

文章开头提到的谭鑫培就是这样，他本身就艺术造诣精湛，慈禧太后又成了他的"粉丝"，必然名扬四海，成为京剧界的一代宗师。他的代表作《定军山》成为经典之作，1905年还被搬上电影银幕，成为中国第一部电影作品。谭鑫培创立了京剧中的重要流派"谭派"，历经百年而不衰，他本人被尊为"伶界大王"。他的儿子谭小培、孙子谭富英、曾孙谭元寿、玄孙谭孝曾、玄孙媳妇阎桂祥、来孙谭正岩、徒弟余叔岩、徒孙李少春、徒曾孙耿其昌、徒玄孙于魁智等人，都是京剧界的名家大师、艺术传人。谭鑫培这个名字，在中国京剧史上有着不可替代的重要地位。

而他的"粉丝"慈禧太后，从小生在旗人官员之家，受到了良好的教育，具备一定的文化水平和艺术素养，擅长书法绘画，会写诗，也懂戏曲；尤其是京剧和昆曲，都是这位老佛爷的挚爱。她不仅从外面邀请名角进宫演出，还在宫里组织太监成立了"升平署"，专门在宫内演戏。客观地说，慈禧太后酷爱京剧，对于这门艺术的传承发展，起到了积极的作用。

三

站在畅音阁前，遥望这座矗立了二百多年的老戏楼。耳边仿佛还在回响着胡琴鼓板、西皮流水，眼前仿佛还在演绎着嬉笑怒骂、悲欢离合。

一代代名伶逝去了，一场场好戏演完了，然而，曲终人不散，瑰丽的京剧艺术，古老的中国戏曲，还在滋养着一代代后人，成为中华民族宝贵的精神财富。几千年来的兴衰治乱，历朝历代的恩怨纷争，都在这个舞台上演绎。紫禁城里发生过的悲欢离合，也成为剧本里的故事，戏楼里的吟唱。

人生如戏，戏如人生，无论帝王将相，还是百姓黎民，其实都是人生大舞台上的表演者。而畅音阁大戏楼里的一场场表演，也正是这些表演者们人生的演绎与浓缩。

看惯了刀光剑影，品透了爱恨情仇，最后，还是让我们坐下来，在这大戏楼前，静静地看几场戏。看完后轻松一笑，原来不论谁，都是匆匆过客……

畅音阁大戏楼

御花园：
品读不尽的中国园林艺术

一

　　御花园位于故宫中轴线的北端，本来应该放到中轴线部分讲述。但它毕竟是整个紫禁城的后花园，游客走到这里，就意味着故宫之行即将结束，所以，在这本书接近尾声的时候，咱们一起来聊聊御花园。

　　御花园坐落在坤宁宫和神武门之间，始建于明永乐十八年（1420年），六百年来虽然有过一些增修，但整体上仍然保留着初建时的格局。全园南北长八十米，东西宽一百四十米，占地面积一万二千平方米。园内布满了名木古树、长青松柏、各色花卉、山石池塘，中心位置坐落着御花园的主体建筑——钦安殿，钦安殿东西两侧各安放着两个亭子，东侧是万春亭、浮碧亭，西侧是千秋亭、澄瑞亭，它们代表着春、夏、秋、冬四季。钦安殿南侧是御花园的主门——天一门，北侧有位育斋、延晖阁、璃藻堂等建筑，正中是御花园的后门承光门、顺贞门，还有用千奇百怪的太湖石堆砌而成的假山——堆秀山，山顶矗立着供皇帝后妃们登高观景的"御景亭"。

　　御花园里还有养性斋、绛雪轩、集卉亭、四神祠、玉翠亭、凝香亭、鹿台、井亭等建筑，错落有致地散落在花木松柏、山石池塘之间。御花园的面积并不大，以建筑精巧、布局紧凑、气息自然和意境优雅取胜。古柏老槐与奇花异草交织出厚重与清新，星罗棋布的亭台殿阁和纵横交错的花石子路，使整个花园既古雅幽静，又不失宫廷大气。

　　故宫里的宫殿大多以宏伟端庄、规则严整著称，看得时间长了，不免会觉得过于严肃甚至有些呆板，让人敬畏的同时缺了些生活气息和灵动色调。一走进后花园，仿佛进入了另一个世界，扑面而来

御花园内千秋亭

的是古树花草的芬芳气息，耳边响起的是清脆动听的鸟鸣雀叫，映入眼帘的是曼妙的自然风光和雅致的亭台楼阁，让人身心瞬间得到放松。这种感觉就像是在长时间注视一群衣着古板、表情严肃、正襟危坐的老夫子后，突然看到了一位身姿绰约、笑容嫣然的美丽女子，令人顿时倍觉身心舒畅。

　　既然是花园，主要功能自然是皇帝后妃们茶余饭后休息游乐、观赏景致，搞各种欢乐宴会。但御花园的功能不止这些，它还是祭祀、养生、读书、藏书的地方。而且，御花园里也处处都有讲究、遍地都是文化。

二

御花园的主门"天一门"，就很有讲究。

故宫建成六百年来屡遭火灾，中轴线上唯一没被大火焚烧过的建筑只有钦安殿，所以钦安殿也是故宫中轴线上唯一完整保存至今的明代建筑。为什么它能这么幸运呢？有人说就是因为这座天一门的缘故。古代有"天一生水"的说法，所以很多古建筑为了防火，都会以"天一"命名，比如位于宁波的中国古代藏书楼天一阁、位于太原的道教建筑天一真庆宫。故宫御花园里古木众多，容易失火，所以主门也叫"天一门"。为了迎合这种说法，建筑师们还在天一门后钦安殿前的丹陛石上刻了六条盘旋在碧波之间的龙，突出了"生水"的含义。

御花园的核心建筑钦安殿。钦安殿是紫禁城中轴线上唯一一座纯粹的宗教建筑，殿中供奉的是道教大神——真武大帝。真武大帝在道教神仙中属于北方神灵，根据传统观念，北方属水，因此供奉北方神灵真武大帝，也是为了护佑紫禁城免遭火灾。故宫的始建者明成祖朱棣经常宣扬自己是真武大帝的"再生之身"，在他的推动下，故宫中特别盛行对真武大帝的信仰。到了嘉靖时期，由于皇帝笃信道教，对钦安殿大加修葺，重造庙宇，再塑金身，皇帝天天在这里吃斋修道、祭拜真武大帝。清朝皇帝虽然更信奉喇嘛教，但并不排斥在中国土生土长了一千四百多年的道教。康熙、雍正两朝都在钦安殿设过道场，为皇太后祈求福寿安康，为大清朝祈求风调雨顺。每次祈福活动，朝廷都会请来德高望重的道士主持，钦安殿的日常事务，也都交给太监道士管理。

所以，钦安殿坐落在故宫中轴线的"压轴"位置，其实也是整个故宫的祈福之地，

钦安殿两侧的万春亭和千秋亭，都是上圆下方、平面呈"十"字形的多角亭，体现着"天圆地方"的中国传统观念。

御花园西南角的养性斋，顾名思义是修身养性之地。这里曾经居住过清末的一个重要人物，就是我们前面讲述过的，末代皇帝溥仪的那位英文老师——庄士敦先生。他经常在这里给溥仪讲课，溥

仪特别喜欢他，就把这座养性斋赏给他居住，同时还赏给他一对制作精美的中国传统家具——太师椅。一说到这太师椅，咱们又要讲一个有趣的故事。

太师椅是中国传统家具中唯一用官职来命名的椅子，最早出现在宋代，是官员专用的坐具。它为什么叫太师椅呢？据说这个名字和家喻户晓的大奸臣秦桧有关系。

据说，有一天，秦桧坐在椅子上休息，坐着坐着就睡着了，往后一仰头，头巾坠落到了地上。他身边的一个叫吴渊的官员看在眼里，便命人制作了一个荷叶形的木制托盘，安装在秦桧的椅背上，以免秦大人下次打瞌睡时头巾落地。秦桧很高兴，觉得吴渊很用心，从此对他大加提拔。这种椅子后来流传开了，因为秦桧当时担任太师，所以这个椅子就被人们称为"太师椅"。这个故事除了告诉我们太师椅的名称由来以外，还清楚地说明，当时的太师椅椅背上安装着荷叶托盘。到了清代，男人们不戴头巾了，荷叶托盘也就被取了下来。

一个大奸臣，一个马屁精，无意中创造了一种重要的中国传统家具，真是让人哭笑不得。

御花园内的甬路，全都用不同颜色的卵石精心铺砌而成，组成了九百多幅不同的图案，有人物、花卉、景物、戏剧、典故等，沿路观赏，妙趣无穷，步步皆是中国文化。

绛雪轩前摆放着用"木化石"做成的盆景，乍看像是一段久经曝晒的朽木，用手指头一敲，却铿然有声。原来是经过亿万年的漫长岁月，树木成为化石，无比珍稀贵重。

还有御花园北侧承光门旁那对可爱的大象，用铜打造而成，面对面相互跪着。"跪"谐音"贵"，"象"谐音"祥"，相互跪着的大象，寓意就是"富贵吉祥"。

三

如此用心打造的故宫御花园，是中国皇家园林的代表。自古以来，中国人就重视园林，从乡间的富贵人家，到天子的皇宫大内，只要是上档次的大宅院，就少不了后花园。

据有关典籍记载，我国修造园林开始于三千年前的商周时代，当时把园林称作"囿"。商纣王、周文王等君王都建造过囿，就是把景色优美的地方圈起来，放养禽兽，供君王狩猎游玩。从汉朝开始，囿改称为苑，除了供皇帝后妃游玩之外，还可以在这里举行典礼、处理朝政。汉文帝的"思贤苑"、汉武帝的"上林苑"、梁孝王的"东苑"都是苑中精品。

明、清时期是中国古典园林艺术的高峰期。皇家园林的兴建以清代康熙、乾隆时期最为活跃。当时社会稳定、经济繁荣，给大规模建造园林提供了有利条件。北方园林以皇家的故宫御花园、圆明园、清漪园（就是后来的颐和园）、避暑山庄、畅春园等为代表，南方园林以江南大户人家的拙政园、狮子林、寄畅园、留园、个园、瞻园等为代表；它们各具特色魅力，都是园中佳作。

中国古典园林是中华民族的建筑瑰宝、艺术瑰宝、文化瑰宝，其中包含着丰富深刻的中华文化内涵。

"天人合一"观念是中国古典园林的灵魂。它主张在尊重自然的前提下改造自然，创造出人与自然和谐共处的园林生态。今天，我们重视保护自然、保护绿水青山，其实都是这一观念的延续。

"诗情画意"韵味是中国古典园林的追求。自然的山川草木本身很美，但融入了诗画艺术的山川草木，会显得更有灵性。无数的自然景观，因为有文人留诗、画家作画，而更加名扬四海、妇孺皆知。所以，中国人修造园林，一定会在其中大量融入诗画元素，诗画是对园林的浓缩描绘，园林则是对诗画的实景呈现，诗画成为了园林景观不可缺少的一部分，园林则具有如诗如画的韵味。自然和人文融为一体，互相映衬，更显其美。

"以物喻人"思维是中国古典园林的特征。园林中的山石花木，都不仅仅用于观赏，更代表着园林主人的品格追求、人生理想，自然景物往往成为品德美、精神美和人格美的象征。比如，自古以来，在中国人心目中，梅花代表着傲霜斗雪、不畏严寒，兰花代表着典雅悠远、情操高洁，竹子代表着坚守气节、宁折不弯，菊花代表着潇洒飘逸、隐士情怀……它们都是君子品格操守的象征，也都成为很多园林中的必有之物，象征着园林主人的君子之心、圣贤之志。

角楼:
巧夺天工的"蝈蝈笼"

一

许多人游览完紫禁城，在脑海中留下最深刻印象的画面，除了太和殿、乾清宫、慈宁宫、御花园外，还有矗立在故宫四个角落的四座角楼。

如果单论技艺的精湛、外观的精美，毫不夸张地说，角楼胜过了故宫里的其他所有建筑。所以，很多艺术作品中，都把角楼作为故宫的标志，甚至作为古都北京的标志。角楼下面就是紫禁城的护城河——筒子河，夕阳时分，落日的余晖铺洒在角楼上，筒子河里倒映着一片金黄，清风拂面，河水微波荡漾，不远处的胡同里，传来阵阵叫卖声，似乎还夹杂着京胡的音韵，这古老的声音，和护城河的波纹、角楼的身影，形成了完美的组合。这就是让老舍先生魂牵梦绕的老北京，让无数人心驰神往的老北京……

故宫里的建筑虽然各有特色，但大多数宫殿在整体外观上还是比较相似的，如果在夜色中让你看到它们的轮廓，你可能很难辨认出它们是谁。唯独角楼，谁都不会认错，它太独特了，独特的造型，独特的结构，独特的位置，独特的美感，独特的故事。它最能体现中国古代建筑工艺的独特手法，最能展示中国古代建筑师的匠心独具。

角楼位于故宫四个角落的城墙上方，其实它们是城墙体系的一部分，和城墙、城门、护城河共同构成故宫的外围区域，也就是我们经常听到的"城池"，这个外围区域的功能是保护紫禁城，防御外来侵扰。角楼的最初角色，和古城墙上的炮楼、敌楼、箭楼一样，是士兵值守、瞭望敌情、防御侵犯的设施，但故宫角楼从建成以后，几乎没有发挥过这样的作用。它们真正的作用，一是故宫城墙上的

角楼

装饰，让原本光溜溜、死气沉沉的城墙一下子就变得色彩鲜艳、充满美感；二是顺应中国传统文化理念，和故宫的东南西北四门组合成"四正四隅"的"八卦"结构，追求"四平八稳"的吉祥含义。所以很多老北京人说角楼是紫禁城的"镇城之楼"。

<h1 style="text-align:center">二</h1>

这四座角楼建成于明朝永乐十八年（1420 年），清代重修。每座角楼通高都是二十七米，相当于九层楼高。虽然位于城墙四角，仿佛是修造在紫禁城"犄角旮旯"的装饰点缀，但实际上它们的"身高"超过了故宫里绝大多数宫殿。灰色的高大城墙上矗立着结构复杂、外形精美、色调华丽的角楼，秀丽精巧而又不失富丽堂皇、端庄典雅，令人不禁为修造者独具匠心的设计和巧夺天工的技艺拍案叫绝。

角楼坐落在须弥座台基之上，外部有围栏，围栏之内是角楼的主体——三层屋檐的方亭。最上方是一个鎏金宝顶，下有三层屋檐，都是覆盖黄琉璃瓦的歇山式屋顶，再下面是朱红色调的门窗、房屋，最下面的须弥座台基上有七个台阶。一、三、七全是奇数。而且，无论你从哪个方向看，能看到的望柱数量也都是三、五等奇数。在中国传统文化中，奇数为"阳数"，偶数为"阴数"，故宫崇阳，所以角楼的相关建筑部件数量大都是奇数。

通过上面的描述，大家还应该注意到，角楼其实不是"楼"，它本身只有一层，但屋檐有三层，又位于城墙之上，所以也被称为"楼"。

角楼的精湛技艺、巧夺天工，主要体现在它"九梁十八柱七十二条脊"的独特结构上。它有九道房梁、十八根望柱、七十二条屋脊，这样的结构在故宫中是绝无仅有的，在中国古代建筑中也非常罕见。

房梁和望柱都是房屋内部构件，不容易看到。单就我们能从外面看见的屋脊数量而言，故宫里最重要的太和殿、乾清宫、坤宁宫、奉先殿等宫殿，都是使用最高级别的"重檐庑殿顶"，这种殿顶有五条屋脊，一条屋顶的"正脊"和四条向四个屋角方向倾斜垂下的"垂脊"。所以后来在华北、东北地区产生了一个很好玩的词——"五脊六兽"，就是形容一个人不好好待着，成天抓耳挠腮、浑身乱动、忐忑不安的状态，好像这五条屋脊上的那些"神兽"。

那么，角楼为什么会有七十二条屋脊呢？因为角楼有三层屋檐，每层屋檐又不像太和殿等宫殿的屋檐，是四四方方的规则结构，而是不断"拐弯抹角""抽撤盘桓"、起伏变化形成的既整体对称又细节多样的形态。所以屋脊特别多、特别复杂。

角楼的建筑部件数量大都是奇数，那为什么望柱和屋脊数量又成了偶数呢？因为它们都是"九"的倍数，望柱数量是九的两倍，屋脊数量是九的八倍。"九"是阳数里的最高数，也是皇家的专用数字，咱们讲过紫禁城主门的门钉数，除了"走死人"的东华门外，都是横九纵九，象征着帝王九五至尊的至高地位。因此，九的倍数也都是吉祥数、至尊数，不必拘泥于奇数偶数。

这样巧夺天工的精美设计，建筑师是从哪里获得的灵感呢？当然是长期勤奋工作中积累的丰富经验、形成的智慧灵感。但关于角楼的设计，还有一个民间传说，说是建筑师从一个蝈蝈笼里获得的灵感。

三

据说，明成祖朱棣迁都北京、营建紫禁城之前，要求管工大臣在设计角楼时，必须保证每座角楼有九梁、十八柱、七十二条脊，象征自己九五至尊的地位。并且威胁说，如果盖出来不符合自己的要求，就要杀管工大臣的头。管工大臣领了谕旨后，那可不是一般的闹心，不知该怎么盖出这"九梁十八柱七十二条脊"的角楼，历朝历代的法式中都没有过这样的盖法啊！

没办法，管工大臣只好把数百位参与故宫建造的工头、木匠们都叫来，跟传达了皇帝的旨意，给了三个月期限，要求他们一定要按皇帝的意思，盖成这四座造型古怪的角楼。并且说："如果你们盖不出来，皇帝自然要杀我的头，可是在他没杀我的头之前，我就先把你们的头砍了，所以你们赶紧想辙，不然咱们都保不住脑袋！"工头和木匠们听了这话，也开始"五脊六兽"、抓耳挠腮了，没办法，只好天天聚在一起琢磨对策。

一转眼过去了一个月，大家还是没想出一点办法来。他们画了很多图纸、做了许多模型，都不合适。这时候又正赶上三伏天，热得人喘不上气来。心里烦闷的工头和木匠们都是坐卧不安、浑身难受。有一位木匠师傅，在屋里实在待不住，就上大街上溜达去了。

走着走着，听见远处传来一片蝈蝈的叫声，接着又听见有人吆喝："买蝈蝈，听叫唤，解闷儿的小虫您看看。有啥事，别犯难，蝈蝈一叫您准舒坦！"木匠走近一看，是一个老头儿，挑着许多秫秸编的大小蝈蝈笼子，在沿街叫卖。其中有一个细秫秸秆编的蝈蝈笼子，制作特别精巧，跟画里的楼阁一样，里头装着好几只蝈蝈，湛青碧绿、全须全影，叫唤得格外欢实。木匠想：成天烦心也没用，可能是我们命里注定活不了吧，干脆死前给自己找点乐子。于是就买下了这一笼蝈蝈。

他提着蝈蝈笼子回到了工地。大伙儿一看就嚷嚷起来了："咱们都多闹心了，赶明儿能不能保住小命都不一定，你怎么还有闲心买一笼子蝈蝈来，成心吵得大伙更心烦是怎么着？"木匠笑着说："闹心也没啥用，大家睡不着就解个闷儿吧，你们瞧这笼子……"他原本想说你们瞧这个笼子多好看呀，可是还没说出来，他就突然觉得这笼子有点特别，急忙摆着手说："你们先别吵吵嚷嚷的，让我数数！"这位木匠把蝈蝈笼子的梁啊、柱啊、脊啊细细地数了一遍又一遍。大伙心里想：数这玩意儿干吗呀？就直着眼睛看着他，谁也不吭声，看他能整出什么幺蛾子。

木匠数了几遍后，露出一脸惊喜神色，兴奋地一拍大腿说："我的个亲娘啊！咱们这是碰见神仙了吗？大伙看看，这蝈蝈笼不正是九梁十八柱七十二条脊吗？"大伙一听也都大吃一惊，还觉着不太可能，于是都接过笼子数数，数来数去，还真是九梁、十八柱、七十二条脊啊！

一个秫秸秆编的蝈蝈笼子的构造，居然和紫禁城的角楼的建造要求相同，看来真是有神仙暗中相助啊！工头木匠们受这个笼子的启发，设计出了角楼的样子，再做出模型，最后修成了皇帝满意的角楼。管工大臣和工头、木匠们都得了重赏，皆大欢喜。

后来有人说，那个卖蝈蝈的老头儿不是凡人，是木匠祖师爷鲁班的化身，就是来帮助这些工匠们的。

四

民间故事当然不能当成真实历史看，但这样的故事广为流传，反映出的是角楼设计建造过程的曲折不易，也反映出了角楼建筑工艺的高超精湛——似乎不是靠凡人的智慧所能构想出来。

其实，故宫的任何一座宫殿、任何一处建筑可说都是如此，虽然修建者是明清时代的工匠技师，但其中凝聚的，都是数千年来中国建筑艺术的丰厚积淀和独特智慧，都是一代代工匠才能技艺的积累。这座紫禁城，就是中国古代建筑工艺的集大成者，而巧夺天工的角楼，则更是中国传统工匠精神的集中体现。

又是一个轻风拂面的傍晚，护城河里的角楼倒影，依然随微波荡漾，如诗如画，如梦如幻，远处又传来声声叫卖，还是那多情的京韵京腔。穿过车水马龙的街市，走过霓灯闪烁的广场，告别熙熙攘攘的人流，远离纷纷扰扰的喧嚣，在这宁静的黄昏时分，凝视夕阳下角楼的倩影，让思绪获得一份释放，让心灵获得一次洗礼。大明的紫禁城，大清的北京城，在这释放和洗礼中，成为永恒……

故宫的其他角落：
讲述不完的点点滴滴

一

一转眼，咱们的故宫之旅就该结束了。这收尾的最后一篇文章，我却不知道该写些什么。

走了一路，聊了一路，却总觉得故宫还有好多值得看的地方，还有好多值得讲的故事。说不完的紫禁城，品不尽的大故宫，六百年岁月，千万间宫阙，远不是这一本小书能够囊括的。讲述了这么多，感觉故宫的身影还是若隐若现，故宫的面容还是半遮半露，故宫的每一个角落里，还有许多让人琢磨不透、遐想不尽的点点滴滴……

天安门前，外金水河静静流淌，从社稷坛流到太庙；午门后面，内金水河微波荡漾，从玉泉山流遍紫禁城。河水给宫殿增添了灵性、增添了清爽，让紫禁城在雄伟阳刚的男性美之外，注入了几许温润纯净的女性魅力。都说水能生财，金水河给紫禁城的，可是比钱财更有价值的呵护。每当故宫遭遇火灾，金水河就是最重要的救火水源；每当故宫遭遇内涝，金水河就是最有效的泄洪渠道。六百年的岁月里，金水河就是一面镜子，映照着蓝天白云、宫阙殿阁，映照着皇帝后妃、王侯将相，映照着兴衰治乱、历史沧桑……

内外金水河上，金水桥通体洁白，与蓝天碧水、红墙黄瓦相互映衬，格外引人注目。七座外金水桥架设在天安门、太庙、社稷坛前，南临广场，北倚城楼，桥栏精雕细琢，形似七条玉带，与古朴的华表、雄伟的石狮共同构成天安门前巍峨壮丽的景色。

中间五座石桥与天安门城楼的五个门洞相对应，桥与桥之间距离五米。桥身中间窄两头宽，呈"工"字型，且中部向上拱起。这种变化多姿、起伏曲折的线条，让金水桥如长虹似飞燕，增添了天安门前的宏伟气象。五座桥上的玉石栏杆各不相同，中间那座桥的栏杆是"蟠龙雕花柱"，最为精美，且桥面最宽，达八点五五米，它架设于紫禁城中轴线位置，显然是皇帝才能走的，故而称为"御路桥"。御路桥左右的桥宽五点七八米，叫"王公桥"，是王公贵族走的；王公桥两侧的桥更窄，宽四点五五米，叫"品级桥"，是达到一定品级的文武官员走的。午门之内的内金水河上，五座内金水桥也是这样的布局，体现着封建王朝严格的尊卑秩序、上下规范。

二

　　文华殿后面的文渊阁，是乾隆皇帝专为存放《四库全书》兴建的藏书楼。清乾隆四十七年（1782 年）十二月，《四库全书》编纂完成，这套三万六千余册、七万九千三百多卷、约八亿字的大型丛书，篇幅达到了明代《永乐大典》的三点五倍，成为我国古代体量最大的百科全书。乾隆帝对其倍加珍视，组织人员精心抄写了七份，分别珍藏于全国各地。其中第一份抄好后就藏入了北京故宫文渊阁，剩下六份分别藏入辽宁沈阳故宫文溯阁、北京圆明园文源阁、河北承德文津阁、江苏扬州文汇阁、江苏镇江文宗阁和浙江杭州文澜阁。

　　一百三十年后，清王朝终结。又过了十三年，中华民国政府成

钦定四库全书

立故宫博物院。《四库全书》一直静静躺在文渊阁中，看岁月更迁、风云变幻。直到 1933 年春天，日寇侵略华北，北京形势危急。故宫博物院为了保护文渊阁《四库全书》，将它连同故宫收藏的历代文物装箱南迁，运至上海。十六年后，新中国成立前夕，南京国民政府逃往台湾，文渊阁《四库全书》随同故宫博物院的其他文物共一千六百八十箱被运往台湾，现藏于台北故宫博物院。

希望有一天，这份《四库全书》能回到故宫，回到文渊阁，这里才是它的故乡。

武英殿旁边的宝蕴楼，是故宫里一座非常特殊的建筑，它是清王朝结束后才动工修建的楼阁。既然皇帝已经退位，王朝已经终结，故宫作为皇宫的历史已经结束，为什么还要新建殿阁呢？这背后又是一段特殊的陈年旧事。

1912 年 2 月 12 日，末代皇帝溥仪退位，故宫里前朝区域的宫殿全部由北洋政府接管。北洋政府决定，将清朝另外两个政治中心——沈阳故宫及承德避暑山庄所藏的文物全部运到北京，由故宫统一保管。为此，北洋政府决定在紫禁城原来的咸安宫旧址上建造一处库房，用以存放文物。要存放的这些文物大多是金石玉器和珍贵典籍，都是价值不可估量的国宝，所以就把这座新建库房命名为"宝蕴楼"。

宝蕴楼建造在咸安宫旧址上。这咸安宫曾经大名鼎鼎，康熙帝的太子胤礽被废后，就曾经被囚禁在这里。后来，这里建立了著名的皇家学府"咸安宫学"，成为专门供清代贵族大臣子弟读书学习的高等学府。可惜清末一场大火，将富丽堂皇的咸安宫烧毁，只留下咸安门一处遗存。

1914 年，宝蕴楼正式动工，一年后全部竣工并交付使用。从沈阳故宫和承德避暑山庄运来了三千一百五十箱、二十三万多件文物，从此这里成为它们的新家，也成为故宫里名副其实的宝库。一直到新中国成立后，这些宝物才陆续被转移到国家博物馆、首都博物馆等处收藏。

文渊阁以北，在清代经常传出阵阵骏马的嘶鸣声，这里就是专门为皇家养马的衙门——上驷院，属于内务府管辖的重要机构。一说到养马的衙门，我们可能就会想到《西游记》里的御马监，也就是孙悟空曾经短暂工作过的地方，官职小得没品的"弼马温"成了猴哥一生的耻辱。其实这上驷院在明朝的时候就叫"御马监"，清朝初期改名"阿敦衙门"，"阿敦"是满语，意思就是马。康熙初年，这里正式改名"上驷院"。上驷院的官员叫"上驷院卿"，其职责跟"弼马温"差不多，就是负责为皇家选马、买马、养马、驯马，但他们的品级可比弼马温高多了，是正三品，和当时的各省法院院长（按察使）一个级别。清朝统治者是来自关外白山黑水的满族人，是马背民族的后代，所以定都北京一统天下后，他们仍然努力保持着精骑善射的民族传统，对骏马的驯养自然是格外重视。

上驷院再往北是"南三所"，虽然建筑不算华丽，但也住过不少重要历史人物。嘉庆皇帝继位前在这里居住了二十年，后来的道光帝、咸丰帝也都在这里居住过。末代皇帝溥仪继位后，他父亲摄政王载沣也曾在此地居住。因为这里总住皇子，所以被人们俗称为"阿哥所"，嘉庆皇帝继位后，还给这个自己居住过二十年的地方起了一个非常雅致的名字——"撷芳殿"。

三

上驷院、南三所都在故宫前朝部分的中轴线东侧，中轴线西侧与它们对应的建筑，是清朝重要的内廷办事机构——内务府。内务府是清朝新成立的机构，此前历朝历代都没有过。"内务"指宫廷大内的皇家事务，内务府就是为皇帝家庭事务服务的机构。明朝时，这些事务都是交给太监管理的，结果造成了太监专权。清朝吸取前朝教训，设置内务府，以平衡太监的权力，太监本身也由内务府下属的敬事房管理。内务府的最高长官称为总管大臣，由皇帝信赖的满族王公或满族大臣担任，级别正二品，比清代省长（巡抚）还高半级。

在清朝各中央部院衙门中，内务府是部门最多、官员最多、事务最繁杂的一个。内务府下设"七司三院"，职官多达三千多人，是其他同级别部门（如吏部、户部）人员数量的十倍以上。之所以需要这么多部门、这么多人员，就是因为内务府管理的事务太多太杂，

落日余晖

皇家一切家长里短的事务，都归内务府管。具体包括饮食、服饰、居住、出行、家具、收藏、礼仪、工程、农庄、畜牧、保安、盐业、织造、采捕、洗涤、进贡、收税、养马……说白了，内务府的官员就相当于皇帝家的家奴，要精心完成皇帝家日常生活中需要的一切服务。"内务府总管"的满语称呼是"包衣安班"，意思就是"家奴大臣"。

康熙年间，曹雪芹家族就是专为皇家供应丝织品的内务府官员家族。曹家从祖辈起，就跟着清朝皇帝打天下，世代为皇家效力，因此备受信赖，成为内务府大臣。内务府大臣虽然是皇帝的奴仆，但因为受到皇帝赏识信任，往往会被安排到各种"肥水衙门"，比如管理盐业、织造、进贡、收税等事务的部门，这样他们就很容易大捞特捞、发家致富。而且，他们往往还是皇上手下的"特工"，帮助皇上监督地方动向，随时发现不老实想造反的人，及时向皇上报告。正因为有这样的特殊身份，那些官居显赫的大臣们，也不敢轻易得罪内务府的这些皇家奴仆，甚至还得巴结他们，让他们多在皇上面前为自己美言几句。

故宫东北角的梵华楼、西北角的英华殿，都是皇家供奉佛像佛塔、太后太妃礼佛拜佛的地方。数百年来香雾缭绕、经幡飘扬，阵阵念诵回响，尊尊宝相庄严。

皇极门前的九龙壁，群龙腾跃，昭示着天子威严。

还有景祺阁旁的珍妃井，孤井寂寥，回响着后宫哀怨……

四

聊到这里，真的该和大家说再见了。

讲了这么多故事，我最想用来总结全书的两个字就是——敬畏。

敬畏故宫里的每一处宫殿、每一个角落，因为它们都蕴含着无数人的悲欢离合，见证着六百年的岁月如歌。

敬畏故宫里的每一件文物、每一片砖瓦，因为它们都是无数前辈智慧的结晶。

敬畏故宫里的每一页历史、每一段往事，无论忠奸善恶、是非美丑，它们都成了中华民族历史的重要组成部分。

敬畏故宫里的每一季春华秋实、每一次日升月落，一代代人的成长与奋斗、坎坷与艰辛、功业与遗憾、失败与抗争，让我们读懂了人性、悟透了人生。

说不尽的故宫，在无形之中，早已融入每个中国人的生命。

讲不完的故宫，在千百年后，还会触动每个中国人的灵魂。

说不尽的紫禁城

后记

赫英忆

　　故宫，从儿时就在我心中留下深深烙印的地方。在那懵懂稚嫩的童年，父母就曾多次带我走进这里。在红墙黄瓦间穿行，在宫阙万间中漫步，聆听古老的故事，寻觅历史的足迹。父亲曾告诉我，宫殿牌匾上那一行我不认识的满文，是我祖先的文字。或许正是这座宫殿，在我心灵中埋下了热爱历史的种子，为我孕育了传承文化的情愫。

　　长大后，我来到北京求学、工作，又一次次走进故宫。每一次都似乎是与它初次相遇，都会有不一样的发现和感悟。还是那些古老的故事，还是那些历史的足迹，还是那些悲欢离合、盛衰沉浮，我一次次品读着、回味着、遐想着，自己也一点点成长着、成熟着。

　　没想到，上天眷顾，近几年来，我和故宫结下了特殊的缘分。

　　从 2018 年初至今，应各种机构、组织邀请，我先后四十多次走进北京故宫，为它们的故宫游学活动担任主讲人。我的听众，有学校的师生、机关的干部、企业的员工、社区的居民。从天真的孩子，到白发的老人，从研究历史的学者，到各行各业的宾朋，甚至还有来自世界各国的友人，我一次次在这里为他们讲述故宫的故事、分享心中的感悟。

　　在太和殿，我们感受中华礼仪之隆盛；在保和殿，我们再现科举殿试的情景；在乾清宫，我们倾听改朝换代的鼓角；在坤宁宫，我们探析后宫女人的悲情；在慈宁宫，我们回望太后们的身影；在景仁宫，我们品味康熙帝的人生……我们一路走着，一路讲着，如同穿行在历史的时空中，和历史人物对话，和沧桑岁月交融。每次都会有许许多多的游客，跟着我们一路旁听，常常是人山人海、接踵摩肩。六百年岁月，永远说不完、听不够、品不尽。

历史是最值得敬畏的，因为它是一代又一代人生命与灵魂的积淀。文化是最值得敬仰的，因为它是一代又一代人智慧与心血的结晶。伟大的中华民族，不朽的华夏文明，时时刻刻牵动着每一位后人的心灵与情感。而北京故宫，这座中华历史文化的重要载体，就是一部永远品读不完的百科全书，就是一座永远探寻不尽的神圣殿堂。

这本书，是我这些年游历、探寻和品读故宫的记录，是我五十多次故宫游学活动的总结，是我许多年来故宫情结的汇聚，是我作为历史学博士完成的一份重要作业。

这本书的筹划、撰写、出版过程充满了曲折，其间有许多应该感谢的人。

感谢山东城市出版传媒集团的范玉峰先生，为本书投入了大量时间精力，他的认真负责、精益求精让这本书的出版顺利实现、质量得以提升，也让我获益匪浅。

感谢我的博士生导师刘小萌先生几年来对我的指导和培养，让我的知识储备、学术视野、思维能力、学风文风都有了很大进步，这些对于本书的撰写至关重要。

感谢著名文化学者、满汉双文书法家叶赫那拉·根正先生为本书赐序。根正先生是我特别敬重的前辈长者，许多年来一直关注着我的成长，支持着我的事业，对我和我的作品予以高度评价，让我倍感荣幸和感动。

感谢满汉双文书法"非遗"传承人叶赫那拉·姝宏女士为我题写了书名。大气端庄、清秀典雅的馆阁体满汉双文书法，为拙作增色添彩，注入了厚重的文化之美。

感谢我的满文老师，中国第一历史档案馆研究馆员张莉女士。在张老师的指导下，我的满文水平尤其是阅读清代满文文献的能力不断提升，这些文献的使用大大增加了本书的权威性。

感谢著名影视编剧、夏衍电影文学奖获得者廉越女士倾情为本书撰写推荐语，提纲挈领地道出了本书的独特内涵，凸显了拙作的价值所在。

感谢所有在本书写作过程中给予我关注、指点和鼓励的师长、亲人、朋友、学生们，没有大家的支持和帮助，就没有这本书的问世。

区区文字，实在难以展现出故宫的千姿百态、魅力无限。希望我的这本书，能够让每一位喜爱历史文化的人，对这处祖先留下的伟大遗产多一些了解，多一些熟悉。

更希望大家对拙作不吝赐教、多多批评。每个人心中，都有一座不一样的紫禁城，也都有一份共同的文化情缘。

今后的日子，我还会继续走进故宫，讲述故宫，思考故宫，感悟故宫。

说不完的紫禁城，品不尽的大故宫。

主要参考书目

一、史料典籍

（明）官修：《明实录》，中华书局 2016 年版

（明）官修：《大明会典》，中华书局 1989 年版

（清）张廷玉等：《明史》，中华书局 1974 年版

（清）官修：《满洲实录》，中华书局 1987 年版

（清）官修：《清实录》，中华书局 1987 年版

（清）允祹等：《大清会典》，乾隆二十九年（1764）殿本

（清）福隆安等：《钦定八旗通志》，吉林文史出版社 2002 年版

（民国）赵尔巽等：《清史稿》，中华书局 1976 年版

中国第一历史档案馆编：《清代档案史料丛编》，中华书局 1980、1990 年

二、今人著述

万依：《故宫辞典》，故宫出版社 2016 年版

于倬云：《紫禁城宫殿》，三联书店 2006 年版

南炳文，汤纲：《明史》，上海人民出版社 2003 年版

德龄：《德龄公主回忆录》，东方出版社 2012 年版

溥仪：《我的前半生》，群众出版社 1964 年版

金易、沈义羚：《宫女谈往录》，紫禁城出版社 1992 年版

孟森：《孟森讲清史》，东方出版社 2007 年版

王锺翰：《清史满族史讲义稿》，鹭江出版社 2005 年版

孙文良等：《满族大辞典》，辽宁大学出版社 1990 年版

阎崇年：《大故宫》，长江文艺出版社 2012 年版

杜家骥：《杜家骥讲清代制度》，天津古籍出版社 2014 年版

刘小萌：《清代北京旗人社会》，中国社会科学出版社 2008 年版

刘小萌：《爱新觉罗家族全史》，中国社会科学出版社 2015 年版